Caroline Vien
Alain Théroux

ÉDITIONS
ULYSSE

Le plaisir... de mieux voyager

Direction de collection	Cartographie et	Illustrations
Claude Morneau	infographie	Lorette Pierson
	André Duchesne	
Direction de projet	Assistants	Direction artistique
Pascale Couture	Patrick Thivierge	Patrick Farei
	Steve Rioux	Atoll Direction
Recherche et rédaction		
Alain Théroux	Mise en pages	Photographies
Caroline Vien	Stéphane G. Marceau	Page couverture
	Christian Roy	Image Bank -
		Grant V. Faint -
Correction		Chichén Itzá
Pierre Daveluy	Collaboration	En-têtes
	Daniel Desjardins	Jennifer McMorran

Remerciements : Les Éditions Ulysse remercient la SODEC ainsi que le ministère du Patrimoine canadien pour leur soutien financier.

Distribution

Canada : Distribution Ulysse, 4176, St-Denis, Montréal (Québec), H2W 2M5
☎ (514) 843-9882, poste 2232, 1-800-748-9171, fax : (514) 843-9448, www.ulysse.ca, guiduly@ulysse.ca

États-Unis : Distribooks, 820 N. Ridgeway, Skokie, IL 60076-2911
☎ (847) 676-1596, fax : (847) 676-1195

Belgique-Luxembourg : Vander, 321 Av. des Volontaires, B-1150 Bruxelles
☎ (02) 762 98 04, fax : (02) 762 06 62

France : Vilo, 25, rue Ginoux, 75737 Paris cedex 15,
☎ 01 45 77 08 05, fax : 01 45 79 97 15

Espagne : Altaïr, Balmes 69, E-08007 Barcelona
☎ (3) 323-3062, fax : (3) 451-2559

Italie : Centro cartografico Del Riccio, Via di Soffiano 164/A, 50143 Firenze
☎ (055) 71 33 33, fax : (055) 71 63 50

Suisse : Diffusion Payot SA, p.a. OLF S.A., case postale 1061, CH-1701 Fribourg, ☎ (26) 467 51 11, fax : (26) 467 54 66

Tout autre pays, contactez Distribution Ulysse (Montréal).

Données de catalogage avant publication (Canada)
Théroux, Alain, 1968 -
      Cancún, Cozumel
      (Ulysse Plein Sud) - Comprend un index
      ISBN 2-89464-037-4
1. Cancun (Mexique) - Guides. 2. Cozumel (Mexique) - Guides. I. Vien, Caroline, 1964- . II. Titre III. Collection.
F1333.T43 1997   917.2'6704836   C97-940911-X

Toute photocopie, même partielle, ainsi que toute reproduction, par quelque procédé que ce soit, sont formellement interdites sous peine de poursuite judiciaire.

© Éditions Ulysse - Tous droits réservés
Bibliothèque nationale du Québec
Dépôt légal - Premier trimestre 1998

At four o'clock we left Pisté, and very soon we saw rising high above the plain the Castillo of Chichén. In half an hour we were among the ruins of this ancient city, with all the great buildings in full view, casting prodigious shadows over the plain, and presenting a spectacle which, even after all that we had seen, once more excited in us emotions of wonder.

John Lloyd Stephens
Incidents of Travel in Yucatan

«À 4 heures de l'après-midi, nous partîmes de Pisté, et, peu de temps après, nous vîmes au-dessus de la plaine le Castillo de Chichén. Une demi-heure plus tard, nous étions parmi les ruines de cette ancienne cité, avec tous ses grands bâtiments devant nos yeux écarquillés, provoquant de prodigieuses ombres sur la plaine et présentant un spectacle qui, malgré tout ce que nous avions déjà vu, suscitait, encore une fois, l'émerveillement.»

SOMMAIRE

LISTE DES CARTES

TABLEAU DES SYMBOLES

≡	Air conditionné
⊛	Baignoire à remous
☉	Centre de conditionnement physique
🎐	Coup de cœur Ulysse, nos adresses préférées
ℂ	Cuisinette
pdj	Petit déjeuner inclus
≈	Piscine
ℝ	Réfrigérateur
ℜ	Restaurant
△	Sauna
🖷	Télécopieur
☎	Téléphone
tlj	Tous les jours
⊗	Ventilateur

CLASSIFICATION DES ATTRAITS

★	Intéressant
★★	Vaut le détour
★★★	À ne pas manquer

CLASSIFICATION DES HÔTELS

Les tarifs mentionnés dans ce guide s'appliquent, sauf indication contraire, à une chambre pour deux personnes en haute saison. À ces prix s'ajoute une taxe de 17 %.

$	plus de 50 $US
$$	de 50 $US à 80 $US
$$$	de 80 $US à 130 $US
$$$$	de 130 $US à 180 $US
$$$$$	plus de 180 $US

CLASSIFICATION DES RESTAURANTS

Les tarifs mentionnés dans ce guide s'appliquent, sauf indication contraire, à un repas pour une personne, excluant les boissons et incluant les taxes.

$	moins de 10 $US
$$	de 10 $US à 20 $US
$$$	de 20 $US à 30 $US
$$$$	plus de 30 $US

Merci de contribuer à l'amélioration
des guides de voyage Ulysse!

Tous les moyens possibles ont été pris pour que les renseignements contenus dans ce guide soient exacts au moment de mettre sous presse. Toutefois, des erreurs peuvent toujours se glisser, des omissions sont toujours possibles, des adresses peuvent disparaître, etc.; la responsabilité de l'éditeur ou des auteurs ne pourrait s'engager en cas de perte ou de dommage qui serait causé par une erreur ou une omission.

Nous apprécions au plus haut point vos commentaires, précisions et suggestions, qui permettent l'amélioration constante de nos publications. Il nous fera plaisir d'offrir un de nos guides aux auteurs des meilleures contributions. Écrivez-nous à l'adresse qui suit, et indiquez le titre qu'il vous plairait de recevoir (voir la liste à la fin du présent ouvrage).

Éditions Ulysse
4176, rue Saint-Denis
Montréal, Québec
H2W 2M5
www.ulysse.ca
guiduly@ulysse.ca

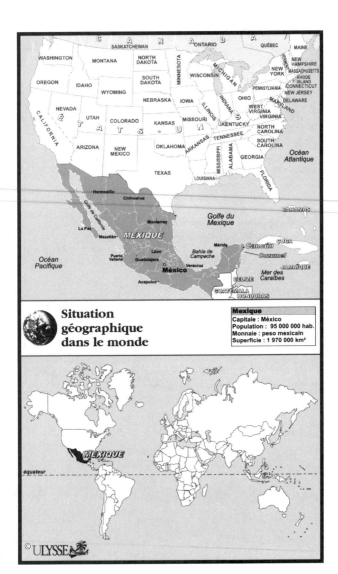

Situation géographique dans le monde

Mexique
Capitale : México
Population : 95 000 000 hab.
Monnaie : peso mexicain
Superficie : 1 970 000 km²

©ULYSSE

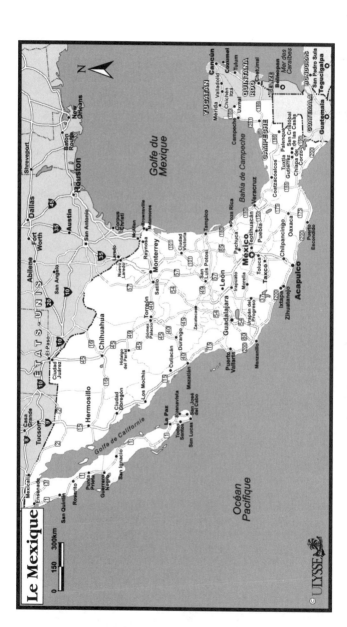

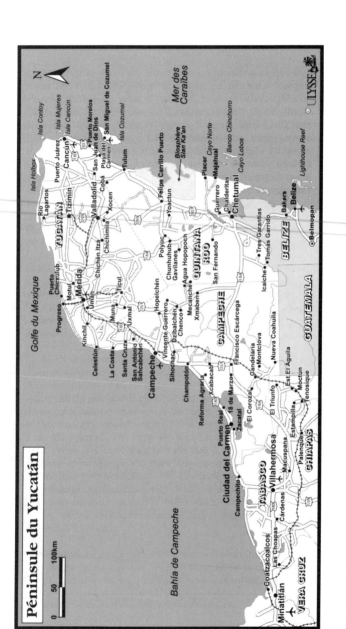

Péninsule du Yucatán

PORTRAIT

CANCÚN et Cozumel sont les deux principales portes d'entrée de la région très touristique de l'État de Quintana Roo pour découvrir le cœur et l'âme de la péninsule du Yucatán, ses richesses et son peuple.

Pour des raisons géographiques, Cancún et l'île de Cozumel attirent deux types de touristes. Les premiers sont à la recherche de dépaysement, de découverte et d'aventure; les seconds sont surtout séduits par la mer, la plage et le soleil.

Il est facile de se lancer à l'aventure dans la région, que ce soit à partir de la trépidante ville de Cancún (où abondent restaurants et bars) ou de Cozumel, paradis des plongeurs. La péninsule du Yucatán est couverte de routes planes et bien aménagées, bordées de villages intéressants.

Les sites archéologiques mis à jour ou enfouis dans la jungle, les baignades avec les dauphins, la plongée sous-marine... tout cela fait partie des nombreux attraits de la région, situés suffisamment près les uns des autres pour permettre à ceux qui y font un court séjour de pouvoir tous les visiter, par eux-mêmes ou avec un guide.

En logeant à Cancún, on accède facilement aux ruines de Chichén Itzá et à Isla Mujeres. On peut aussi emprunter le couloir Cancún-Tulum et descendre jusqu'à la grande biosphère de Sian Ka'an. Il est également facile d'aller de Cancún à Cozumel et vice-versa par bateau ou par avion.

Cancún est une station balnéaire très développée pour les oiseaux de nuit et ceux qui apprécient l'animation. Quant à Cozumel, elle attire surtout les adeptes de la plongée sous-marine du monde entier, débutants ou expérimentés, et le magasinage y est pris très au sérieux.

S'il est un attrait, cependant, qui ne doit pas être négligé, c'est la population. Principal berceau des descendants des Mayas, la péninsule du Yucatán vit au rythme lent et savant de ses habitants, à la fois travailleurs, patients et simples. Leur politesse et leur timidité cachent une tranquille empathie et une sincère gentillesse, un sourire qui n'appartient qu'à eux.

GÉOGRAPHIE

Péninsule du sud-est du Mexique, le Yucatán, pays du maïs et du sisal, est divisé en tiers : l'État de Campeche, à l'ouest, échappe toujours au tourisme de masse; l'État de Quintana Roo est un long couloir qui suit le littoral à l'est, où se trouvent notamment Cancún, Tulum, Cozumel et Isla Mujeres; au nord, formant la pointe de la péninsule, l'État de Yucatán avance dans le golfe du Mexique. Ce dernier État abrite le plus important site archéologique de la région, Chichén Itzá, et la ville coloniale de Mérida.

Plages exceptionnelles, poissons tropicaux, lagunes et littoral de récifs de corail comme celui de Palancar, à Cozumel, savanes arborées et truffées de sites archéologiques millénaires, voilà quelques caractéristiques particulières à cette contrée bénie des dieux, fussent-ils mayas ou catholiques, et qui en font sans contredit l'une des destinations touristiques les plus courues de l'hémisphère Nord.

Autre élément de curiosité, une grande partie du Yucatán repose sur un sol calcaire troué de puits naturels appelés *cenotes*, dont certains furent jadis le théâtre de troublants sacrifices mayas. Certains *cenotes* sont aujourd'hui très recherchés par les plongeurs. Attraits des plus intéressants, les *cenotes* du Yucatán sont les seuls plans d'eau visibles sur la péninsule, où rivières et lacs sont le plus souvent souterrains ou inexistants.

Parmi les *cenotes* les plus impressionnants, notons celui de Chichén Itzá, inutilisable aujourd'hui en raison de ses eaux stagnantes, et mesurant 60 m de diamètre et 40 m de profondeur.

Les *cenotes*

Si les *cenotes* sont nombreux au Yucatán, c'est que le sol calcaire en est la cause. La péninsule tout entière est parsemée de grottes et de cavités, tantôt vides, tantôt remplies d'eau fraîche et cristalline, un phénomène qui ne se retrouve nulle part ailleurs au Mexique et qui émerveilla jadis les Mayas, lesquels s'établirent dans la région et firent de ces puits naturels des lieux sacrés. Ils installèrent leurs villages à proximité des *cenotes*, leur unique source d'eau potable sur le territoire. Leurs croyances faisaient également de ces puits naturels baptisés *dzonot* (mot qui devint *cenote* en espagnol) le refuge des dieux de la pluie.

Les *cenotes* ont leur source dans un sous-sol calcaire troué de cavernes et de grottes baignées par des rivières souterraines qui, successivement gonflées par l'eau de pluie et réduites par les sécheresses, ont érodé le sol jusqu'à l'affaissement de la croûte terrestre. Enfin mises au jour, ces étonnantes crevasses, aux dimensions variables du nord au sud de la péninsule, dévoilent leur pourtour presque parfaitement rond et leurs parois marquées par l'érosion.

Aujourd'hui, petits baigneurs ou plongeurs expérimentés partent régulièrement à la recherche des *cenotes* du Yucatán. Certains *cenotes* sont devenus d'importants centres d'attraction, tandis que d'autres sont restés à l'écart de la frénésie touristique.

Si la nage et la baignade se pratiquent aisément dans la plupart des *cenotes*, la plongée doit , quant à elle, s'effectuer avec prudence. Il est en effet possible de se perdre dans les dédales des cavernes sous-marines ou encore d'y ressentir une claustrophobie soudaine. L'exploration en profondeur d'un *cenote* est une expérience palpitante réservée aux plongeurs expérimentés.

Parmi les *cenotes* les plus populaires, notons ceux-ci :

Cenote Sagrado (*cenote* sacré). Situé sur le site archéologique de Chichén Itzá, à 201 km de Cancún par la route 180, ce *cenote* est populaire en raison des trouvailles étonnantes qu'y firent les archéologues : une cinquantaine de crânes, des centaines de récipients de jade et d'or, etc. L'endroit fut, comme son nom l'indique, un important site religieux maya où l'on pratiquait des sacrifices. L'eau y est stagnante.

Sin Nombre (sans nom). Il se trouve à une centaine de kilomètres au sud de Cancún sur la route 307, non loin de Puerto Aventuras. Pour s'y rendre, il faut suivre les panneaux indicateurs.

Xel Ha. Ce charmant *cenote*, à proximité d'une ruine maya post-classique, est situé face au parc national Xel Ha, de l'autre côté de l'autoroute 307. Généralement, les voyagistes ne font pas d'arrêt pour montrer ce site aux touristes. Il faut donc s'y rendre par ses propres moyens. La baignade y est interdite.

Tankah. Ce *cenote* se trouve à 137 km au sud de Cancún (route 307), près des ruines de Tulum et à côté du restaurant La Casa del Cenote. On y accède par un petit chemin indiqué sur l'autoroute par une pancarte de bois. Baignade permise.

Sasil. Situé près de Valladolid, ce petit *cenote*, un typique petit lac entouré d'une rive escarpée, reçoit, le dimanche, bon nombre de résidants locaux qui viennent casser la croûte dans un petit restaurant à proximité. Baignade permise.

Zaci. Sur la route 180, qui traverse Valladolid, à l'entrée de la ville, un panneau indique le chemin pour se rendre au *cenote* Zaci. Sur les lieux se trouve un petit commerce où l'on sert des rafraîchissements. Baignade permise.

Dzitnup (ou Xkekén). À 7 km de Valladolid, toujours sur la route 180, est situé le très joli *cenote* Dzitnup, maintes fois photographié pour les grands magazines géographiques. Il s'agit d'une caverne au plafond très haut, garni de stalactites colorées, et laissant pénétrer de minces rayons de soleil qui viennent traverser une eau turquoise et pure, peu profonde, qui invite à nager. On y accède par une petite route.

La vie sous-marine

Le monde sous-marin aux abords de l'État de Quintana Roo est un paradis de coraux multicolores et de poissons aux formes et aux variétés qui semblent sans fin.

La popularité de la plongée sous-marine et de la plongée-tuba—le moyen idéal pour observer la vie subaquatique—est telle que ces sports constituent 35 % de l'activité touristique pratiquée à l'île de Cozumel, réputée pour ses récifs de corail s'étendant sur plusieurs mètres, et qui attire des plongeurs venus de partout à travers le monde.

L'eau claire et limpide permet d'observer, comme nous le disions plus haut, un grand nombre de spécimens dans la mer ainsi que dans certains parcs ou réserves. Les adeptes de la pêche sportive s'en donnent à cœur joie, car Cancún et Cozumel organisent chaque année des tournois où de nombreuses prises records sont effectuées.

La quantité d'individus peuplant les eaux du secteur est trop imposante pour en dresser une liste exhaustive, mais vous trouverez ici quelques espèces que la moindre exploration vous permettra de découvrir...

Pieuvre

Cancún

Parmi les espèces observées, notamment lors des excursions en sous-marin proposées dans la zone hôtelière, notons le mérou, la dorade, le barracuda et le thon rouge.

Isla Mujeres

Sur la côte sud de l'île, le parc national El Garrafón abrite une faune diverse, et les tortues y sont omniprésentes. C'est le refuge de nombreuses espèces de poissons tels que l'ange de mer, caractérisé par ses vives rayures blanc et jaune, et le sar, qui privilégie un environnement de corail «corne de cerf» et d'éponge noire où il aime se cacher. La damoiselle défend avec ardeur son territoire et n'hésite pas à attaquer les nageurs téméraires qui entrent dans sa zone, attirés par la beauté des anémones de mer qui jalonnent le fond marin. D'autres espèces, plus imposantes et souvent prisées des pêcheurs, pataugent dans les mêmes eaux : le ludjan, le mérou, la dorade, le barracuda et le thon entre autres.

Cozumel

Poisson féroce à la dentition cauchemardesque, le barracuda de grande taille sillonne les eaux aux alentours d'un récif qui porte d'ailleurs le nom de «Barracuda» et celles qui se situent près du récif San Juan également. Il n'est pas toujours nécessaire de ratisser le fond des mers en scaphandre pour voir des merveilles : vous pourrez sûrement observer, simplement à bord du bateau faisant la navette entre Playa del Carmen et Cozumel, de magnifiques dauphins sautant joyeusement hors de l'eau ou des poissons volants...

Parmi les espèces répertoriées dans la région de Cozumel, notons le thézard bâtard, le paupile bleu, le coryphène, le marlin bleu et blanc, le thon, le voilier et le macaire, ainsi que l'espadon, vedette du roman *Le Vieil homme et la mer* d'Ernest Hemingway, qu'on retrouve en très grand nombre.

Près de la «petite mer» (Chankanaab en maya), poissons tropicaux et coraux sont légion. Ici, à travers les branches de corail «corne d'élan», un poisson-perroquet. Là, à peine perceptible, tout près d'une roche de corail «diploria», un ange de mer mesurant à peine 2 cm et, au loin, toujours très visible dans cette eau très claire, un merlin de 2 kg. De mai à septembre, les observateurs auront la chance de voir des tortues géantes déposer leurs œufs dans le secteur.

LA FAUNE

Le Yucatán, par sa position géographique particulière, son état péninsulaire, ses lagunes, ses *cenotes* et ses criques saumâtres, est l'habitat idéal d'une grande diversité d'animaux.

Lamentin

Préoccupées par la destruction effrénée de la végétation et de la forêt qu'entraîne le développement touristique, les autorités mexicaines entendent préserver et mettre en valeur certaines zones qui se prêtent à merveille à l'écotourisme. Les deux projets les plus importants concernent l'île corallienne de Contoy, située au nord d'Isla Mujeres, où cohabitent près de 80 espèces d'oiseaux, et le parc écologique Sian Ka'an, classé réserve de la biosphère de l'UNESCO en 1986 et situé à quelques kilomètres au sud de Tulum. Le site abrite une variété d'animaux sauvages tels que pumas, jaguars, lamantins et crocodiles.

Le moins téméraire des touristes ne saura dénombrer à la fin de son voyage, même s'il ne quitte pas la zone hôtelière de Cancún, le nombre de lézards qu'il aura croisés, espions tranquilles qui se fondent dans le paysage, n'attirant l'attention que lorsqu'ils prennent la fuite.

Si l'iguane, facilement identifiable à sa peau foncée, est l'une des espèces de reptiles les plus répandues, vous croiserez aussi le *gecko*, minuscule comme un insecte, et l'iguane noir, qui parcourent la péninsule et se retrouvent ici, perchés au sommet d'un temple maya et observant le guide se perdre en explications, ou là, sur la table d'un restaurant au bord de la mer.

Le pélican, qui se déplace souvent en couple, survole la plage d'un coup d'aile, surveillant les touristes prenant un bain de soleil. Volant elle aussi près des baigneurs, la frégate marine, noire et lustrée, déploie ses longues et étroites ailes, et pratique le surplace en ouvrant parfois sa queue fourchue pour maintenir son fragile équilibre.

Pélican

Quant à la sterne, elle fait souvent du tapage près des restaurants, intimidant sans relâche, l'œil menaçant, les clients qui tardent à lui lancer un morceau de pain.

Les touristes qui pousseront jusqu'à l'intérieur des terres verront peut-être le toucan, emblème de bien des pays du Sud. Tout au nord de la péninsule, près de Río Lagartos, les flamants roses vivent en colonie. On estime leur population à près de 30 000 individus.

D'autres spécimens peuvent être observés lors de petites expéditions pendant lesquelles on s'éloigne des zones habitées. Il s'agit des jaguars, des serpents et des fourmiliers.

Enfin, dans les villes, ils sont maigres et craintifs, voilà les petits minets; ils sont patauds et mous, voilà les gros toutous, surtout nombreux à Valladolid et à Playa del Carmen.

LA FLORE

La jungle yucatèque n'a rien de celle de l'Amazonie. Le paysage se caractérise par une forêt dense, trapue et peuplée de petits cocotiers, de bananiers et de sapotiers dont le latex appelé «chiclé» était utilisé dans la fabrication de la gomme à mâcher.

Les fruits de la région sont l'avocat, l'orange, la lime, le pamplemousse et la papaye. La culture du maïs et du haricot est très répandue dans ce coin de pays. La culture du sisal, surtout pratiquée dans le nord-ouest de la péninsule, est en perte de vitesse.

Partout sur le bord des routes, aux alentours des sites archéologiques et dans les parcs, de beaux arbres, les fromagers, offrent aux regards des passants leurs jolies fleurs rouge orangé.

Notez l'apport des artistes paysagistes qui redonnent à Cancún quelques couleurs naturelles, surtout dans la zone hôtelière, où le béton est souvent maître. Ainsi le long des routes, sur les terre-pleins et dans les parcs, autant de gros oiseaux et d'animaux verts et immobiles forment des kilomètres de haies taillées avec originalité.

Le chiclé

À la fin du XIXe siècle, les pharmacies américaines virent apparaître sur leurs tablettes un nouveau produit appelé «Adams New York Gum», une boîte contenant de petites boules d'une substance résineuse, le chiclé, qu'il fallait mâcher sans avaler.

Cette résine est un latex extrait du sapotier, un arbre de grande taille très répandu en Amérique centrale et dans le Yucatán, et qui fut importée et commercialisée aux États-Unis par l'inventeur américain Thomas Adams vers 1880. Le chiclé, bien que nouveau alors pour les Américains, existait déjà sous la forme de «gomme à mâcher». En effet, Mayas et Aztèques en connaissaient depuis longtemps les vertus hygiéniques et digestives, et savaient comment le récolter.

La résine de chiclé est obtenue en lacérant l'écorce du sapotier de plusieurs grands *X* profonds, d'où elle s'écoule pour être ensuite recueillie par les Chicleros. Le produit est alors bouilli, coupé en cubes et exporté.

Au début du siècle, l'homme d'affaires de Chicago William Wrigley ajouta un goût de menthe et de fruit à la résine, et baptisa sa création *Chiclét*. Le succès fut tel que la forte demande de matière première au Yucatán entraîna, en 1920 notamment, une migration vers la péninsule. Dans les années cinquante cependant, un substitut moins coûteux du chiclé, le polyester, remplaça la substance naturelle.

Aujourd'hui, quoique la cueillette industrielle du latex est chose révolue, plusieurs sapotiers du Yucatán arborent encore de larges cicatrices. Les autocars des voyagistes s'arrêtent parfois pour montrer aux touristes quelques spécimens en bordure de route. C'est le cas notamment lors des trajets qui mènent à Chichén Itzá et aux abords du site de Xcaret.

LE CLIMAT

La saison des pluies s'étend techniquement de mai à septembre. Les températures sont élevées, et l'air est humide, surtout en juin. Les autres mois de l'année offrent un temps agréable et de l'air sec.

La zone touristique de Cancún et Cozumel, tout comme Porto Rico, Cuba et la République dominicaine, doit faire face aux plus redoutables des ennemis : les ouragans et les tornades, qui font annuellement leur apparition (de septembre à novembre), laissant parfois derrière eux un paysage désolé.

Les ouragans Gilbert (1988) et Roxane (1995) ont durement frappé l'État de Quintana Roo, rappelant brutalement à l'ordre les entrepreneurs touristiques inexpérimentés, séduits par l'idée de construire hôtels et restaurants près des limites du rivage.

La disparition du cocotier

Une inquiétante épidémie a atteint la population de cocotiers (*Cocos nucifera*) des régions tropicales durant les dernières années. La maladie, appelée LY (pour *Lethal Yellowing*), s'est d'abord attaquée à la Floride au milieu des années soixante-dix pour s'étendre ensuite au Mexique, à l'État de Quintana Roo précisément, à Haïti, à la Jamaïque et plus récemment au Belize.

Issue d'une bactérie primitive transportée et injectée par un insecte dans les feuilles de cocotier qu'il dévore, la maladie envahit et obstrue les vannes d'alimentation de l'arbre, qui, après avoir jauni, perd ses feuilles et ses branches pour dégénérer jusqu'à devenir un tronc désolé. Une intense opération de reboisement avec une espèce plus résistante est en cours partout où se trouvent les zones affectées ou à risque.

Températures moyennes à Cancún (en °C) :

janvier	25
février	25
mars	25
avril	25
mai	25
juin	27
juillet	27
août	27
septembre	27
octobre	25
novembre	25
décembre	24

HISTOIRE

Préhistoire

La disparition des dinosaures, selon une théorie à laquelle adhèrent nombre de scientifiques aujourd'hui (théorie appuyée par une expédition de recherche en janvier 1997), aurait été causée par la chute, il y a 65 millions d'années, d'un gigantesque astéroïde sur la Terre. Ce choc a provoqué, pendant des mois, une chaleur extrême, des inondations et un épais nuage de poussière en suspension dans le ciel, anéantissant 70 % de toutes les espèces. En 1989, on a découvert au Yucatán ce qui serait le point d'impact : un immense cratère circulaire, appelé «Cratère de Chicxulub» (du nom d'un petit village situé à quelques kilomètres au nord de Mérida). L'astéroïde, dont on estime le diamètre entre 10 et 20 km, aurait creusé ce cratère mesurant entre 180 et 300 km. Les fameux *cenotes*, ces trous ronds qui ressemblent à des puits et qui sont nombreux dans la région, seraient un autre résultat de ce bouleversement.

Au cours de la période glaciaire, à l'ère quaternaire, une baisse momentanée du niveau de la mer a permis aux habitants du continent asiatique de franchir le détroit de Béring et d'atteindre l'Alaska. Pendant des milliers d'années, les populations nomades investirent le continent du nord au sud, jusqu'à la Terre de Feu. Au Mexique, des outils rudimentaires en pierre, premières traces de vie humaine, auraient été taillés il y a 31 000 ans. Quant à la plus ancienne découverte anthropologique, il s'agit de l'homme de Tepexpan, vieux de 12 000 ans. Délaissant graduellement la cueillette et la chasse, les populations sont devenues sédentaires, pour se tourner vers l'agriculture et la pêche à partir de l'an 7000. Les premiers villages auraient donc été érigés le long des côtes.

Période archaïque

La culture du maïs fit son apparition environ en l'an 5000. Dès cette époque, les civilisations se raffinèrent. Des figurines d'argile, âgées de 5 000 ans, laissent deviner que la religion connaît alors une nette progression. À partir de l'an 1200 av. J.-C., le peuple olmèque connaît son apogée. Doté de sa propre écriture hiéroglyphique, d'un calendrier complexe et d'un système de numération, ce peuple a grandement influencé, par son art et son organisation sociale, les civilisations mésoaméricaines qui ont suivi (Mayas, Zapotèques, Mixtèques, Toltèques, Aztèques). On leur doit entre autres de colossales têtes de basalte qui mesurent jusqu'à 3 m de hauteur et trois grands centres cérémoniels. La découverte à Veracruz, en 1986, d'une stèle couverte d'une écriture hiéroglyphique différente et antérieure aux Olmèques prouverait cependant que, quelques centaines d'années avant les Olmèques, une autre civilisation était sans doute florissante.

Une autre étape de l'histoire du Mexique importante est l'ère de la resplendissante Teotihuacán, ville peuplée et centre religieux. Cette grande métropole, située près de México, fut érigée vers l'an 200 av. J.-C. Cette cité précolombienne est plus grande que toutes celles qui furent découvertes en Amérique à ce jour. On ignore par qui elle fut fondée, mais ce qui est certain, c'est que son pouvoir politique, culturel et religieux s'étendait sur des dizaines de kilomètres. Son apogée se situerait entre l'an 300 et 650 après J.-C.

Période classique

Cette période est considérée comme l'âge d'or de la civilisation maya. Les constructions les plus impressionnantes voient le jour, et l'on rédige les codex (manuscrits constitués d'idéogrammes dessinés sur des écorces relatant les événements historiques). Vers l'an 200 après J.-C., les civilisations du Mexique sont déjà très développées au point de vue architectural, artistique et scientifique. L'astronomie et les mathématiques, surtout, paraissent avoir été au centre de leurs préoccupations religieuses.

Période post-classique

Les Mayas connurent leur apogée entre les années 200 et 900 ap. J.-C. environ. Les temples de cette époque qui se trouvent dans la péninsule du Yucatán sont ceux de Chichén Itzá (Ve siècle), Uxmal (VIe siècle) et Coba (VIIe siècle).

Les Mayas abandonnèrent ensuite progressivement leurs cités, ce qui s'expliquerait par la sécheresse et l'arrivée de différentes peuplades au tempérament guerrier. Dès l'an 900, l'influence guerrière et commerciale de la civilisation toltèque remplaça celle des pacifiques prêtres mayas. Les civilisations toltèque et maya ont toutefois cohabité et se sont entremêlées. Le site archéologique de Chichén Itzá, entre autres, présente des ornements typiques des deux civilisations. Le déclin des Toltèques fut toutefois rapide, et ce fut au tour de l'étoile des Aztèques de briller dès l'an 1300. Grâce à leurs réalisations techniques et commerciales, ils surent s'imposer à leurs rivaux et emprunter leurs bonnes idées.

Les Aztèques fondèrent Tenochtitlán (aujourd'hui México). Leur puissance s'étendit sur de grandes distances, mais leur règne fut court, soit à peu près 150 ans, car ils furent vaincus par les conquérants espagnols lors de leur première invasion du Mexique.

La conquête espagnole

Hernán Cortés

L'histoire de la rencontre des Espagnols et des Aztèques a donné lieu à toutes sortes de spéculations, mais une chose est sûre, il s'agit là d'un des moments les plus importants et les plus troublants de l'histoire du monde. Le premier contact entre ces deux peuples se produisit en 1512, lorsque le prêtre Jerónimo de Aguilar et le navigateur Gonzalo Guerrero furent faits prisonniers par les Mayas sur les côtes du Yucatán.

Guerrero gagna l'estime de ses ravisseurs, apprit la langue maya et épousa la princesse Zacil. Ils eurent trois fils : les premiers métis. En 1519, Hernán Cortés, conquistador fougueux parti de Cuba sans autorisation avec une flotte d'une dizaine de bateaux et 500 hommes, libère Aguilar, toujours emprisonné sur l'île de Cozumel, et en fait son interprète. Près de l'actuelle Veracruz, il reçoit les émissaires du chef aztèque Moctezuma II. Celui-ci considère Cortés et ses compagnons comme les messagers du dieu Quetzalcóatl. Les croyances aztèques annonçaient en effet l'arrivée d'un dieu vers 1519, en provenance de l'est. Les Espagnols sont donc accueillis avec tous les honneurs qui conviennent dans la grande cité de Tenochtitlán, aussi importante que les plus grandes villes européennes à l'époque. Ils y séjourneront pendant plusieurs mois.

Cependant, les Espagnols se sentent prisonniers, et ils le sont peut-être en fait. Des leaders aztèques auraient fomenté une attaque, et Cortés décide de prendre l'initiative en prenant Moctezuma en otage. Celui-ci, croyant toujours que Cortés pourrait être le dieu annoncé, tente de faire croire à son peuple qu'il est toujours libre, pour éviter un assaut contre les Espagnols. Ceux-ci commencent leur œuvre de destruction en s'attaquant d'abord aux idoles aztèques.

Pendant ce temps, la Couronne d'Espagne envoie une expédition arrêter Cortés. Celui-ci, mis au courant, se précipite vers Veracruz avec une partie de ses hommes. Il réussit à vaincre l'armée venue le faire prisonnier et retourne à Tenochtitlán, où le conflit a éclaté. On laisse entrer Cortés, mais pour mieux l'encercler ensuite. Moctezuma, toujours vivant, tente de pacifier le jeu. Il meurt au milieu du champ de bataille, certains affirmant qu'il a été tué par les Espagnols.

Le 30 juin 1520, les Espagnols sont vaincus et quittent la ville. C'est la Noche Triste (nuit triste). Malgré tout, ils n'abandonnent pas la partie. Depuis leur arrivée au Mexique, ils ont su rallier les différentes tribus ennemies des Aztèques. Avec l'aide de ces précieux soutiens, ils construisent patiemment des bateaux en pièces détachées, qu'ils transporteront au-delà des montagnes et mettront à flot sur le lac entourant la capitale. Le 13 août 1521, avec leurs alliés amérindiens, ils réussissent à s'emparer de Tenochtitlán, déjà rasée par les combats.

En 1522, Cortés la fait reconstruire. Elle s'appelle désormais «México» et devient la capitale du pays.

L'évangélisation

Les premiers missionnaires franciscains arrivent en 1523 et se hâtent d'édifier des monastères. Par la suite, les augustins et les jésuites s'attelleront eux aussi à la tâche. La loi exige que les propriétaires des *encomiendas*, ces étendues de terre appartenant aux soldats méritants, protègent les Amérindiens et les convertissent au christianisme. En 10 ans, alors que des millions d'autochtones sont christianisés, quantité de monuments précolombiens sont démolis, de nombreux Amérindiens sont réduits à l'état d'esclavage, et le pillage des ressources et des richesses se généralise. On érige des hôpitaux et des systèmes d'irrigation. On initie les Amérindiens aux méthodes européennes d'artisanat et d'agriculture.

L'évêque Diego de Landa nota et compila, tout en exprimant son dégoût pour la civilisation maya en raison des sacrifices humains auxquels les autochtones se livraient, de nombreuses observations sur leur société dans un ouvrage intitulé *Relaciones de las cosas de Yucatán*. Puis, il détruisit de nombreux codex remplis de symboles qui contenaient l'histoire des Mayas. Les historiens considèrent d'ailleurs que c'est en grande partie à cause de lui qu'on ne peut, aujourd'hui, résoudre le mystère des Mayas. Leurs connaissances et leurs croyances ne se sont pas transmises à leurs descendants.

Bien que les autochtones aient accepté avec enthousiasme le catholicisme qu'on leur imposait, en l'adaptant à leurs propres croyances, ils furent extrêmement opprimés par les Espagnols, qui les maltraitaient et les jetaient en prison. En créant les haciendas, sorte de domaines féodaux mineurs, les Espagnols firent définitivement pencher la balance de leur côté. On dépouillait les Amérindiens de leurs terres, on les obligeait à travailler pour le compte d'une hacienda, et le maigre salaire qui leur était versé servait uniquement dans les *tiendas de raya* (boutique de l'hacienda), où tout était vendu très cher. Ils n'avaient d'autre choix que de s'endetter, et ce cercle vicieux les maintenaient prisonniers du système, de même que leurs enfants après eux, puisque les dettes se transmettaient à la descendance du père. L'indépendance du Mexique, obtenue après une guerre qui dura 11 ans (1810-1821), ne mit pas fin à cette injustice, puisque les terres ne firent alors que changer de main. Chez les Amérindiens, le feu trop longtemps attisé de la révolte grondait.

La guerre des castes

Après de trop durs traitements, à bout de forces et d'espoir, les autochtones se livrèrent avec furie, dès 1847, à ce qu'on a appelé plus tard la «guerre des castes». Cette guerre sanglante surprit les Espagnols, car les Amérindiens leur étaient jusqu'alors entièrement soumis. À Tepich, à 76 km au sud de Valladolid, ils massacrèrent tous les Blancs. Le siège se poursuivit dans la plupart des villes du Yucatán. Mérida était, malgré des appels à l'aide répétés à la France, aux États-Unis et à l'Espagne, sur le point de tomber lorsque les Mayas décidèrent de retourner à leur culture du maïs, une tâche sacrée qui, pour eux, ne pouvait attendre davantage. La revanche des colons espagnols fut impitoyable. Hommes, femmes et enfants furent sans distinction tués, emprisonnés ou vendus comme esclaves. La population maya, déjà fort disséminée par les épidémies et les mauvaises conditions de vie, chuta de 500 000 à 300 000 individus entre 1846 et 1850. S'étant réfugiés dans les montagnes, ils offrirent cependant une résistance acharnée à leurs ennemis. Les Cruzobs, des Amérindiens autonomes installés près du port de Bacalar (à quelques kilomètres au nord de Chetumal), contrôlèrent pendant plus de 40 ans l'entrée au Yucatán tout en faisant prisonniers de nombreux Blancs.

La résistance

La péninsule, isolée du reste du pays, était difficilement contrôlable par le gouvernement. En 1877, le gouvernement mexicain, sous la présidence de Porfirio Díaz, commença à s'intéresser sérieusement au problème yucatèque. Ce n'est qu'en 1901 toutefois, lors d'une bataille menée par le général Ignacio Bravo, que l'armée fédérale réussit à prendre un village et à construire un fort. Celui-ci fut continuellement pris d'assaut par les Amérindiens pendant un an avant l'arrivée des renforts. La guérilla menée par les Amérindiens, malgré les attaques de plus en plus virulentes des soldats de Díaz, se poursuivit jusqu'en

1915. En 1920, des centaines de milliers d'entre eux furent décimés par des épidémies de petite vérole et de grippe. La forte demande de chiclé provoqua une migration des Amérindiens de l'État de Quintana Roo vers l'État de Yucatán; finalement, en 1935, les Cruzobs consentirent à signer un traité de paix avec l'armée fédérale.

Le commerce international s'intéressait de plus en plus à la partie nord de la péninsule, grande productrice de chiclé, d'agave et de sisal. Mérida, la capitale du Yucatán, était peuplée de riches propriétaires d'haciendas, qui exploitaient les Amérindiens et les *mestizos* dans leurs champs tout en menant une vie de luxe et de loisirs. En 1915, le président Venustiano Carranza s'appropria ces richesses en imposant des taxes énormes aux propriétaires et en se plaçant sous la protection du général Alvarado et de 7 000 hommes armés. Cet argent lui servit à faire reculer les révolutionnaires Pancho Villa et Emiliano Zapata.

Pour achever de décourager les propriétaires, le gouverneur de Mérida, Felipe Carrillo Puerto, élu en 1922, aida les Amérindiens à créer un syndicat de travailleurs, un centre éducatif, la route de Chichén Itzá et les «ligues de résistance», sorte de groupe politique. Les haciendas abandonnées leur furent distribuées. Après s'être fait bien des ennemis, Puerto fut assassiné avec ses frères par des rebelles en 1923.

La Révolution

La Révolution, qui dura 10 ans et causa la mort d'un million de Mexicains, fut provoquée en 1910 par la réélection frauduleuse de Porfirio Díaz. Elle fut initiée par Francisco de Madero et menée par différents chefs révolutionnaires. Madero, allié de Pancho Villa, succède à Díaz en 1911, mais est renversé au cours d'un soulèvement conduit par le général Huerta et est assassiné en 1913. Cet événement déclencha la révolte populaire, dirigée pendant 10 ans par les quatre chefs révolutionnaires Villa, Obregón, Carranza et Zapata. Plusieurs dissensions entre ces chefs conduisirent à des guerres entre factions révolutionnaires aux dépens des agriculteurs et des travailleurs. Cependant, la Révolution mit fin à l'injustice criante des propriétaires et apporta une redistribution de la richesse.

Cette révolution a aussi amené une nouvelle constitution, dont plusieurs éléments sont encore en vigueur aujourd'hui, ainsi que la scolarisation de tous les enfants et la redistribution des possessions de l'Église et des grands propriétaires fonciers. Elle causa cependant beaucoup d'anarchie dans l'administration et une inflation énorme. Les différents groupes communautaires n'arrivaient pas à s'entendre sur les mesures à prendre, et les choses furent lentes à bouger.

Les relations du Mexique avec les États-Unis ont souffert de la Révolution. À l'époque, le président Woodrow Wilson hésita longtemps avant de reconnaître officiellement un chef, donc à lui accorder son aide. La balance penche finalement en faveur de Venustiano Carranza, reconnu président du Mexique en 1916 par les États-Unis. Pourtant, la Révolution continue. Zapata se battra sans relâche jusqu'à son assassinat en 1919. Pancho Villa est quant à lui abattu en 1923. En 1917, une nouvelle constitution abolit le système des haciendas et limite le mandat des présidents à quatre ans. On construit des écoles, et l'on confisque des propriétés rurales pour les attribuer aux paysans. Les affrontements avec l'Église s'intensifient.

Il faudra cependant attendre le règne du président Lázaro Cárdenas (1934-1940) pour que les habitants de la péninsule yucatèque puissent profiter des réformes. C'est lui qui décréta Chetumal capitale de l'État de Quintana Roo.

Le Mexique moderne

De 1940 à 1970, on établit au Yucatán un réseau de chemin de fer qui relie enfin l'État au reste du Mexique. Malgré de lourdes difficultés économiques, le Mexique se modernisa pendant cette période. Grâce à la construction d'un réseau d'irrigation, l'agriculture se développa. Les routes se multiplièrent. Cependant, la corruption envahit l'appareil de l'État, et l'inégalité des richesses se fit croissante. La perte de compétitivité du Mexique sur les marchés mondiaux amena une situation économique difficile, et le pays subit une montée de terrorisme.

En 1980, la découvre d'importants gisements de pétrole place le Mexique au quatrième rang des pays producteurs. Toutefois, les taux d'inflation élevés, la corruption et la mauvaise gestion plongent en même temps le pays dans un déficit budgétaire qui provoque une fuite importante de capitaux. En 1982, le président López Portillo préside, à Cancún, la conférence Nord-Sud pour sortir le Mexique du cercle vicieux de l'endettement.

La station balnéaire de Cancún, un projet amorcé dans les années soixante, verra le jour en 1974, après la construction d'une infrastructure importante. Le développement de cette région s'est accéléré depuis 1982 et fait en sorte que le tourisme a pris, dans la péninsule du Yucatán, la deuxième place dans l'économie.

SYSTÈME POLITIQUE

L'État de Yucatán et l'État de Quintana Roo forment 2 des 31 États de la république fédérale du Mexique, qui compte en outre un district fédéral, soit la ville de México.

Bien que la constitution autorise le multipartisme, le Mexique était encore tout récemment une démocratie à «parti unique». Le pluralisme politique a réellement pris naissance dans les années quatre-vingt, avec l'émergence du Parti d'action nationale (PAN) et du Parti de la révolution démocratique (PRD), les deux principales formations de l'opposition. Ces partis rivalisent pour occuper des sièges au gouvernement, aux côtés du Parti révolutionnaire institutionnel (PRI), dont le pouvoir est demeuré longtemps incontesté.

En 1929, le Parti national révolutionnaire est fondé (Parti révolutionnaire institutionnel ou PRI depuis 1946). C'est de ce parti que sont issus tous les présidents du Mexique depuis ce temps, dont Ernesto Zedillo, chef de l'État et du gouvernement depuis le 1er décembre 1994. Le mandat de celui-ci se termine le 30 novembre 2000. Les autres partis du pays sont le PAN, le PRD et le PT (Parti des travailleurs). Cette même année, la révision de la constitution a fait passer le mandat présidentiel de quatre à six ans et permis la rééligibilité non consécutive.

Les États-Unis sont aujourd'hui le principal partenaire commercial du Mexique, avec plus de 65 % des exportations. Cependant, de nombreux accords ont été signés pour diversifier ces partenaires (le président Salinas de Gortari a signé en 1992 un accord de libre-échange, l'ALENA, avec le Canada et les

États-Unis), car tout n'est pas rose entre les deux voisins. Pensons entre autres à la présence de travailleurs mexicains illégaux sur le territoire américain, et le parti pris des États-Unis à ne pas reconnaître l'espagnol comme langue seconde, malgré la grande place qu'il occupe sur son territoire.

Les élections de juillet 1997 ont fait souffler un vent de changement sur le pays. Pour la première fois depuis les 68 ans qu'il est à la tête du gouvernement, le pouvoir du Parti révolutionnaire institutionnel (PRI) a été ébranlé. Ernesto Zedillo, chef de ce parti, conserve la présidence, mais le PRI a perdu la majorité gouvernementale. Les partis d'opposition, le PAN et le PRD, ont tous deux obtenu de bons résultats, avec près de 30 % des voix chacun. Le PRI a aussi perdu du terrain à la mairie de México au profit du dirigeant du Parti révolutionnaire démocratique (PRD), Cuauhtémoc Cárdenas, élu maire à ces mêmes élections. Le Mexique peut donc commencer à espérer une véritable démocratisation de ses institutions.

ÉCONOMIE

La production du Mexique est assez diversifiée. L'exploitation minière, le secteur manufacturier, l'industrie du pétrole (réserves de 60 milliards de barils), l'électronique, le textile et le tourisme sont tous des secteurs très développés.

Avec 21,7 millions de touristes en 1996, le Mexique se place au 7e rang des destinations touristiques mondiales. Le tourisme représente une grande part de l'économie mexicaine, surtout dans l'État de Quintana Roo. Ce fut même, pendant plusieurs années, la principale source de revenus du pays. Les villes d'Acapulco, de Puerto Vallarta et de Cancún reçoivent à elles seules chaque année des millions de touristes. Depuis le début de la crise de l'endettement en 1982, les touristes ont pu bénéficier d'un taux de change avantageux.

Le Mexique, au quatrième rang des pays producteurs de pétrole, connut de 1976 à 1982 une inflation énorme qui paralysa son développement. Malgré cela, le développement touristique dans l'État de Quintana Roo alla bon train, car les investisseurs ont cru au tourisme pour sortir la région de l'impasse.

En octobre 1982, le président José López Portillo convoqua une assemblée à Cancún pour trouver des solutions à la fuite des capitaux. Il laissa cependant à son successeur, Miguel de la Madrid Hurtado (élu en 1982), un pays en proie à une inflation monstre. L'accession du pays au *General Agreement on Tariffs and Trade* (GATT) en 1986, un nouvel accord de conversion de la dette signé en 1987 et une plus grande ouverture économique ont toutefois contraint les Mexicains à un régime maigre et à un taux de chômage élevé.

En 1994, une nouvelle fuite des capitaux conduisit à une baisse de 60 % de la valeur du peso, et l'économie du pays ne s'est toujours pas relevée, malgré un plan d'austérité drastique et l'aide du Fonds monétaire international (FMI) obtenue par le président Ernesto Zedillo. Le taux d'inflation, qui avait atteint le niveau record de 160 % en 1987, a cependant chuté à moins de 10 % en 1996.

PORTRAIT SOCIAL

Mexique, terre du métissage. Les Mexicains dans leur ensemble, formant une société homogène et métissée, ont su intégrer dans leur vie courante les héritages du passé.

Pour le touriste, l'évidence de ce fait viendra lors d'une visite organisée de sites mayas, où le guide — avec toutes les caractéristiques physiques de sa descendance ibérique — s'identifiera de façon automatique et difficilement compréhensible à ses supposés ancêtres mayas, qualifiant aisément de barbarie la conquête espagnole.

De son côté, la pure société maya qui subsiste a quand même fort à faire pour faire valoir ses droits et amener ses revendications sur la place publique, notamment au niveau de l'exploitation touristique progressive du fait maya, prenant souvent la forme de détours voulus des autocars vers de petits villages pittoresques où une population, en retrait, vit au rythme du passé.

La société maya

Bien que l'origine des Mayas ne soit pas très bien connue, on croit qu'en l'an 2000 av. J.-C. un centre maya, plutôt grand, aurait été fondé à Cuello (Belize). Les premiers Mayas à peupler la péninsule du Yucatán se seraient d'abord installés à Dzibil-chaltún (nord du Yucatán), où des temples de pierre furent érigés au Ve siècle ap. J.-C.

Le regroupement d'établissements épars a précédé le développement de grandes cités mayas où ont été réalisées des découvertes scientifiques et des inventions remarquables. Les villes et les centres cérémoniels ont atteint des proportions considérables au cours de la période classique, soit de l'an 200 av. J.-C. environ à l'an 900 de notre ère. Les centres urbains y abondaient, avec leurs aménagements aux lignes symétriques, leurs grandes allées, leurs systèmes d'aqueduc et d'égout, leurs gigantesques pyramides et palais, ainsi que leurs terrains de pelote de la taille d'un champs de soccer.

Les réalisations scientifiques et sociales des Mayas n'avaient d'égales que leurs réalisations artistiques. Les statues gigantesques, les sculptures rupestres, les peintures et les décorations abstraites des temples mayas font encore que cette civilisation se démarque des autres cultures du monde. Toutes ces réalisations sont d'autant plus étonnantes que les Mayas n'ont jamais utilisé la roue (sauf pour les jouets d'enfants) ni les bêtes de trait. Ces civilisations précolombiennes, dont l'économie se compare à celle de l'Europe à l'âge de la pierre, ont réussi à élaborer des temples qu'on aurait de la difficulté à construire aujourd'hui.

Les cités mayas furent construites selon des schémas de division du temps extrêmement précis. Chaque ornement, chaque marche d'un temple exprime une division du temps. Le calendrier maya est, à cet égard, le résultat de la combinaison de deux calendriers, permettant d'identifier une journée précise à des millions d'années dans le passé ou le futur. Chaque journée, chargée de présages heureux ou funestes, était analysée par les chefs, qui prenaient leurs décisions en conséquence.

L'essor de Chichén Itzá prit fin vers l'an 1200, lorsque Mayapán atteint son apogée. Le déclin de la civilisation maya s'amorça vers l'an 1450, lorsque cette dernière grande métropole maya fut abandonnée.

Aujourd'hui, au Yucatán, de nombreux descendants des Mayas vivent à l'intérieur des terres. Ils sont très facilement reconnaissables à leur petite taille, leur teint très foncé et leur profil plat. Les femmes portent le *huipil*, pièce d'étoffe carrée en coton blanc, brodée sur le col et les manches.

MUSIQUE ET DANSE

La musique

La musique occupe une grande place dans la vie quotidienne mexicaine. À Cancún, les musiciens sont nombreux à se bousculer devant les terrasses des restaurants pour une petite ballade évoquant un amour perdu ou inassouvi, une peine quelconque, une dispute. Ces ballades sont inspirées de chansons espagnoles du XIXᵉ siècle qui furent «mexicanisées».

La musique des mariachis est certainement la plus connue à l'étranger. Groupes de musiciens en costume de *ranchero* traditionnel, ils se tiennent fiers et droits avec guitare, violon, trompette et voix, et leurs ballades, d'origine espagnole, sont enrichies par les cultures de la France et d'Europe centrale.

Les instruments traditionnels sont la trompette, la guitare, la marimba et la harpe. Certains instruments précolombiens sont toujours en usage, bien qu'ayant subi de légères transformations.

À Isla Mujeres, où l'on trouve depuis peu une «Maison du musicien», la musique populaire locale est omniprésente lors des fêtes et événements sociaux. Considéré comme le père de la musique de l'Île des Femmes, le troubadour Virgilio Fernández, décédé à l'âge de 60 ans en 1962, aura chanté son île avec des ballades aux noms évocateurs : *Mujer Isleña, Mi son pa Contoy, Bahía Isleña...* Aujourd'hui, les groupes de musiciens sont nombreux dans l'île; parmi ceux-ci, notons la Trova Isleña et Isolda y Marilü Martínez. Le groupe Bahía, formé de quatre musiciens privilégiant la musique romantique, et l'ensemble Voces y Cuerdas, chanteurs et guitaristes interprétant entre autres les compositions de Fernández, comptent parmi les formations les plus populaires de la région.

La musique pop électronique compte également un représentant yucatèque. Âgé de 27 ans, Aleks Syntek, originaire de Mérida, démontre beaucoup de talent et d'originalité. Ses disques, vendus à plus d'un million d'exemplaires, sont des productions musicales assistées par ordinateur. Sa musique envahit les discothèques.

Cancún présente depuis 1990 un festival de jazz annuel en mai, avec les plus grands noms du genre : Etta James, Ray Charles, Carlos Santana et Tito Puente s'y sont déjà produits. Les concerts ont lieu sur une scène extérieure à la plage Ballenes.

Quant à la musique classique, quelques compositeurs mexicains ont fait leur marque : Manuel Ponce (1886-1948), Julian Carillo (1875-1965), Carlos Chávez (1899-1978) et Silvestre Revueltas (1899-1940).

La danse

Plusieurs danses pratiquées au Mexique remontent aux civilisations précolombiennes. Les danses païennes, interdites par les conquistadores, étaient encouragées par les missionnaires franciscains et dominicains, qui voyaient là sans doute un moyen d'y intégrer la religion catholique.

Les danses occupent une place prépondérante dans les fêtes mexicaines. Il y a la danse du Cerf, la danse des Plumes, la danse Quetzal, la danse des Petits Vieux, la danse Sonajero, la danse Conchero et la Jarana. Cette dernière est propre au Yucatán. L'une des principales danses mexicaines, qu'on peut voir en de multiples occasions, est la danse Venado (danse du Cerf) des Yaquis, des Mayos et des Tarahumaras du nord du Mexique.

Lors de votre séjour à Cancún, vous aurez un bel aperçu de toutes ces danses en allant voir le Ballet folklorique de Cancún, qui donne des représentations chaque samedi soir au Centro de Convenciones. Le spectacle, avec dîner, retrace les grands

courants et les différentes tendances de la musique traditionnelle du Mexique selon les provinces et les époques.

CINÉMA

Les débuts

Comme la majorité des pays d'Amérique latine, le Mexique a
découvert le cinéma au début du siècle, en pleine période de la
dictature de Porfirio Díaz. Les cinéastes, occupés à suivre les
activités officielles du dictateur, n'ont pas vu venir la Révolution. Toute la production mexicaine est alors orientée vers la
représentation d'un pays cultivé, civilisé et progressiste, tel que
le souhaitait la bourgeoisie de l'époque.

Cependant, l'éclatement de la Révolution amena le documentaire à caractère politique, le premier au monde selon certains
critiques, à s'attaquer aux problèmes présents. Le film *Memo-
rias de un Mexicano* (1959) de Carmen Toscano présente une
compilation des films de Salvador Toscano, pionnier du cinéma
mexicain, tournés durant les dernières années de la dictature de
Díaz.

Parallèlement, le cinéma de fiction étranger exerce une grande
influence sur les goûts du public. De 1916 à 1930, les films de
fiction mexicains reproduisent les modèles de l'extérieur, aux
intrigues mélodramatiques. La seule exception est peut-être *La
Banda del automóvil gris* (film muet de 1919 sur un gang de
malfaiteurs de México). Le mélodrame prend dès lors une place
prédominante dans le cinéma mexicain.

L'année 1930 marque le début du cinéma sonore. *Santa*,
d'Antonio Moreno, représente le prototype du mélodrame de
prostituées, dans un traitement naïf, genre qui sera par la suite
très prisé. L'année 1938 inaugure la comédie *ranchera*, sorte de
petits films aux scénarios simplistes qui servaient surtout à
mettre en valeur un certain héros, le *Charro*, cowboy mexicain
monté sur son cheval à la recherche d'aventures.

L'âge d'or

Pendant les années quarante, alors que les États-Unis suspendent leur production hispanique pour se consacrer à la propagande antinazie, le Mexique devient le premier producteur mondial de films en espagnol. C'est l'«âge d'or» du cinéma mexicain, marqué par un nombre impressionnant de productions et l'apogée du mélodrame, du nationalisme et de l'esprit religieux.

Le cinéma mexicain se fait l'écho du discours officiel de l'unité nationale en récupérant le passé préhispanique et en redéfinissant le rôle de l'Amérindien dans la société. Les films de *cabareteras* (entraîneuses), dérivés des films où les prostituées sont des héroïnes, apportent au mélodrame moral un certain renouveau et dominent les écrans. Ce courant se perpétue jusqu'au début des années soixante.

Le cinéma américain et le savoir-faire hollywoodien ont cependant raison de ce cinéma sans prétention, et l'industrie cinématographique mexicaine s'affaisse au début des années soixante. Seuls quelques réalisateurs, influencés sans doute par le néoréalisme italien, ont tourné des films sur le «vrai» Mexique.

Le cinéma mexicain actuel

En 1964, on créa le Centre universitaire d'études cinématographiques de México, puis, en 1970, la Banque nationale du film afin d'apporter une aide aux studios de cinéma. S'ensuivit la réalisation de nombreux films de qualité au début des années soixante-dix.

Cependant, la privatisation des sociétés de production a entraîné la fermeture de centaines de salles de cinéma. Autre malheur, la Cinémathèque nationale fut victime en 1982 d'un incendie qui détruisit des milliers de films. De plus, les Mexicains ont, depuis le début des années quatre-vingt, beaucoup délaissé le cinéma, préférant regarder les *Tele-Novelas*, téléromans réalisés à un rythme effréné, très populaires dans toute l'Amérique latine.

Quelques réalisateurs

Roberto Sneider
Dos crimenes, 1995.

Alfonso Arau
Como Agua para chocolate, 1992 (tiré du roman de Laura Esquivel).

Jaime Humberto Hermosillo
L'Anniversaire du chien, 1974
La Passion selon Bérénice, 1976
Naufrage, 1977
Maria de mon cœur, 1979
Doña Herlinda et son fils, 1984
Intimités dans une salle de bains, 1989
Le Devoir, 1990.

Felipe Cazals
Le Jardin de tante Isabelle, 1971
Canoa, 1975
Le Mitard, 1975
Las Poquianchis, 1976.

Arturo Ripstein
Temps de mourir, 1965
Le Château de la pureté, 1972
L'Inquisition, 1973
Ce lieu sans limites, 1977
La Veuve noire, 1977
Rastro de Muerte, 1981.

Paul Leduc
Frida, nature vivante, 1984
Reed, le Mexique en ébullition, 1971.

Emilio Fernández
Janitzio 1938.

Luis Buñuel
Né en Espagne en 1900 et décédé au Mexique en 1983, Buñuel aimait à dire qu'il avait appris son métier au Mexique. Arrivé dans ce pays en 1946, il y reprend son métier de réalisateur,

qu'il a délaissé depuis 1932. Il tourne 21 films au Mexique entre 1946 et 1965, dont ceux-ci :
Los Olvidados, 1951
Nazarín, 1959
La Jeune fille, 1960
Viridiana (coproduit avec l'Espagne), 1961
L'Ange exterminateur, 1962
Simon du désert, 1964.

Quelques comédiens

María Félix
Cantinflas et Tin Tan (deux grands comiques populaires)
Pedro Infante
Dolores del Río.

Films dont l'action se déroule au Yucatán

Contre toute attente (Against all odds) (USA, 1984), de Taylor Hackford, avec Rachel Ward et Jeff Bridges.
Zorro Rides Again (USA, 1937), de John English, avec John Carroll.
Rastro de Muerte (Mexique, 1981), thriller politique d'Arturo Ripstein, avec Pedro Armen Dariz Jr.
La Momia Azteca (Mexique, 1957), suivi de *Attack of the Mayan Mummy* et *Face of the Screaming Werewolf* (USA, 1964), de Rafael López Portillo.

Marie Galante (USA, 1934), de Henry King, avec Spencer Tracy.

LITTÉRATURE

L'évêque Diego de Landa détruisit les codex mayas dans leur presque totalité. Après cette œuvre de destruction, il s'est un peu amendé en mettant par écrit ses observations du peuple maya, dans ses *Relaciónes de las Cosas de Yucatán*. Certains documents aztèques ont tout de même pu traverser le temps jusqu'à nous grâce à quelques ecclésiastiques. Ainsi, quatre recueils de récits en langue nahuatl (langue des Aztèques et de certaines ethnies) ont été sauvegardés par le moine espagnol Bernardino de Sahagún (1500-1590). Ces œuvres, pour la plupart des poèmes héroïques, sont empreintes d'une poésie lyrique. D'autres récits sauvegardés en langue nahuatl, traduits en espagnol, sont celles du roi-poète Netzahualcóyotl (1402-1472), du roi Huejotzingo et du prince aztèque Temilotzin. La littérature nahuatl fut traduite entre autres par Eduard Georg Seler (1849-1922). Dans son *Recueil de traités*, il trace un portrait plutôt complet de la littérature précolombienne.

Quant à la littérature maya, il nous reste le *Rabianl-Achi*, une œuvre dramatique expliquant le mode de vie et les coutumes mayas. Le *Popol Vuh* (Livre du conseil), traduit par Fray Francisco Ximénez au début du XVIIIe siècle, est une source de renseignements sur les traditions et les coutumes de certaines ethnies mayas.

L'époque de la conquête espagnole marqua les débuts de la littérature mexicaine en espagnol. Ses principaux chroniqueurs sont Bernal Díaz de Castillo (1492-1580), compagnon d'Hernán Cortés, Bartolomé de las Casas (1474-1566), Jerónimo de Mendieta (1525-1604) et Antonio de Solis (1610-1686).

L'époque coloniale est dominée par l'influence espagnole, omniprésente, ce qui empêche une littérature proprement mexicaine. Certains écrivains ont cependant réussi à percer avec originalité : Juan Ruiz de Alarcón y Mendoza (1581-1639) et Iñes de la Cruz (1648-1695), une religieuse considérée comme l'une des grandes poétesses de langue espagnole du XVIIe siècle. Carlos de Sigüenza Y Góngora (1645-1700) est un digne représentant du nouveau baroque espagnol. À l'époque de José Manuel Martínez de Navarrete (1768-1809), qui s'inspira du néo-classicisme français, le Mexique est à la recherche d'une identité nationale.

Les soulèvements indépendantistes qui enflammèrent le Mexique dès 1810 amenèrent presque toute la littérature autour de ce sujet dans une grande polémique. Le roman réaliste suivra ensuite, traitant beaucoup de politique. Vers la fin du XIXe siècle, le romantisme espagnol et français influencera bon nombre d'écrivains mexicains. Un contre-courant s'affirmera tout de suite après, initié par Manuel Gutiérrez Najera (1859-1895), que l'on considère comme le père de la littérature mexicaine moderne.

La Révolution marque l'avènement, au Mexique, de la littérature contemporaine qui s'inspire de sentiments nationalistes. Mariano Azuela (1873-1952) est le principal représentant de ce courant, entre autres avec *Ceux d'en bas* (1916), récit vivant et coloré de la Révolution. Ensuite, dans les années vingt, on se penche à nouveau sur l'histoire du Mexique. Artemio de Valle Arizpe (1888-1961) est le principal auteur à avoir analysé l'époque coloniale. Carlos Fuentes (1928), auteur de *Paysage sous la lumière*, *La Mort d'Artemio Cruz* et *Le Vieux gringo*, a atteint la célébrité.

L'auteur mexicain le plus connu mondialement est Octavio Paz (1914), qui a obtenu en 1990 le prix Nobel de la littérature. En plus de ses nombreux essais, poésies et traductions, Paz fut aussi conférencier, diplomate et journaliste. On lui doit entre autres *Le Labyrinthe de la solitude* (1950). Avec Alfonso Reyes (1889-1959), il est considéré comme le grand maître mexicain de l'essai.

Actuellement, de jeunes auteurs, membres de la *Espiga amotinada*, groupe fondé en 1980, renouvellent avec talent la littérature mexicaine. Il s'agit entre autres d'Augusto Shelley, Juan Buñuelos et Oscar Olivas.

Le globe-trotter américain John Lloyd Stephen entreprit deux expéditions en Amérique centrale et au Mexique, entre 1839 et 1842, en compagnie du peintre et dessinateur britannique Frederick Catherwood. Ses recherches le menèrent aux sites archéologiques de Palenque, Chichén Itzá, Kabah, Labna et Uxmal. Il publia deux récits de voyage qui connurent un grand succès et incitèrent à des recherches plus poussées sur les Mayas : *Incidents of Travel in Central America, Chiapas and Yucatán* (1841) et *Incidents of Travel in Yucatán* (1843).

Parmi les auteurs du Yucatán, citons Wilberto Cantón (1925-1979), poète et essayiste qui reçut de nombreux prix pour l'ensemble de son œuvre, ainsi que Miguel Barbachanco Ponce (1930), dramaturge, professeur et critique cinématographique. Héctor Aguilar Camil (1946), journaliste, historien et narrateur, a reçu en 1986 le Prix national du journalisme. On lui doit beaucoup d'écrits sur la révolution mexicaine.

Le globe-trotter américain John Lloyd Stephen entreprit deux expéditions en Amérique centrale et au Mexique, entre 1839 et 1842, en compagnie du peintre et dessinateur britannique Frederick Catherwood. Ses recherches le menèrent aux sites archéologiques de Palenque, Chichén Itzá, Kabah, Labna et Uxmal. Il publia deux récits de voyage qui connurent un grand succès et incitèrent à des recherches plus poussées sur les Mayas : *Incidents of Travel in Central America, Chiapas and Yucatán* (1841) et *Incidents of Travel in Yucatán* (1843).

PEINTURE

De magnifiques fresques précolombiennes ornaient de nombreux temples mayas au Mexique. On y distingue encore les rouges, les orangés et le fameux bleu maya qui se retrouvait partout. Peu après la conquête, des artistes européens enseignent à México, dans une école fondée par des moines franciscains.

L'art colonial s'épanouira au XVIIe siècle, avec plusieurs peintres qui réussiront à intégrer l'art européen à leur propre style. De nombreuses œuvres de cette époque décorent églises, cloîtres et musées de plusieurs villes.

Le baroque mexicain verra le jour à la fin du XIIIe siècle, tout en restant étonnamment insensible à toute influence amérindienne. Les peintres mexicains resteront influencés par les maîtres européens jusqu'au XXe siècle. Il faudra attendre la révolution de 1910 pour voir surgir un courant original, propre aux Mexicains. Il s'agit du muralisme (le ministre de l'Éducation de l'époque, José Vasconselos, permit aux peintres d'utiliser les murs des écoles et d'autres bâtiments publics).

Le muralisme a pour point de départ une exposition de partisans de la sécession, dirigée par Gerardo Murillo (1875-1964), qui se fait appeler Dr. Atl. Le caricaturiste politique Guadalupe Posada (1851-1913) est considéré comme le précurseur de ce courant. Ces peintres privilégient les motifs et les couleurs précolombiennes, reniant les éléments espagnols. Les sujets glorifient l'héritage amérindien et la Révolution. Un manifeste sera publié en 1923, dans lequel on se déclare contre les tableaux de musée. Diego de Rivera, David Alfaro Siqueiros et José Clemente Orozco sont trois peintres importants ayant dominé cette période.

Diego de Rivera (1886-1949) a réalisé d'immenses fresques, s'inspirant de la Renaissance italienne et de l'art maya et aztèque afin de développer des œuvres ayant pour sujet la vie sociale et politique du Mexique. Il se maria deux fois avec la peintre Frida Kahlo (1910-1954). Cette dernière, clouée depuis l'âge de 18 ans dans un fauteuil roulant, a peint des tableaux empreints d'angoisse et de lucidité. Elle n'a accédé à une certaine célébrité posthume que depuis quelques années.

Le peintre d'origine zapotèque Rufino Tamayo (1899-1991) est considéré comme le maître de l'art moderne, refusant de servir, dans sa peinture, quelque intérêt politique que ce soit. Il s'est inspiré de divers courants de son temps, surtout le cubisme, tout en puisant dans l'art populaire mexicain.

RELIGION ET FÊTES

Le Mexique, majoritairement catholique, est très pratiquant. Les églises, toujours pleines, retentissent du chant des fidèles. Plusieurs fêtes religieuses ponctuent l'année. L'Église catholique, implantée très tôt au début de la conquête espagnole, était très puissante, régissant l'éducation et s'ingérant dans la politique et la vie quotidienne.

À l'image de leur sang métissé, les Mexicains, dans leur pratique de la religion, mêlent aux rites catholiques traditionnels les croyances mystiques des Amérindiens, vouant entre autres un culte à la mort (Día de los Muertos). Les fêtes, très colorées, sont importantes, et l'on y participe en grand nombre.

30 décembre au 6 janvier
Fête des Rois mages (Fiesta de Los Tres Reyes Magos)
Cette fête est célébrée à Tizimin, une petite municipalité située au nord de Valladolid, deuxième plus grande ville de l'État de Yucatán. Cette municipalité célèbre les Rois mages de toutes les façons. On y trouve entre autres un restaurant et le Convento de Los Tres Reyes.

1er janvier
Le jour de l'An (Año Nuevo)
Grandes réjouissances dans tout le pays et foires agricoles dans les provinces.

6 janvier
Fête de l'Épiphanie (Día de los Reyes)
Ce jour-là, les enfants reçoivent des cadeaux. Dans de nombreuses réceptions, on sert un gâteau en forme d'anneau dans lequel est cachée une poupée miniature; la personne qui reçoit la tranche de gâteau où se trouve la poupée doit offrir une autre réception le 2 février, jour de la Chandeleur.

17 janvier
Fête de San Antonio Abad
On honore les animaux domestiques dans tout le Mexique. Les animaux apprivoisés et le bétail sont décorés et bénis dans les églises locales.

2 février
Jour de la Chandeleur (Candelaria)
Fêtes, défilés et courses de taureaux. Les rues sont décorées de lanternes.

5 février
Jour de la Constitution (Día de la Constitución)
Commémoration des constitutions de 1857 et de 1917, qui régissent maintenant le Mexique.

Variable
Carnaval précédant le Carême
Musique, danse et défilés dans de nombreuses stations balnéaires, entre autres Cancún, Isla Mujeres et Cozumel.

24 février
Fête du drapeau

21 mars
Anniversaire de Benito Juárez
Jour férié en hommage au bien-aimé président (1806-1872), né de parents zapotèques et initiateur de nombreuses réformes durant son mandat, comme l'abolition des privilèges de l'Église, l'introduction du mariage civil et de l'école d'État, ainsi que l'industrialisation.

20, 21 ou 22 mars
Équinoxe du printemps
Durant une dizaine de minutes ce jour-là, le soleil descend le long de la grande pyramide de Chichén Itzá, donnant l'illusion spectaculaire d'un serpent qui longerait l'arête du temple jusqu'au sol. Ce phénomène se reproduit à l'équinoxe d'automne (20, 21 ou 22 septembre).

Semaine avant Pâques
Semaine sainte (Semana santa)
Elle commence le Dimanche des Rameaux, constitue la plus grande fête du Mexique et est célébrée dans toutes les régions.

Variable
Pâques

Avril
Regata Sol a Sol
Une régate entre la Floride et Cozumel avec de nombreuses célébrations.

3 mai
Jour de la Sainte-Croix (Día de la Santa Cruz)
Ce jour-là, les travailleurs de la construction placent des croix décorées sur les bâtiments qu'ils sont en train d'édifier. Il y a aussi des pique-niques et des feux d'artifice.

5 mai
Bataille de Puebla (Cinco de Mayo)
Commémoration de la victoire de l'armée mexicaine sur les troupes de Napoléon III à Puebla en 1862.

15 mai
San Isidoro Labrador
Festivals tenus à Panaba, près de Valladolid, et à Calkini, au sud-ouest de Mérida.

Mai
Plusieurs festivités ont lieu à Isla Mujeres.

Juin
Tournois de pêche à Cozumel et à Cancún.

24 juin
Fête de la Saint-Jean-Baptiste (Día de la San Juan Bautista)
Foires populaires, festivités religieuses et baignades.

août
Coupe Cancún
Courses de *lanchas* (canots) à Cancún.

15 et 16 septembre
Fête de l'Indépendance du Mexique (jours fériés)
On célèbre dans tout le pays la déclaration d'indépendance proclamée en 1810. Sur la place centrale de la plupart des villes, à 23 h, le soir du 15 septembre, on joue *El Grito* (le cri), une reconstitution de l'appel au soulèvement lancé par le père Hidalgo à ses compatriotes. Le président ouvre la cérémonie, qui a lieu dans le square de la Constitution, à México. Presque tous les établissements du pays sont fermés pendant ces deux jours. Défilés le jour et feux d'artifice le soir.

20, 21 ou 22 septembre
Équinoxe d'automne (voir, en mars, équinoxe de printemps).

27 septembre
Fête de Cristo de las Ampollas
Cette fête a lieu à Mérida.

12 octobre
Fête de Colomb (Día de la Raza) (jour férié)
Festivités commémorant la fusion des races autochtones et européennes du Mexique.

23 octobre au 2 novembre
Fêtes de Cancún

31 octobre
Fête des âmes
Au Yucatán, on met des chandelles sur les pierres tombales. Début de huit jours de souvenir.

1er novembre
Discours du président sur l'état de la nation (Informe Presidencial) (jour férié)
Le président du Mexique prononce ce discours annuel devant le Congrès.

1er et 2 novembre
La Toussaint (Día de los Muertos)
Au cours de cette fête, le pays rend hommage à la Mort par des festivités où se mêlent les cultures chrétienne et amérindienne. Des crânes et des squelettes en sucre, ainsi que des cercueils miniatures sont vendus partout. Processions vers les cimetières où les pierres tombales et les autels sont décorés de façon élaborée. Ces journées sont l'occasion d'évoquer la mémoire des chers disparus.

20 novembre
Jour de la Révolution (jour férié)
Commémoration du début de la guerre civile, qui a duré 10 ans (de 1910 à 1920), au cours de laquelle des millions de Mexicains ont perdu la vie.

1er au 8 décembre
Plusieurs festivités ont lieu à Isla Mujeres.

12 décembre
Fête de la Vierge de la Guadalupe
Cette fête, la plus religieuse du Mexique, célèbre la sainte patronne du pays. Des pèlerins venus de toutes les régions convergent vers la basilique de México, où l'on peut voir une mystérieuse empreinte à l'image de la sainte sur un linceul.

16 au 24 décembre
Posadas
Processions et fêtes commémorant le voyage de Joseph et de Marie vers Bethléem. La musique remplit les rues, et l'on casse des *piñatas*.

25 décembre
Noël (Navidad)
Cette fête familiale est célébrée à la maison.

RENSEIGNEMENTS GÉNÉRAUX

IL est relativement facile de voyager partout au Mexique, que ce soit seul ou en groupe organisé. Pour profiter au maximum de son séjour, il est important de bien se préparer. Le présent chapitre a pour but de vous aider à organiser votre voyage. Vous y trouverez des renseignements généraux et des conseils pratiques visant à vous familiariser avec les habitudes locales.

FORMALITÉS D'ENTRÉE

Avant de partir, veillez à apporter tous les documents nécessaires pour entrer et sortir du pays. Quoique ces formalités soient peu exigeantes, sans les documents requis, on ne peut voyager au Mexique. Gardez donc avec soin ces documents officiels.

Le passeport

Dès que vous quittez votre pays, il est bon d'emporter votre passeport, car cela demeure le meilleur moyen de prouver votre citoyenneté. Si votre passeport expire dans les six mois qui suivent, renseignez-vous auprès de l'ambassade ou du consulat de votre pays afin de savoir quelles sont les règles et restrictions appliquées au Mexique en matière de validité et d'expiration. Si vous n'avez pas de passeport ou devez le renouveler, prévoyez un délai d'au moins trois semaines avant le départ.

Les voyageurs français, belges et suisses doivent toujours avoir en leur possession un passeport valide. Les citoyens canadiens, pour leur part, même s'ils peuvent entrer au Mexique avec un simple certificat de naissance officiel ou une carte de citoyenneté, devraient quand même avoir leur passeport en leur possession. En cas de problèmes avec les autorités, le document d'identification attestant le plus officiellement votre identité demeure votre passeport. Il se peut également qu'on l'exige pour des transactions financières ou juridiques.

Votre passeport est un document précieux à conserver dans un endroit sûr. Ne le laissez pas dans vos bagages ni dans votre chambre d'hôtel, où il pourrait facilement être volé. Un coffret de sûreté à l'hôtel est le meilleur endroit où conserver vos papiers et objets précieux durant votre séjour.

Prenez soin de conserver une photocopie des pages principales et de noter le numéro et la date d'échéance de votre passeport. Gardez cette copie à part de l'original durant votre voyage, et laissez-en une copie également chez un ami ou un parent dans votre pays. Dans l'éventualité où votre passeport serait perdu ou volé, il vous sera alors plus facile de le remplacer (faites de même avec votre certificat de naissance ou carte de citoyenneté). Lorsqu'un tel incident survient, vous devez contacter sans délai l'ambassade ou le consulat de votre pays pour faire émettre un document équivalent (pour les adresses, voir ci-dessous), ainsi que le bureau de police local. Vous devez alors remplir un autre formulaire de demande, produire une pièce prouvant votre citoyenneté, remettre de nouvelles photographies et payer les droits en entier.

La carte de tourisme

Aussitôt après les vérifications douanières à votre arrivée au Mexique (ou dans l'avion), on vous fera remplir une carte de tourisme (*tarjeta turística*) pour obtenir diverses informations sur vous. Cette carte sera votre «permission écrite» de visiter le Mexique pendant 60 jours. Vous devez conserver votre exemplaire bleu et le remettre à la douane à la fin de votre séjour. Un conseil : notez le numéro de votre carte de touriste et joignez-la à vos documents de voyage. Ce numéro sera très utile si vous la perdez. En cas de perte de votre carte de touriste, vous devez communiquer avec le bureau de l'Immigration au ☎ 5-842892. Le personnel du bureau vous offrira son aide au moment de quitter le Mexique.

Le visa

Les touristes de nationalité canadienne, française, belge et suisse n'ont pas besoin de visa pour entrer au Mexique.

Les mineurs

Toute personne âgée de moins de 18 ans est considérée comme mineure au Mexique. Les mineurs doivent, s'ils voyagent seuls, détenir un formulaire de consentement notarié ou certifié par un commissaire à l'assermentation ou un juge de paix, signé par leurs deux parents.

Si la personne mineure voyage en compagnie d'un seul de ses parents, elle doit détenir une lettre de consentement notariée ou certifiée signée par l'autre parent. Si ce parent est décédé, elle doit en fournir la preuve par une déclaration notariée ou certifiée.

À l'arrivée au Mexique, les transporteurs aériens exigeront le nom, l'adresse et le numéro de téléphone de la personne venue à la rencontre du mineur non accompagné.

La taxe sur le transport aérien

Une taxe de départ de 12 $US par passager (souvent incluse dans le prix des billets émis par les transporteurs aériens) s'applique aux vols internationaux en partance du Mexique. Renseignez-vous auprès de votre transporteur aérien avant votre départ pour savoir si vous avez à payer cette taxe.

La douane

Le Mexique est doté d'un système de contrôle douanier à l'européenne, mais avec quelques différences. On vous fera d'abord remplir un formulaire de déclaration, puis on vous demandera si vous avez quelque chose à déclarer. Si oui, on fouillera vos bagages. Si vous n'avez rien à déclarer, vous devrez actionner un «feu de circulation» aléatoire. S'il est vert, vous passerez sans fouilles, mais, s'il est rouge, vous aurez droit à une inspection.

Vous pouvez entrer au pays avec :

- 3 litres d'alcool;
- 400 cigarettes ou 50 cigares;
- une caméra ainsi qu'un appareil photo et 12 rouleaux de pellicule au maximum;
- des articles (autres que des articles personnels) d'une valeur maximale de 100 $US.
- de l'équipement de sport usagé;
- un maximum de 20 CD ou cassettes;
- des médicaments pour usage personnel dans leur emballage originel dûment étiqueté.

Il est bien sûr interdit d'importer de la drogue et des armes à feu. Si vous vous posez des questions sur ce qui est permis ou non, vous pouvez appeler la douane à l'aéroport de Cancún au ☎ (98) 860073.

LES AMBASSADES ET LES CONSULATS

Ils peuvent fournir une aide précieuse aux visiteurs qui se trouvent en difficulté (par exemple en cas d'accident ou de décès, pour leur fournir le nom de médecins ou d'avocats, etc.). Toutefois, seuls les cas urgents sont traités. Il faut noter que les coûts relatifs à ces services ne sont pas défrayés par ces missions consulaires.

Canada
Consulat du Canada
Centre commercial Plaza
México
Bureau 312
200, avenue Tulum, angle
Agua
Cancún
☎ (98) 843716
⇍ (98) 876716

Québec
Délégation générale du
Québec
Avenue Taine, n° 4111
Colonia Bosques de Chapul-
tepec
11580 - México
☎ (5) 250-8222
⇍ (5) 254-4282

France
113, avenue Xel-Ha
Cancún
☎ (98) 846078
⇍ (98) 873362

Belgique
Avenue Alfredo de Musset,
n° 41
Colonia Polanco
11550 - México
☎ (5) 28 00 758
⇍ (5) 28 00 208

Espagne
Building Oasis
Avenue Kukulcán, km 6,5
Cancún
☎ (98) 832466
⇍ (98) 832870

Suisse
Avenue Kukulcán, km 17
Cancún
☎ (98) 818000
⇍ (98) 818080

États-Unis
40, avenue Nader (SM2A)
Edificio Marrvecos
Cancún
☎ (98) 832296
⇍ (98) 842411

AMBASSADES ET CONSULATS DU MEXIQUE À L'ÉTRANGER

Canada
Ambassade du Mexique
45, rue O'Connor
Bureau 1500
Ottawa (Ontario)
K1P 1A4
☎ (613) 233-8988 ou
233-9572
⇍ (613) 235-9123

Canada
Consulat général du
Mexique
99, Bay Street
Toronto (Ontario)
M5L 1E9
☎ (416) 368-2875
⇍ (416) 368-3478

Québec
Consulat général du
Mexique
2000, rue Mansfield
Bureau 1015
10e étage
Montréal, Québec
H3A 2Z7
☎ (514) 288-2502
↵ (514) 288-8287

Belgique
Ambassade du Mexique
164, chaussée de la Hulpe
1er étage
1170 - Bruxelles
☎ (2) 676-0711
↵ (2) 676-9312

France
Ambassade du Mexique
9, rue de Longchamp
75116 - Paris
☎ 01 44 53 99 34
↵ 01 47 55 65 29

Suisse
Ambassade du Mexique
Bernastrasse, n° 57
3005 - Berne
☎ (031) 351-1875
↵ (031) 351-3492

Espagne
Ambassade du Mexique
93, Paseo de Castellana
Madrid
☎ (341) 369-2814
↵ (341) 420-2292

LES OFFICES DE TOURISME

Ces offices ont pour fonction d'aider les voyageurs à préparer leur voyage au Mexique. Les responsables du bureau peuvent répondre aux questions des visiteurs et leur fournissent des brochures.

Les Canadiens peuvent, avant le départ, rejoindre le ministère du Tourisme du Mexique sans frais au ☎ 1-800-263-9426 (service en français et en anglais). On répondra à toute demande d'information touristique. Il est également possible, à ce numéro, de commander des dépliants, cartes et brochures sur la région visitée.

Sur place, le gouvernement mexicain offre aux voyageurs un service téléphonique d'assistance en anglais touchant les formalités (douanes, visas), les directions routières, l'état des routes, la météo, etc. Composez sans frais le ☎ 91 800 90392.

Québec
1, Place Ville-Marie
Bureau 1526
Montréal (Québec)
H3B 2B5
☎ (514) 871-1052
⇋ (514) 871-3825

France et Belgique
4, rue Notre-Dame-des-
Victoires
75002 - Paris
01 42 96 05 30
(24 heures par jour/
7 jours sur 7)
⇋ 01 42 86 05 80
Minitel : 3615 MEXIQUE

Espagne
Calle Vélasquez, N° 126
28006 - Madrid
☎ (1) 261-3520 ou
261-1827
⇋ (1) 411-0759

Italie
Via Barberini, N° 23
00187- Rome
☎(6) 25-3413 ou 25-3541
⇋ (6) 25-3755

L'ACCÈS À CANCÚN ET COZUMEL

Par avion

Plusieurs entreprises proposent des forfaits incluant l'avion et l'hébergement. Ces formules ont l'avantage d'éviter aux voyageurs tout souci une fois arrivés à destination. Ces forfaits amènent généralement les visiteurs dans l'un des centres touristiques du pays, notamment Cancún et Cozumel. Les quelques entreprises québécoises suivantes se spécialisent dans ce type de voyages : Vacances Signature, Royal Vacances et Air Transat.

Il est également possible de partir en ne prenant que son billet d'avion et en trouvant à se loger sur place, les formules d'hébergement étant nombreuses dans cette contrée. Cela vous permet de vous promener et de choisir où loger au jour le jour. En dehors des périodes de pointe (vacances de Noël et Semaine sainte), on ne devrait avoir aucun problème à se loger, tant dans les régions plutôt reculées que dans les grands centres touristiques. Réserver à l'avance demeure toutefois le moyen le plus sûr d'avoir une chambre à l'arrivée.

La péninsule yucatèque compte deux aéroports internationaux, situés à Cancún et à Cozumel. Il existe également de petits aéroports à Chichén Itzá, Playa del Carmen et Mérida. De plus, des vols intérieurs quotidiens sont proposés à destination d'Acapulco, Mérida et México.

L'aéroport international de Cancún (☎ *98-860028)* est situé à environ 20 km au sud-ouest de la zone hôtelière. Il s'agit de l'un des aéroports les plus modernes du Mexique depuis les récents travaux de rénovation. En plus d'un bureau de change et d'une boutique hors taxes, on y trouve quelques magasins, restaurants et bars où les prix, comme c'est le cas dans les grands centres touristiques, sont un peu plus élevés qu'à la ville.

Pour quitter l'aéroport et se rendre à Cancún, un service de navette est offert pour environ 10 $US. Ce service de transport aller-retour, appelé «Transfert», est souvent inclus dans le prix des voyages à forfait. Les autobus sont spacieux et respectent les horaires avec un zèle surprenant. Au retour, faites attention : il se peut que le chauffeur de la navette arrive à l'hôtel avant l'heure prévue, et reparte aussitôt pour l'aéroport sans vous attendre. Pour éviter cette catastrophe, précédez l'horaire de 30 m et attendez la navette à l'extérieur.

Notez que les taxis ne sont autorisés qu'à laisser les voyageurs à l'aéroport, et, à l'inverse, les autobus publics ne peuvent transporter les touristes que de l'aéroport à leur hôtel.

Plusieurs agences de location de voitures ont un comptoir à l'aéroport. Pour éviter des frais excessifs, il est préférable de louer une voiture avant le départ et de comparer les prix. La plupart des grandes agences peuvent être jointes grâce à des numéros sans frais de partout en Amérique. Quand vous comparerez les prix des différentes agences, prenez compte des taxes, du kilométrage gratuit et de l'assurance. Voici les noms et numéros des agences présentes à l'aéroport de Cancún :

Monterrey Rent
☎ (98) 860239

Avis
☎ (98) 860222 ou
1-800-321-3652

Economovil
☎ (98) 860082

Budget   Hertz
☎ (98) 860026 ou   ☎ (98) 860150 ou
91-800-268-8970   91-800-263-0678

National/Tilden
91-800-361-5334

L'**aéroport international de Cozumel** *(☎ 987-2-2081)* est situé
à près de 4 km au nord-est de San Miguel. On y trouve un
bar-restaurant et quelques boutiques de souvenirs, des agences
d'excursions à l'étage et des comptoirs de location de voitures.

Contrairement à Cancún, il n'existe à Cozumel aucun service de
transports en commun, mais d'innombrables taxis circulent sur
l'île et offrent un service à prix raisonnable. Une navette peut
vous prendre à l'aérogare pour environ 5 $US.

Pour les voyageurs plus fortunés, ou ceux qui détestent les
transports terrestres ou maritimes, il est à noter que les
transporteurs Mexicana et Aeromexico proposent un service
aérien vers Cancún, Mérida, Playa del Carmen et Chichén Itzá.

Mexicana   Aeromexico
39, avenue Coba   80, avenue Coba
Cancún   ☎ 98-841097 ou
☎98-874444 ou   91-800-37-6639
91 800 50220
⇒ 98-874441

Les vols à destination de Cancún à partir de Cozumel partent
toutes les heures et coûtent une quarantaine de dollars
américains. Le vol vers Chichén Itzá est offert deux fois par jour
au même prix.

Par voie terrestre

Jusqu'aux années cinquante, le Mexique ne disposait pas, en
raison de son relief tourmenté, d'un réseau de transport
terrestre couvrant l'ensemble du pays. Depuis lors, la construction de routes a constitué un élément essentiel de l'intégration
des régions éloignées à l'économie nationale.

Une part importante des nouvelles grandes routes mexicaines relève actuellement du secteur privé. Des autoroutes modernes et sûres, à péage et à quatre voies, relient à présent les grandes villes du pays. Bien qu'elles soient très coûteuses, ces nouvelles routes représentent un immense progrès par rapport aux routes plus anciennes, souvent mal entretenues et encombrées de camions et d'autocars.

LES ASSURANCES

L'assurance-voyage

Avant de partir, il est essentiel de se procurer une assurance-voyage complète, car, au Mexique, le coût des soins peut s'élever rapidement. Au moment de l'achat de la police, veillez à ce qu'elle couvre les frais médicaux de tout ordre, comme l'hospitalisation, les services infirmiers, les honoraires des médecins et tous les types de blessures résultant notamment de la pratique d'un sport ou d'une maladie préexistante. Votre couverture devrait être «illimitée» ou très élevée. Une clause de rapatriement, pour le cas où les soins requis ne peuvent être administrés sur place, est précieuse. En outre, il se peut que vous ayez à débourser le coût des soins reçus en quittant une clinique. Il faut donc vérifier ce que prévoit votre police dans ce cas.

Prenez le temps de déchiffrer toutes les clauses inscrites en caractères minuscules sur votre contrat avant de signer. Posez des questions, et comparez les nombreux plans offerts sur le marché. N'oubliez pas que les différentes personnes qui peuvent vous vendre de l'assurance-voyage ne sont pas, malgré de bonnes intentions, nécessairement compétentes en la matière. Vous pourriez par exemple téléphoner directement à la compagnie d'assurances pour éclaircir certains points.

Durant votre séjour, vous devriez toujours garder sur vous la preuve que vous avez contracté une assurance-voyage, ce qui peut vous éviter bien des ennuis.

L'assurance-annulation

Cette assurance est normalement suggérée par l'agent de voyages au moment de l'achat du billet d'avion ou du forfait. Elle permet le remboursement du billet ou forfait, dans le cas où le voyage devrait être annulé en raison d'une maladie grave ou d'un décès. Les gens n'ayant pas de problèmes de santé ont peu de chance d'avoir recours à une telle protection. Elle demeure par conséquent d'une utilité relative.

L'assurance contre le vol

La plupart des assurances-habitation au Canada protègent une partie des biens contre le vol, même si celui-ci a lieu à l'étranger. Pour faire une réclamation, il faut avoir produit un rapport de police. En général, la couverture pour le vol en voyage correspond à 10 % de la couverture totale. Selon les montants couverts par votre police d'assurance-habitation, il n'est pas toujours utile de prendre une assurance supplémentaire. Les voyageurs européens devraient, quant à eux, avoir une assurance-bagages.

L'assurance-vie

Généralement, lorsqu'on souscrit à une assurance-voyage, celle-ci inclut une assurance sur la vie. D'autre part, beaucoup de gens disposent déjà d'une telle assurance; il n'est pas nécessaire dans ce cas de s'en procurer une supplémentaire.

LA SANTÉ

Les précautions

Trois mois avant votre départ, rendez visite à votre médecin de famille (ou à une clinique des voyageurs) pour savoir quelles sont les précautions à prendre et les vaccins recommandés. En règle générale, on recommande, pour le Mexique, l'immunisation contre l'hépatite A et la mise à jour des immunisations essentielles. Pour les séjours hors des grands centres, il faut se protéger contre la malaria. Ces conseils vous éviteront des ennuis médicaux susceptibles de s'aggraver.

Au Mexique, les hôpitaux sont généralement moins bien équipés que les cliniques. Aussi, en dehors des urgences, il est recommandé de se rendre dans ces dernières. Dans les centres touristiques, il se trouve toujours des médecins parlant l'anglais. Lors de toute transfusion sanguine, veillez (si possible) à ce que les tests évaluant la qualité du sang aient été bien effectués.

Ne marchez jamais pieds nus à l'extérieur, car des parasites et insectes minuscules pourraient traverser la peau et causer divers problèmes, comme des dermites (infections à champignons).

Au Québec, vous pouvez contacter, avant votre départ, le Centre de médecine de voyage du Québec, située au 1001, rue Saint-Denis, 6ᵉ étage, Montréal (☎ 514-281-3295).

La vengeance de Moctezuma

Le Mexique est un pays magnifique, mais certains voyageurs sensibles n'y seront pas à l'abri de la fameuse diarrhée du voyageur (communément appelée *turista* ou encore «vengeance de Moctezuma»). Il est cependant important de rappeler que ces problèmes ne sont pas causés seulement par les bactéries contenues dans l'eau, mais par toutes sortes de facteurs, comme l'altitude, le décalage horaire et le climat. Pour ne pas gâcher vos vacances, prenez ces quelques mesures simples :

- lavez-vous fréquemment les mains, et toujours avant de manger;
- contenez votre curiosité culinaire pendant les premiers jours;
- n'achetez pas de nourriture dans la rue;
- évitez, durant les premiers jours, les fruits et légumes qu'on ne peut peler, les produits laitiers, la viande et le poisson cru (*ceviche*);

- lavez-vous les dents avec de l'eau purifiée (*agua purificada*) vendue en bouteille, comme l'eau Crystal, très bon marché, que vous trouverez partout;
- buvez de l'eau embouteillée dont la capsule est scellée (au moins 2 litres par jour);
- ne vous fatiguez pas trop au cours des premiers jours;
- exposez-vous graduellement au soleil;
- ne buvez pas plus d'alcool qu'à l'habitude;
- demandez toujours qu'on vous serve des boissons sans glaçons (*¡sin hielo, por favor!*), car ils peuvent être faits d'une eau non purifiée.

Si, avec toutes ces précautions, vous êtes malgré tout victime de la «vengeance de Moctezuma» (normalement trois jours après votre arrivée), n'oubliez pas, avant de vous jeter sur des médicaments antidiarrhéiques comme le Lomotil ou l'Imodium, que votre corps réagit ainsi pour se débarrasser des bactéries contenues dans l'intestin. Il faut donc laisser la nature faire son œuvre pendant un délai raisonnable.

Les premiers soins sont simples. Évitez de boire durant au moins une demi-heure après une «crise», et ne buvez ensuite que quelques gorgées d'eau embouteillée toutes les 15 m. Une solution faite d'un litre d'eau purifiée, de deux à trois cuillerées à thé de sel et d'une de sucre peut vous aider. Ne mangez rien avant d'être rétabli. Votre flore intestinale vous le revaudra bien! Dès que vous irez mieux, évitez les mets épicés et les aliments riches en fibres ou acides. Les pâtes, la papaye, les carottes bouillies et le riz sont alors tout indiqués. Une tasse de camomille (*manzanilla*), très populaire au Mexique, fera des merveilles à votre estomac. Évitez tout effort, tenez-vous à l'ombre, et buvez beaucoup d'eau car, après la diarrhée, un autre ennemi sournois vous guette : la constipation.

Ce n'est que dans le cas d'un risque élevé de déshydratation que vous devriez prendre des médicaments, par exemple, si vous souffrez de diarrhée pendant plus de deux jours, avec vomissements, fièvre et faiblesse. Un antibiotique peut même être nécessaire si vos symptômes sont vraiment inquiétants. Il est alors préférable de consulter un médecin. Ayez toujours l'adresse et le numéro de téléphone d'une clinique où vous pourrez vous rendre rapidement. Quand vous aurez 40 ° de fièvre, il ne sera pas facile de discuter de tout cela à la réception de votre hôtel!

Les insectes

Les insectes, qu'on retrouve en abondance un peu partout au pays, s'avèrent souvent fort désagréables, particulièrement à l'heure du coucher du soleil. Ils sont plus nombreux durant la saison des pluies. Pour minimiser les risques d'être piqué, évitez les vêtements aux couleurs vives, ne vous parfumez pas, et munissez-vous d'un bon insectifuge (concentration de DEET minimale de 35 %). Lors de promenades dans les montagnes et dans les régions forestières, des chaussures et chaussettes protégeant les pieds et les jambes seront très utiles. Il est aussi conseillé d'apporter des pommades pour calmer les irritations causées par les piqûres. Des spirales insectifuges vous permettront de passer des soirées plus agréables à la terrasse et dans la chambre (si les fenêtres sont ouvertes).

Le soleil

Bien qu'il procure de nombreux bienfaits, le soleil peut entraîner certains ennuis. Couvrez-vous toujours, une demi-heure avant de sortir, d'une crème solaire offrant un facteur de protection solaire (FPS) d'au moins 15 pour les adultes et 25 pour les enfants, sur la peau et les lèvres. Depuis quelques années, certains produits sur le marché sont très pratiques. Par exemple, ils sont offerts en vaporisateur, ou bien ils sont hydrofuges.

Toutefois, ce n'est pas tout de se protéger des rayons. La chaleur du soleil peut causer, malgré toute la crème dont vous pourriez vous enduire, des insolations (étourdissements, vomissements, fièvre...). Au cours des premiers jours surtout, il est nécessaire de s'habituer graduellement au soleil. Par la suite, évitez les abus. Le port d'un chapeau et de lunettes de soleil est recommandé. N'oubliez pas non plus que, même par temps nuageux, vous pouvez attraper un coup de soleil, car 85 % des rayons arrivent à traverser les nuages.

La trousse de santé

Une petite trousse de santé permet d'éviter bien des désagréments. Préparez-la avec soin avant votre départ. Veillez à emporter une quantité suffisante de tous les médicaments que vous prenez habituellement, dans leur contenant d'origine, ainsi qu'une ordonnance valide pour le cas où vous veniez à les perdre ou à en manquer. Il peut, en effet, être difficile ou compliqué de trouver certains médicaments au Mexique. Les médicaments tels que l'Imodium ou ceux contre le mal des transports devraient également être achetés avant le départ. Vous ne trouverez pas non plus facilement des préservatifs de qualité sur place.

Votre trousse de santé minimale devrait contenir un thermomètre, de l'acétaminophène, un bon écran solaire, des pansements adhésifs de tous les formats, des tampons désinfectants, des comprimés contre les maux d'estomac, des médicaments contre le mal des transports, du liquide pour verres de contact et une paire de lunettes supplémentaire si vous en portez. Si vous n'avez qu'une seule paire de lunettes, faites-vous faire une prescription avant le départ pour pouvoir la remplacer facilement si jamais elle se brisait.

LE CLIMAT

Comme la plupart des pays tropicaux, le Mexique connaît deux saisons prédominantes, une pluvieuse et une sèche. De façon générale, les précipitations augmentent avec la température, de juin à octobre, alors que, de novembre à mai, il fait moins chaud et il pleut moins. C'est la saison sèche.

Au Yucatán, la proximité des côtes a une influence déterminante sur la température et le degré d'humidité. En été, les régions qui bordent le golfe du Mexique et la mer des Caraïbes restent fraîches en raison des alizés, tandis que, dans la jungle située à l'intérieur des terres, l'air est chaud et lourd. Les chutes de pluie sont abondantes en avril et en mai, et de septembre à janvier, où la température oscille autour de 30 °C. Les risques d'ouragans y sont élevés en septembre et en octobre, et l'on observe alors une forte nébulosité. L'hiver est la saison la plus agréable.

LA PRÉPARATION DES VALISES

Le choix des sacs et valises

Le bagage à main auquel vous avez droit dans l'avion devrait être à bandoulière, comporter des poches se fermant bien et s'avérer assez grand pour contenir une petite trousse de cosmétiques, un livre et une bouteille d'eau. Muni d'une poche de côté, il sera très pratique à l'aéroport quand viendra le moment de sortir toute votre paperasserie (passeport, billet, etc.). Choisissez-le pour qu'il vous serve aussi sur place.

Comme vous reviendrez sans doute les valises pleines de trouvailles, poteries, bijoux, couvertures et autres merveilles, voyagez léger. Un bon truc est d'amener dans vos valises un grand sac de voyage vide dans lequel vous mettrez les vêtements au retour, vos valises rigides protégeant mieux les objets fragiles que vous aurez dénichés. Les valises rigides idéales sont munies d'une serrure à combinaison, de roulettes et d'une courroie. Choisissez des sacs de toile de bonne qualité, faits de nylon indéchirable et imperméable.

Les vêtements

La première chose à faire avant d'empiler pêle-mêle les vêtements dans la valise est de penser aux diverses activités qui vous attendent, comme visiter une église, aller dans un restaurant chic, aller danser ou bien escalader à genoux le temple de Chichén Itzá... Choisissez des vêtements infroissables séchant rapidement qui pourront tous se coordonner entre eux et, en premier lieu, l'essentiel de votre garde-robe de voyage, préférablement de couleur neutre.

Le type de vêtements à emporter à Cancún ou Cozumel varie peu d'une saison à l'autre. Les vêtements de coton et de lin, amples et confortables, sont les plus appréciés. Pour les balades en ville, il est préférable de porter des chaussures fermées couvrant bien les pieds, car elles protègent mieux des blessures qui risqueraient de s'infecter. Pour les soirées fraîches, un chemisier ou une veste à manches longues peuvent être utiles. N'oubliez pas d'emporter des sandales de caoutchouc pour la plage. Pour visiter certains sites, il est nécessaire de porter une jupe couvrant les genoux ou un pantalon. Si vous prévoyez une randonnée dans l'arrière-pays, emportez de bonnes chaussures de marche et un chandail chaud.

Votre valise

Caméra et pellicule (vérifiez la pile de l'appareil)
Réveille-matin
Chapeau ou casquette
Parapluie télescopique ou blouson en nylon
Sac-ceinture contre les pickpockets
Lunettes de soleil
Lotion solaire
Maillot de bain
Carnet d'adresses pour l'envoi de cartes postales
Cosmétiques en format échantillon
Savon en poudre pour la lessive
Brosse à dents et dentifrice de voyage
Médicaments et trousse de premiers soins

LA SÉCURITÉ

Le Mexique n'est pas un pays dangereux, mais il y a des risques de vol, comme partout. N'oubliez pas qu'aux yeux de la majorité des habitants, dont le revenu est plutôt bas, vous détenez des biens (appareil photo, valises de cuir, caméscope, bijoux...) qui représentent beaucoup d'argent. La prudence peut donc éviter bien des problèmes. Quand vous quittez votre chambre, assurez-vous de ne pas laisser traîner d'objets de valeur ou d'argent. Fermez la serrure de votre valise, même si vous ne partez que quelques heures. Vous avez intérêt à ne porter que peu ou pas de bijoux, à garder vos appareils électroniques dans un sac discret que vous garderez en bandoulière et à ne pas sortir tous vos billets de banque quand vous achetez quelque chose. Le soir, ne vous aventurez pas dans des rues peu éclairées, particulièrement si vous êtes accompagné d'inconnus. Ne partez pas à l'aventure sans vous être renseigné au préalable.

Une ceinture de voyage vous permettra de dissimuler une partie de votre argent, vos chèques de voyage et votre passeport. Dans l'éventualité où vos valises seraient volées, vous conserverez ainsi les documents et l'argent nécessaire pour vous dépanner. N'oubliez pas que moins vous attirez l'attention, moins vous courez le risque de vous faire voler.

Si vous apportez des objets de valeur à la plage, il vous faudra les garder à l'œil, ce qui ne sera pas de tout repos. Il vaudrait mieux garder ces objets dans le coffret de sûreté que votre hôtel met à votre disposition.

LES TRANSPORTS

Il est toujours préférable de bien planifier son itinéraire et d'avoir en tête les distances qui séparent les différents lieux que vous voulez visiter. Saviez-vous, par exemple, que la zone hôtelière de Cancún mesure 22 km et qu'il peut vous prendre jusqu'à 45 min pour vous rendre au centre-ville? Les réparations sur la route sont également fréquentes et peuvent ralentir considérablement la circulation, ce qui, sous un soleil cuisant, n'est pas très agréable.

Tableau des distances (en km)

Cancún						
315	Mérida					
158	157	Valladolid				
202	113	44	Chichén Itzá			
69	384	212	256	Playa del Carmen		
132	306	149	193	63	Tulum	
1651	1332	1489	1445	1582	1519	México

Au moment de mettre sous presse, une route à voies séparées était en construction entre Cancún et Tulum, ce qui réduira considérablement le temps de déplacement entre les deux villes et sera beaucoup plus sécuritaire.

L'automobile

Un permis de conduire valide de votre pays est accepté. La location d'une voiture au Mexique n'est pas une simple affaire. Attendez-vous à ce que le tarif soit élevé et le choix de véhicules restreint. On trouve au Mexique toutes les grandes agences de location, dont plusieurs sont américaines et certaines mexicaines. Vous devez avoir 21 ans et détenir un permis de conduire en règle ainsi qu'une carte de crédit reconnue. On demande aux clients de signer deux bordereaux d'achat à crédit, l'un pour la location et l'autre pour couvrir les dommages éventuels. Il s'agit là d'une pratique courante au Mexique. Vous trouverez dans la section «L'accès à Cancún et Cozumel» les numéros sans frais des agences de location de voitures.

Il faut prévoir débourser en moyenne 50 $US par jour (le kilométrage illimité n'est pas toujours inclus) pour une petite voiture, sans compter les assurances et les taxes. Choisissez une voiture en bon état, de préférence neuve. Quelques agences locales demandent des prix moins élevés, mais leurs véhicules sont souvent en mauvais état et elles offrent un service bien relatif en cas de panne.

Au moment de la location, vous devrez souscrire à une police d'assurance automobile mexicaine, votre propre police n'étant pas valide au Mexique. De plus, les franchises sont très élevées (environ 1 000 $US). Avant de signer un contrat de location, veillez à ce que les modalités de paiement soient clairement définies. Lors de la signature du contrat, votre carte de crédit devra couvrir les frais de location et le montant de la franchise de l'assurance.

Il est de loin préférable de réserver une voiture de location depuis votre pays : vous paierez moins cher et les formalités seront plus simples. Afin de faire garantir le tarif proposé, demandez à ce qu'on vous transmette une confirmation par télécopieur.

Le code de la route et la conduite automobile

Le gouvernement injecte des millions de pesos dans l'infrastructure routière de cette région depuis des années. Les autoroutes et les routes principales sont donc généralement en bon état et bien revêtues. L'axe routier principal dans la région de Cancún et Cozumel est formé de la route 307, qui longe la côte, de Punta Sam (au nord de Cancún) à Chetumal en passant par Tulum, et de la route 180, qui va de Cancún à Mérida en passant par Valladolid et Chichén Itzá. Le segment de la route 307 entre Playa del Carmen et Tulum, qui fait 70 km de long, fait l'objet d'une importante réfection et d'un élargissement depuis janvier 1997.

Voyager sur les routes secondaires reste une entreprise périlleuse. Elles sont souvent couvertes de pierraille ou envahies par les mauvaises herbes, quelques-unes sont revêtues, et la plupart sont parsemées de trous de toutes les tailles. On y circule donc lentement. Par ailleurs, le long de ces routes, se trouvent de petits villages où il vous faudra rouler très lentement, car des piétons peuvent surgir de n'importe où. Des «dos d'âne» ont été placés dans les rues des villes afin de ralentir les automobilistes, et ils sont souvent fort mal indiqués.

Les panneaux de signalisation routière sont également peu nombreux (peu d'indication de limite de vitesse, d'arrêts et d'accès ou non au passage). Ces panneaux sont encore insuffisants en de nombreux endroits. Il n'est pas rare qu'une simple inscription sur un carton accroché à un arbre vous indique la route à suivre. Pour retrouver son chemin, il n'existe parfois pas d'autres moyens que de demander aux passants.

La circulation est rarement dense sur les routes dans cette région, sauf au centre-ville de Cancún et dans la zone hôtelière. Les règles de conduite élémentaires sont parfois peu respectées, car les Mexicains roulent vite et ne surveillent pas leur angle mort dans les dépassements. Enfin, rares sont les voitures munies de clignotants, et le port de la ceinture de sécurité est rare.

Du fait du manque d'éclairage et du manque de balisage des routes mexicaines, il est fortement recommandé d'éviter de conduire la nuit. Les risques de vol augmentent avec l'obscurité; aussi, à la nuit tombée, ne prenez jamais de personnes faisant de l'auto-stop, évitez de vous arrêter sur le bord de la route, et verrouillez vos portières.

La vitesse maximale est de 110 km/h sur les autoroutes à quatre voies et de 90 km/h sur les autoroutes à deux voies.

Les accidents

Comme certaines routes mexicaines sont peu éclairées et peu balisées, évitez de conduire la nuit si vous vous écartez des grandes routes. Faites attention aux dos d'âne et aux nids de poule. Ralentissez aux passages à niveau. Les autorités ne prennent pas à la légère le stationnement illégal. N'oubliez jamais de verrouiller votre voiture.

En cas d'accident ou de panne d'essence, rangez votre voiture sur le bord de la route et soulevez le capot. Vous devriez recevoir rapidement du secours des automobilistes. De plus, les principales routes mexicaines sont patrouillées par les «Anges verts» (Los Angeles Verdes). Ces dépanneuses gouvernementales sont conduites par des mécaniciens qui parlent anglais. Où que l'on soit, on peut les joindre par téléphone à toute heure du jour et de la nuit au ☎ (91) 800-90392. Ce service est gratuit, mis à part les pièces et l'essence.

La police

Le long de l'autoroute, les policiers sont postés pour surveiller les automobilistes. Ils détiennent le pouvoir d'arrêter toute personne qui commet une infraction au code de la sécurité routière, ou de simplement vérifier les papiers du conducteur. Les policiers essaient de ne pas ennuyer les touristes, mais il peut arriver que certains tentent de vous soutirer des pesos. Si vous êtes certain de n'avoir commis aucune infraction, il n'y a pas de raison de leur verser quoi que ce soit. Parfois, ils vous arrêteront le long de la route, le temps de vérifier vos papiers. En règle générale, ils sont serviables, et, si vous avez des problèmes sur la route, ils vous aideront.

L'essence

L'essence se vend au litre, et il en existe deux qualités : la Nova (pompes bleues) est une essence qui contient du plomb et dont l'indice d'octane est de 81, tandis que la Magna Sin (pompes vertes) ne contient pas de plomb. La Magna Sin est facile à trouver. Cherchez l'enseigne PEMEX (Petroleos Mexicanos), qui est le monopole d'État des stations-service.

Généralement, on donne au pompiste un pourboire de quelques pesos. Il n'y a pas de libre-service. Le prix de l'essence semble élevé aux Américains, mais, pour les Canadiens, il est plutôt dans la moyenne, alors qu'il est bas pour les Européens. Un dernier conseil : faites le plein dès que vous en avez l'occasion, car les stations-service sont plutôt rares.

Les mobylettes

Il est possible de louer des mobylettes à l'heure ou à la journée en plusieurs endroits au coût de 25 $US à 30 $US par jour. Isla Mujeres et Cozumel se prêtent bien à ce moyen de transport. À Cancún, la circulation est beaucoup trop rapide et encombrée.

Les taxis

Ils fonctionnent 24 heures par jour. Dans l'ensemble, leurs tarifs sont raisonnables, mais ils sont beaucoup plus élevés dans les stations balnéaires que dans les villes de l'intérieur. Il vaut mieux demander le prix de la course avant de monter dans un taxi, car ils ne sont pas munis de compteurs. La plupart des hôtels peuvent vous dire exactement le tarif habituel d'un point à un autre. Quelques taxis attendent habituellement les clients devant les hôtels. S'il n'y en a pas, demandez à la réception qu'on vous en appelle un. Pour vous donner un exemple de tarif, à Cancún, de l'hôtel le plus éloigné de la zone hôtelière jusqu'au centre-ville, cela vous coûtera 45 pesos.

Association des taxis
☎ (98) 841489

L'autobus public

À Cancún, les autobus publics (*camiones*) sillonnent la zone hôtelière sans arrêt. Vous n'attendrez jamais plus que deux ou trois minutes, à moins qu'il y ait des embouteillages. Le prix du trajet est d'environ trois pesos, peu importe la distance parcourue. Les arrêts officiels sont indiqués par des panneaux bleus, mais vous n'avez qu'à lever la main et l'autobus s'arrêtera. Au centre-ville de Cancún, les autobus passent aux principales intersections. Les autobus sont en service de 6 h du matin à 23 h 30.

On ne peut pas dire que les autobus sont vraiment inconfortables, mais les chauffeurs sont préoccupés de la vive concurrence entre les différentes compagnies d'autobus. Généralement, ils ralentissent à peine pour vous permettre de monter à l'intérieur, puis démarrent aussitôt en trombe. Un conseil : accrochez-vous! Les personnes âgées ou fragiles devraient carrément éviter ce moyen de transport à Cancún.

Préparez le montant exact de la course avant de monter à bord de l'autobus, car on ne vous rendra pas la monnaie. Le chauffeur doit vous donner un reçu, qui vous servira en cas de contrôle. Exigez-le.

À Cozumel, il n'existe pas de service d'autobus public, mais les taxis sont bon marché.

Les bateaux

Dans la péninsule du Yucatán, des services de navette pour piétons ou voitures relient plusieurs points.

De Puerto Juárez à Isla Mujeres : il y a un service de navette juste au nord de Cancún; huit départs quotidiens dans chaque sens, d'une durée de 20 min. Renseignements sur les horaires et tarifs : ☎ (98) 30216.

De Playa del Carmen à Cozumel : deux compagnies maritimes font la navette. Neuf départs quotidiens dans les deux sens, d'une durée de 40 min. Renseignements sur les horaires et tarifs : ☎ (98) 22915.

L'autocar

Le réseau mexicain d'autocars est très développé, rejoignant tous les villages. Les tarifs sont incroyablement bas (le trajet entre Cancún et Tulum, par exemple, coûte environ 3 $US), et le service est fréquent et rapide. Les véhicules sont généralement assez neufs et climatisés. Comme la seconde classe coûte à peine moins cher que la première classe, n'hésitez pas à choisir cette dernière option. De plus, notez que même les autocars modernes peuvent avoir des toilettes plus ou moins bien équipées : pour les longs trajets, munissez-vous de papier de toilette et de serviettes humides. N'oubliez pas non plus un bon gros chandail, car les compagnies d'autocars ne lésinent pas sur l'air climatisé.

Des autocars partent presque chaque heure de Cancún pour Mérida, Playa del Carmen, Tulum et Chichén Itzá.

L'auto-stop

Il est possible, quoique très peu répandu et risqué, de se déplacer en faisant de l'auto-stop au Mexique. Il se peut que vous attendiez très longtemps sur le bord de la route avant qu'on ne vous prenne.

LES EXCURSIONS

Cancún étant le point de départ le plus important à destination de Chichén Itzá et Tulum, les autocaristes et organisateurs d'excursions pullulent. Il est habituel de trouver un comptoir de vente à la réception des hôtels. Voici quelques-unes des entreprises les plus importantes à Cancún :

ExpoCancún *(av. Yaxchilán, Nº 94-A; ☎ 848092, ⇌ 848287)* organise des excursions à Isla Mujeres, Chichén Itzá, Tulum, Xcaret et Cozumel, des promenades à cheval, des tours de sous-marin, etc. ExpoCancún peut aussi vous amener à Isla Contoy, Mérida et Akumal.

Best Day *(hôtel Costa Real, Paseo Kukulcán, km 4,5,
☎ 832155, numéro sans frais pour les États-Unis et le Canada :
☎ 1-800-543-7556).* Cette entreprise propose des excursions
aux mêmes endroits ou à peu près, et a des bureaux dans
plusieurs hôtels.

Voyages Marand *(Ave. Tulum, N° 200, SM 4, Plaza México,
bureau 208, ☎ 843805, ⚏ 843849)* se veut plus spécialisée,
pour répondre aux besoins des voyageurs audacieux qui ne
s'évanouiront pas à la vue de la première bestiole poilue.
Service personnalisé et connaissance approfondie de chaque
destination garantis.

Tours d'hélicoptère et d'hydravion

Pour 30 \$US par personne, **Pegaso** *(☎ 98-830653,
⚏ 98-830665)* vous fera survoler la zone hôtelière ou même
vous amènera jusqu'à Tulum ou Chichén Itzá. **Transcaribe**
(☎ 98-871599), pour sa part, vous offre un service similaire en
hydravion avec, pour piste d'atterrissage, la lagune Nichupté et
propose aussi des vols réguliers vers Cozumel.

LES SERVICES FINANCIERS

La monnaie

La monnaie du pays est, depuis l'entrée en vigueur le 1ᵉʳ janvier
1993 du programme de réforme économique, le *nuevo peso*
(nouveau peso). On a laissé tomber trois zéros. Cependant,
depuis le mois de décembre 1996, le mot «peso» est suffisant
pour désigner la monnaie nationale. Le symbole du peso est
\$MEX ou NP\$. La Banque du Mexique émet des billets de 500,
200, 100, 50, 20 pesos, de même que des pièces de 20, 10,
5, 2 et 1 pesos ainsi que de 50, 20, 10 et 5 centavos (100
centavos = 1 peso). Les prix à Cancún et Cozumel sont
souvent énoncés en dollars américains, ce qui peut porter à
confusion car cette monnaie s'énonce aussi avec le symbole \$.
Sur vos reçus de cartes de crédit, assurez-vous que le montant
soit bien précédé des lettres *NP*.

Nous vous recommandons de changer la valeur de 20 à 30 dollars américains en pesos avant de quitter votre pays. Les bureaux de change de l'aéroport seront fermés si votre avion arrive dans la nuit, et il vous faudra attendre au lendemain pour pouvoir régler pourboires et taxis, ou même pour vous procurer de l'eau embouteillée dans les distributeurs automatiques. Le restaurant de votre hôtel peut bien être fermé lui aussi, et votre arrivée serait alors un vrai cauchemar.

Bien que les dollars soient acceptés dans les grands hôtels, nous vous recommandons d'utiliser des pesos au cours de votre voyage. Vous ne courrez ainsi aucun risque de voir votre argent refusé. Vous économiserez aussi car les marchands qui acceptent les dollars consentent en général un mauvais taux de change.

Les banques

Les deux banques mexicaines les plus importantes sont Banamex et Bancomer. La Bancomer est reliée aux réseaux Cirrus et PLUS, et présente même des menus en anglais et en espagnol. Certains distributeurs automatiques vous fourniseent de l'argent en pesos ou en dollars américains. Les banques sont ouvertes du lundi au vendredi, de 9 h à 17 h, mais, après 13 h 30, vous ne pourrez plus y changer vos chèques de voyage.

Les dollars américains ($US)

Il est toujours mieux de voyager avec des dollars ou des chèques de voyage en dollars américains, car, en plus d'être faciles à changer, ils bénéficient d'un meilleur taux que toute autre monnaie.

Le change

Le meilleur taux de change est obtenu en demandant une avance de fonds à partir d'une carte de crédit. Cette transaction s'avère encore plus rentable lorsqu'on procède avant son départ à un dépôt anticipé dans son compte. Dans ce cas, il n'y aura pas d'intérêt à payer sur l'avance de fonds. La plupart des guichets automatiques acceptent les cartes Visa, MasterCard, Cirrus et Plus. Cette solution peut vous éviter d'acheter des chèques de voyage avant le départ et de courir à la banque mexicaine pour les changer. Enfin, les guichets automatiques sont accessibles 24 heures par jour. Si vous perdez votre carte, cependant, vous risquez d'avoir des problèmes. La diversité des sources d'argent (carte de crédit, chèques de voyage, devises mexicaines) est l'option la plus sécuritaire.

En ce qui concerne les bureaux de change (*casas de cambio*), leurs heures d'ouverture sont plus longues et le service est plus rapide que dans les banques. Vous en trouverez partout dans les villes, ouvertes tard en soirée. Notez toutefois que le taux de change est souvent plus avantageux dans les banques. Il n'y a généralement pas de frais de change. Vous pouvez convertir les devises chaque jour au site Internet suivant pour connaître les taux les plus récents : «http://www.xe.net/currency». Une calculatrice électronique qui convertit les devises est aussi un bon investissement et peut vous éviter bien des maux de tête.

Vous trouverez ci-dessous les taux de change pour différentes monnaies étrangères. Ceux-ci étaient à jour au moment de mettre sous presse, et ils ne sont donnés qu'à titre indicatif. La monnaie mexicaine étant soumise à de fortes fluctuations, de nombreuses dévalutations ont eu lieu au cours des dernières années.

Taux de change	
1 $CAN = 5,22 pesos	1 peso = 0,19 $CAN
1 $US = 7,23 pesos	1 peso = 0,14 $US
1 FF = 1,18 peso	1 peso = 0,84 FF
1 FB = 0,19 peso	1 peso = 5,29 FB
1 FS = 5 pesos	1 peso = 0,2 FS
1000 LIT = 4,23 pesos	1 peso = 236 LIT
100 PTA = 4,9 pesos	1 peso = 20,4 PTA

Les chèques de voyage

Il est toujours plus prudent de garder la majeure partie de son argent en chèques de voyage, car ils peuvent être remplacés rapidement en cas de vol ou de perte. Les chèques de voyage sont parfois acceptés dans les restaurants, les hôtels ainsi que certaines boutiques (s'ils sont en dollars américains ou en pesos). En outre, ils sont facilement échangeables dans les banques et les bureaux de change du pays. Il est conseillé de garder de côté une copie des numéros de vos chèques, car, si vous les perdez, l'entreprise émettrice pourra vous les remplacer plus facilement et plus rapidement. Rayez sur cette copie, au fur et à mesure de leur utilisation, les numéros des chèques de voyage que vous écoulez. En cas de perte ou de vol, l'entreprise émettrice saura ainsi exactement ce qu'elle vous doit. Cependant, comme nous l'avons déjà dit, ayez toujours des espèces sur vous.

Les cartes de crédit

Les cartes de crédit sont acceptées dans bon nombre de commerces, en particulier les cartes Visa (Carte Bleue) et MasterCard. Les cartes American Express et Diners Club sont acceptées moins souvent. Ne comptez pas seulement sur vos cartes de crédit, car plusieurs petits commerçants les refusent. Même si vous avez des chèques de voyage et une carte de crédit, veillez à toujours avoir des espèces sur vous.

Au moment de l'inscription à votre hôtel, il peut vous être demandé de signer une «empreinte» de votre carte de crédit, sans indiquer de montant, pour divers frais occasionnés lors de votre séjour. Cela est une pratique courante au Mexique.

Lorsque vous payez avec votre carte de crédit, vérifiez toujours vos bordereaux et détruisez vous-même les doubles.

LES TÉLÉCOMMUNICATIONS

La poste

Poster une lettre de format standard ou une carte postale pour l'Amérique du Nord ou l'Europe coûte approximativement 2 pesos. Il faut compter une dizaine de jours avant qu'elle ne parvienne à destination.

Les bureaux de poste sont généralement ouverts de 9 h à 18 h du lundi au vendredi et le samedi en avant-midi. Il est de plus possible de poster du courrier à partir de la réception de la plupart des hôtels. Des timbres sont habituellement disponibles partout où l'on vend des cartes postales.

Le téléphone

En règle générale, il est plus avantageux d'appeler à frais virés (PCV). Pour les citoyens canadiens ou français désirant appeler dans leur pays, le service d'appel à frais virés direct (Canada Direct ou France Direct) représente la formule la plus avantageuse. Il est déconseillé d'appeler à l'étranger en passant par les hôtels, car, même en cas d'appels à frais virés ou sans frais, l'hôtel vous chargera des frais pouvant aller jusqu'à 4 $US par appel. Il en est de même en ce qui concerne les appels locaux puisque les hôtels vous factureront jusqu'à 3 pesos par appel, alors que, d'une cabine téléphonique, ceux-ci ne coûtent que 50 centavos.

Pour téléphoner dans votre pays

Depuis janvier 1997, pour téléphoner vers l'étranger, il faut composer le 00 + l'indicatif du pays + le numéro du correspondant. Pour les appels interurbains à l'intérieur du pays, il faut composer le 0 + le numéro du correspondant.

D'autre part, il est à noter que les numéros sans frais 1-800 ou 1-888 mentionnés dans ce guide ne sont accessibles que de l'Amérique du Nord.

Méfiez-vous du service «Larga Distancia, To call the USA collect or with credit card Simply dial 0», visible un peu partout. Cette entreprise, qui s'identifie également par un logo représentant une feuille d'érable rouge, sème la confusion auprès des visiteurs canadiens, qui croient avoir affaire au service Canada Direct. En réalité, il s'agit d'une tout autre entreprise qui exige des frais élevés pour tout appel. En utilisant ses services, il vous en coûtera pas moins de 23 pesos la minute en Europe, et ce en payant comptant. Avec la carte de crédit, ce sera encore plus cher.

Pour les appels locaux, achetez une carte de débit LADATEL. Ces cartes sont acceptées dans les téléphones publics LADA-TEL, que l'on trouve partout. On peut se les procurer, au coût de 50 pesos, dans les aéroports et les centres commerciaux.

Vous trouverez, dans le hall des grands hôtels de luxe, des cabines téléphoniques isolées et tranquilles, et même fermantes à l'occasion.

Pour joindre un téléphoniste :
appel international, faites le 09;
appels nationaux, faites le 02;
information, faites le 04.

Pour le Québec et le Canada : composez le 00-1 + l'indicatif régional + le numéro du correspondant, ou, pour Canada Direct, faites le 95-800-010-1990 + l'indicatif régional + le numéro du correspondant, ou attendez qu'un téléphoniste vous réponde. Cette personne pourra vous répondre en français ou en anglais, et les frais seront reportés sur votre compte mensuel habituel en dollars canadiens.

Pour la France : composez le 00-33 + l'indicatif régional + l'indicatif de la ville si nécessaire + le numéro du correspondant, ou, pour France Direct, faites le 95-800-332-001.

Pour la Belgique : composez le 00-32 + le préfixe de la ville si nécessaire + le numéro du correspondant.

Indicatifs régionaux

Voici les indicatifs régionaux des principales villes touristiques de la péninsule yucatèque.

Campeche	981
Cancún	98
Chetumal	983
Cozumel, Playa del Carmen et Isla Mujeres	987
Mérida	99
México	5
Valladolid	985

Numéros de téléphones importants

Téléphoniste (appels locaux)	0
Téléphoniste (appels au Mexique)	01
Téléphoniste (appels interurbains)	02
Horloge parlante	03
Téléphoniste anglophone (appels internationaux)	09

Vocabulaire de base du téléphone

Téléphone	*Teléfono*
Interurbain	*Larga distancia*
Appel à frais virés	*Una llamada por cobrar*
Y a-t-il des frais de services?	*¿Cobra un cargo de servicio?*
Allô	*Bueno*

La télécopie

On peut aisément envoyer des télécopies à partir d'un bureau de poste au coût d'environ 1,75 $US par page, plus des frais d'interurbain le cas échéant, au tarif de 3 $US la minute.

Service Internet

Il est possible de se brancher au réseau en communiquant avec les entreprises suivantes :

Internet Cancún
65B, avenue Uxmal
Cancún
☎ (98) 872601
📠 (98) 843809
Courrier électronique : info@Cancun.rce.com.mx
Contact : Juan Bou Riquer

ImageNet
138, avenue Nader
SM3, CP 77500
Cancún
☎ (98) 847144
📠 (99) 269270
Courrier électronique : flavio@imagenet.com.mx
Contact : Flavio Reyes Ramírez

 HÉBERGEMENT

Plusieurs types d'hébergement sont proposés aux voyageurs dans cette région, de la modeste *palapa* au grand hôtel de standard international. Généralement, si vous ne parlez pas espagnol, vous pourrez au moins vous débrouiller en anglais avec les employés de la réception. Il est d'usage de laisser de 4 à 6 pesos au porteur par valise et de 5 à 10 pesos par jour à la femme de chambre. Vous pouvez les lui laisser à la fin de votre séjour ou chaque jour, avant qu'elle ne vienne faire le ménage, bien en vue sur la commode. Lui donner quelque chose dès votre arrivée vous garantira un supplément d'attention.

Étant donné que les formalités de départ sont habituellement longues, vous devez prévoir quelques minutes d'attente au comptoir de la réception. Si vous prévoyez un départ tardif (après 13 h), informez-vous à la réception de votre hôtel. Les établissements acceptent généralement de reporter le départ d'une heure ou deux si on les avise à l'avance. Lorsque la facture est réglée, on vous remet un laissez-passer (*pase de salida*), que vous devrez remettre au chasseur en quittant l'hôtel.

La plupart des grands hôtels acceptent les cartes de crédit; les petits hôtels, quant à eux, les prennent rarement.

Les prix mentionnés dans ce guide s'appliquent à une chambre standard pour deux personnes en haute saison. À ces prix s'ajoute une taxe de 17 %.

$	moins de 50 $US
$$	de 50 $US à 80 $US
$$$	de 80 $US à 130 $US
$$$$	de 130 $US à 180 $US
$$$$$	plus de 180 $US

L'hôtel

Il y a trois catégories d'hôtels. Près des centres-villes, on trouve des hôtels pour petit budget au confort minimal. Leurs chambres comportent généralement une salle de bain et un ventilateur de plafond. La seconde catégorie, soit les hôtels de catégorie moyenne, dispose normalement de chambres climatisées au décor simple. On les trouve dans les centres touristiques et dans les grandes villes. Enfin, plusieurs hôtels de catégorie supérieure sont établis dans la zone hôtelière de Cancún, ainsi qu'à Playa del Carmen, Cozumel et à Isla Mujeres. Ils se surpassent tous en luxe et en confort. Parmi les hôtels de cette catégorie, vous avez le choix entre plusieurs grandes chaînes hôtelières internationales, notamment Jack Tar Village, Camino Real, Hyatt Regency et Sheraton.

La plupart des établissements touristiques ont leur propre installation d'épuration de l'eau. Un autocollant fixé au miroir de votre salle de bain vous le confirmera; si vous n'en trouvez pas, informez-vous au comptoir de la réception. Les établissements placent souvent des bouteilles d'eau purifiée dans les salles de bain (ce service est gratuit). S'il y en a, cela veut dire que l'eau du robinet n'est pas potable.

La plupart des hôtels de la région disposent d'une antenne parabolique. Vous pourrez donc capter une foule de stations de télé. À votre arrivée, on vous remettra une télécommande. N'oubliez pas de la rendre à la réception en quittant l'hôtel. Des modalités d'enregistrement très serrées entourent aussi la location d'une serviette de plage. Des frais élevés vous attendent si vous oubliez de remettre la vôtre chaque jour.

Enfin, certains hôtels proposent des forfaits tout inclus, si bien qu'à votre billet d'avion s'ajoutent deux ou trois repas par jour, toutes les boissons locales, les taxes et le service. Voir plus bas.

Les *apart-hotels*

Les *apart-hotels* sont conçus comme des hôtels et en offrent tous les services, mais proposent en plus une cuisinette équipée. Pour les longs séjours au Mexique, il s'agit d'une formule économique. Pour les séjours avec des enfants, cette formule est probablement la plus pratique puisqu'on peut les faire manger à l'heure qui leur convient et qu'on n'a pas à leur faire supporter le long repas au restaurant des parents.

Appartements en multipropriété (*time-sharing*)

Les ventes d'appartements en multipropriété sont en plein essor au Mexique. Ce pays occupe la deuxième place au monde après les États-Unis pour le nombre total de logements à temps partagé.

Ce type de vacances vendues sur le principe d'achats de séjour dans un hôtel pour un nombre de semaines fixes par année, sur un contrat s'étendant sur plusieurs années, fait couler beaucoup d'encre.

Les vacanciers se sentent souvent harcelés par les vendeurs qui surgissent à tous les coins de rue, à Cancún, principalement. Ceux qui acceptent de les écouter se voient généralement offrir des cadeaux alléchants pour assister à une séance d'information (repas, tours en hélicoptère, logement gratuit, argent comptant). Ces offres sont toujours faites soi-disant «sans obligation» mais pas sans pression... Si vous êtes capable d'écouter le discours mielleux d'un vendeur pendant des heures sans fléchir, profitez de ces offres pour visiter des lieux de villégiature fabuleux. Souvenez-vous qu'une proposition qui semble trop belle pour être vraie devrait éveiller votre méfiance.

Les haciendas

Les haciendas appartenaient jadis aux grands propriétaires fonciers du Mexique. Ce sont de vastes demeures magnifiquement décorées, avec cour intérieure. Aujourd'hui, certaines d'entre elles ont été reconverties en hôtels.

Les *cabañas*

Les *cabañas* ont la particularité de proposer des chambres situées dans de petits pavillons indépendants. Elles sont généralement peu chères et comportent parfois une petite cuisinette. Vous en trouverez un peu partout dans le couloir Cancún-Tulum.

Les *palapas*

Ces petites pièces circulaires chapeautées d'un toit de palmes sont les demeures traditionnelles des Mayas. Il y en a de toutes petites, où vous pouvez simplement accrocher un hamac, et de plus grandes, avec lit à deux places et penderie. C'est le logement le moins coûteux. Il est très populaire à Playa del Carmen.

Les logements chez l'habitant (*bed and breakfasts*)

Ici et là, quelques personnes ont aménagé leur maison afin de recevoir des visiteurs. Le confort offert peut varier grandement d'un endroit à l'autre. Ces chambres ne disposent généralement pas de salle de bain privée.

Les auberges de jeunesse

Vous trouverez ce type d'hébergement dans la région. Ces auberges proposent des dortoirs avec lits à une place, et les repas se prennent dans la cafétéria.

Le camping

Les sites où camper à Cancún et Cozumel sont rares. Le meilleur endroit reste le couloir Cancún-Tulum, où les petits hôtels sur le bord de l'eau vous permettront de planter votre tente ou de suspendre votre hamac pour 2 $US. Tout cela se négocie de façon informelle. On trouve quand même un tout petit camping plus organisé à Playa del Carmen. Les véhicules récréatifs bénéficient de terrains aménagés.

Les «tout inclus» à Cancún

Depuis quelques années, on assiste à la croissance de la formule «tout inclus» : vous payez une somme fixe pour une ou deux semaines et l'hôtel où logez vous fournit les trois repas par jour, ainsi que les boissons nationales. Cette formule de «tout inclus» semble ainsi financièrement une bonne affaire pour le client.

Cependant, cette formule présente plusieurs désavantages. Qui imaginerait en effet prendre les 21 repas de la semaine au même restaurant? En général, les hôtels à formule «tout inclus» proposent deux ou trois restaurants, mais, dans les faits, vous prendrez la majorité de vos repas dans une cafétéria qui offre un buffet, toujours le même.

Les prix des restaurants étant très peu élevés au Mexique, nous avons établi un budget type pour trois repas par jour à l'extérieur ainsi qu'un budget pour les consommations en dollars américains :

Petit déjeuner	3 $US
Déjeuner	4 $US
Dîner	9 $US
Consommations	4 $US
TOTAL	20 $US

La formule «tout inclus» vous fait donc économiser 140 $US par semaine. C'est bien peu pour vous priver de l'agrément de la variété des restaurants, du plaisir de choisir chaque jour où aller manger et du plaisir de la découverte. N'est-ce pas là pourquoi nous voyageons? En fait, la majorité des clients des hôtels à formule «tout inclus» vont faire des sorties et donc dépenser une partie de ces 140 $US qu'ils pensaient économiser.

Pour certaines personnes, un autre inconvénient majeur des formules «tout inclus» est que la majorité des clients de l'hôtel auront tendance à y demeurer en permanence en raison de la «gratuité». En conséquence, les hôteliers organisent des animations qui s'avèrent souvent bruyantes, comme l'aérobic en piscine... pendant que vous lisez sur votre balcon, ou une partie de volley-ball, voire encore un concours de danse avec musique américaine. La plupart du temps, ces activités n'auront aucun rapport avec le Mexique, que vous auriez pourtant aimé découvrir.

 RESTAURANTS

On trouve quantité de bons restaurants dans la région, certains spécialisés dans la cuisine mexicaine et d'autres dans les cuisines internationales, notamment italienne ou française. Il existe aussi des restaurants végétariens en petit nombre. Dans les villages situés à l'extérieur des zones touristiques, on ne trouve que des endroits spécialisés dans la cuisine locale.

Pour le choix d'un restaurant, fiez-vous à votre bon sens. S'il est bondé, il y a probablement une bonne raison à cela. N'ayez pas peur de vous aventurer à l'extérieur de votre hôtel, car vous ferez des découvertes merveilleuses. Nous vous proposons dans ce guide une importante sélection des meilleures adresses.

Les repas durent plus longtemps au Mexique, car le service est souvent plus lent et les Mexicains aiment prendre leur temps à table. On ne vous apportera l'addition que lorsque vous la demanderez *(la cuenta, por favor!)*, et vous devrez sans doute attendre un peu avant de recevoir votre monnaie. C'est une façon d'agir qui se veut polie. Inutile de s'impatienter.

En règle générale, le service est toujours très courtois et attentionné, quoique lent, qu'il s'agisse d'un petit ou d'un grand établissement. Quand l'expression *propina incluida* n'est pas inscrite sur l'addition, il faut laisser de 10 % à 15 % du total avant taxe pour le pourboire.

Vocabulaire essentiel au restaurant

Restaurant	*restaurante*
Une table	*una mesa*
Menu	*menú*
Une portion de	*una orden de*
Plat	*un plato*
Repas	*comida*
Casse-croûte, hors d'œuvre	*botana ou antojito*
Petit déjeuner	*desayuno*
Déjeuner	*comida*
Dîner	*cena*
Boisson	*bebida*
Dessert	*postre*
Fourchette	*tenedor*
Couteau	*cuchillo*
Cuillère	*cuchara*
Serviette	*servilleta*
Tasse	*taza*
Verre	*vaso*

Phrases essentielles au restaurant

Le menu s'il-vous-plaît	*¿Puedo ver el menú?*
Garçon!	*¡Joven!*
L'addition, s'il-vous-plaît	*La cuenta, por favor*
Où sont les toilettes?	*¿Dónde están los sanitarios?*
Je voudrais...	*Quisiera...*

Les prix mentionnés dans ce guide s'appliquent à un repas pour une personne.

$	moins de 10 $US
$$	de 10 $US à 20 $US
$$$	de 20 $US à 30 $US
$$$$	plus de 30 $US

La cuisine mexicaine

La cuisine mexicaine est merveilleusement diversifiée, très souvent régionale et presque toujours relevée (quoique pas nécessairement très épicée). Comme le Mexique couvre plusieurs zones climatiques, les aliments varient beaucoup d'une région à l'autre. Dans les villes touristiques, bon nombre de restaurants proposent des plats bien connus des touristes (pizza, hamburgers, etc.), ainsi que des spécialités mexicaines, souvent peu coûteuses et succulentes; il serait dommage de ne pas en essayer quelques-unes. En dehors des fameux *tacos* et *enchiladas*, sortez des sentiers battus et goûtez à la *mole*, aux *tamales*, au *menudo*, et aux spécialités yucatèques comme le poulet *pibil* et les plats à l'*achiote*.

En général, les repas se présentent de la façon suivante au Yucatán : un copieux petit déjeuner composé de fruits frais, d'œufs, d'un jus, d'un *pan dulce*, d'un chocolat chaud ou d'un café, servis à toute heure de la matinée; un déjeuner satisfaisant (il s'agit plutôt d'un véritable repas que d'un brunch) entre 14 h ou 16 h, où l'on sert le menu du jour appelé *comida corrida*; des amuse-gueule et des consommations vers 20 h; un dîner entre 21 h et 22 h.

Les boissons alcoolisées

La bière

Quelques entreprises fabriquent des bières au Mexique, entre autres la fameuse Corona, la Dos Equis (*XX*) et la Superior. Toutes trois sont de bonne qualité, mais la plus prisée est la Corona. Bon nombre d'hôtels et de restaurants proposent également des bières importées.

Quelques recettes

Guacamole (purée d'avocats)
Ingrédients :
Deux gros avocats
1 c. à soupe d'oignon finement haché
1 à 2 piments tranchés
1 grosse tomate pelée et hachée
coriandre fraîche ou séchée
jus de lime
sel

Le *guacamole* ne doit pas se faire au mélangeur, car sa texture ne doit pas être homogène. Dans un bol, écrasez la chair des avocats avec une fourchette et arrosez-les de jus de lime. Mélangez l'avocat, l'oignon, les piments, la tomate et la coriandre avec soin. Saupoudrez un peu de sel, et servez immédiatement avec des *tacos*. Cette recette est pour six personnes.

Cruda (sauce mexicaine)
Ingrédients :   1 tomate moyenne non pelée
4 c. à soupe d'oignon finement haché
2 c. à soupe de coriandre hachée grossièrement
3 piments hachés finement
1/2 c. à thé de jus de bigarade ou orange amère
75 ml d'eau froide

La *cruda* est une sauce grumeleuse et rafraîchissante à déguster avec des *tortillas*. Elle accompagne souvent les œufs du petit déjeuner, les viandes rôties et les *tacos* du soir. Hachez la tomate non pelée, et mélangez-la aux autres ingrédients. Cette sauce peut être préparée jusqu'à trois heures à l'avance, mais il vaut mieux la faire à la dernière minute car elle perd rapidement sa texture croquante. Cette recette donne environ 1 tasse et demie de *cruda* (350 ml).

Le vin

Les vins du pays sont peu coûteux et généralement bons. Essayez les marques Calafia, L.A. Cetto ou Los Reyes.

La tequila

La boisson nationale du Mexique est extraite de l'agave (un cactus qui ressemble à un ananas), dont on écrase la base pour en tirer le jus que l'on fait fermenter et que l'on distille. C'est dans l'État de Jalisco qu'a été inventée la recette de la tequila, probablement au XVIIIe siècle. Comme n'importe quel Mexicain vous le dira, toutes les marques de tequila ne se ressemblent pas : les goûts varient des tequilas blanches plus âpres aux *añejos* de couleur ambrée au goût moelleux, proche du brandy. Les meilleures marques sont Orendain, Hornitos, Herradura Reposado et Tres Generaciones.

Le Kahlúa

Le Kahlúa est une liqueur de café fabriquée à l'origine uniquement au Mexique, mais les Européens en produisent maintenant à leur tour.

Margarita et Sangrita

La *margarita* du Mexique est plus forte que celle à laquelle vous êtes sans doute habitué. Ce cocktail contient de la tequila, du Cointreau, de la lime, du citron ainsi que du sel. Essayez une *sangrita*, un jus de fruit extrait d'oranges amères et de grenades que l'on sirote avec de petites gorgées de tequila.

Le Xtabentún

Plusieurs régions produisent leurs propres boissons alcoolisées. Au Yucatán, on produit le Xtabentún (prononcer *shta-ben-toun*), une liqueur subtile à base de miel et au goût d'anis.

Vocabulaire essentiel au restaurant

Restaurant	*restaurante*
Une table	*una mesa*
Menu	*menú*
Une portion de	*una orden de*
Plat	*un plato*
Repas	*comida*
Casse-croûte, hors d'œuvre	*botana ou antojito*
Petit déjeuner	*desayuno*
Déjeuner	*comida*
Dîner	*cena*
Boisson	*bebida*
Dessert	*postre*
Fourchette	*tenedor*
Couteau	*cuchillo*
Cuillère	*cuchara*
Serviette	*servilleta*
Tasse	*taza*
Verre	*vaso*

Phrases essentielles au restaurant

Le menu s'il-vous-plaît	*¿Puedo ver el menú?*
Garçon!	*¡Joven!*
L'addition, s'il-vous-plaît	*La cuenta, por favor*
Où sont les toilettes?	*¿Dónde están los sanitarios?*
Je voudrais…	*Quisiera…*

 MAGASINAGE

Au Mexique, il est courant de ne pas payer à la première offre de prix mais de marchander. Il faut cependant faire la distinction entre une prospère boutique et un pauvre artisan qui vend sa marchandise sur le trottoir à un prix ridicule. Dans ce dernier cas, marchander équivaut presque à une insulte. Le marchandage n'a cours que dans les boutiques à l'extérieur des centres commerciaux. Les magasins sont ouverts de 9 h ou 10 h à 13 h ou 14 h l'après-midi, puis de 16 h ou 17 h à 21 h ou 22 h, sept jours par semaine. Dans les grands centres commerciaux où fourmillent les touristes, rares sont les établissements qui seront fermés à l'heure du déjeuner.

L'obstination des vendeurs itinérants mexicains est légendaire. Si vous manifestez le moindre intérêt pour un vendeur, attendez-vous à ce qu'il ne vous lâche plus. La meilleure façon de ne pas se faire importuner est de démontrer une totale indifférence et de répondre fermement et poliment «*no, gracias*».

Vous devez faire attention, en faisant vos achats, à ne pas dépasser le maximum permis à la douane. Pensez aussi au poids de vos valises. Si certais objets sont vraiment trop encombrants, certaines boutiques peuvent se charger de vous les faire parvenir.

LES JOURS FÉRIÉS

Les jours fériés, toutes les banques et plusieurs commerces sont fermés. Prévoyez donc vous munir d'assez d'argent. Durant ces festivités, le pays semble fonctionner au ralenti.

1er janvier	*Año Nuevo* (jour de l'An)
6 janvier	*Día de los Reyes Magos* (Épiphanie) et fondation de Mérida
5 février	*Día de la Constitución* (jour de la Constitution)
24 février	*Día de la Bandera* (jour du Drapeau)
21 mars	*Día de Nacimiento de Benito Juárez* (anniversaire de naissance de Benito Juárez)
1er mai	*Día del Trabajo* (fête du Travail)
Variable (2e dimanche de mai)	*Día de la Madre* (fête des Mères)
5 mai	*Cinco de Mayo* (anniversaire de la Bataille de Puebla)
1er septembre	Ouverture du Congrès
16 septembre	*Día de la Independencia* (fête de l'Indépendance)
Variable (2e lundi d'octobre)	*Día de la Raza* (fête de la Race)
1er novembre	*Día de Todos Santos* (Toussaint), qui coïncide avec le discours du président sur l'état de la Nation (*Informe Presidencial*)
1er et 2 nov.	*Día de los Muertos* (fête des Morts)
20 novembre	*Día de la Revolución* (jour de la Révolution)

12 décembre   *Día de Nuestra Señora de Guadalupe* (fête de la
                 Vierge de la Guadalupe)
25 décembre   *Día de Navidad* (Noël)

Les banques et les bureaux du gouvernement sont aussi fermés durant la Semaine sainte, spécialement le jeudi et le vendredi avant Pâques (la Semaine sainte débute le Dimanche des Rameaux). Durant la semaine de Noël, du 25 décembre au 2 janvier, plusieurs bureaux et commerces sont fermés.

DIVERS

Les taxes

Le Mexique a une taxe sur la valeur ajoutée de 10 % (c'est la IVA, ou *impuesto de valor agregado*), imposée tant aux résidants qu'aux voyageurs. Elle s'applique à l'achat de la plupart des articles. Elle est souvent «cachée» dans le total de l'addition au restaurant et dans le prix des achats en magasin et des voyages organisés. D'autres taxes s'appliquent entre autres aux appels téléphoniques, dans les restaurants et les hôtels.

Une taxe de 12 $US s'applique également aux vols internationaux achetés au Mexique (en partance du Mexique). Pour les vols intérieurs, cette taxe est de 6 $US. Ces taxes peuvent être réglées uniquement en espèces.

Les guides

Près des centres touristiques, bon nombre de personnes se débrouillant en anglais ou en français se prétendent guides touristiques. Certains d'entre eux sont peu compétents, méfiez-vous donc. Si vous désirez retenir les services d'une telle personne, renseignez-vous bien sur ses compétences, auprès de l'office de tourisme par exemple. Ces guides ne travaillent pas gratuitement et exigent parfois des sommes d'argent importantes. Avant de partir, entendez-vous clairement sur les services correspondant au montant d'argent réclamé, et ne payez qu'à la toute fin. Ce guide Ulysse vous permet de voyager en toute indépendance.

L'alcool

L'âge légal pour boire de l'alcool est de 18 ans. Après 3 h du matin, l'alcool est interdit à la vente, ainsi que le dimanche et les jours fériés.

Les fumeurs

Les restrictions à l'égard des fumeurs sont de plus en plus présentes. Ainsi, dans les autocars, il est maintenant interdit de fumer. Cette règle n'est cependant pas respectée à la lettre, et l'on est très tolérant. Il est permis de fumer la cigarette dans tous les endroits publics.

Quoi rapporter?

Comme dans tout voyage, il est bien plus intéressant de ramener des spécialités locales. La tequila et le Xtabentún sont des produits authentiques. La vanille produite au Mexique est excellente. L'artisanat mexicain est coloré et original. Dans toutes les régions, vous trouverez de la poterie peinte à la main, des étoffes tissées et brodées à la main, des céramiques, des articles de cuir fin et d'autres en argent (bijoux, objets divers). La teneur en argent d'un produit est indiquée par l'estampille «.925», ce qui signifie que le métal est pur à 92,5 %. Les *huipils* (des robes), les *guayaberas* (des chemises), les hamacs et les paniers tressés sont aussi de bonnes idées de cadeaux. Vous pourrez aussi facilement trouver de jolies *piñatas* (étoiles ou animaux en papier mâché remplies de bonbons que les enfants crèvent à Noël). Les figurines de crèche de Noël en terre cuite (*nacimientos*) ont aussi beaucoup de succès.

Sur les plages plus sauvages entre Cancún et Tulum, vous déterrerez facilement d'énormes coquillages (inutile de vous faire arnaquer dans les boutiques chic de Cancún). N'oubliez pas de bien les nettoyer avant de les mettre dans vos valises. Un poissonnier peut s'en charger pour vous.

Il est interdit de faire sortir du pays des objets d'art antiques. Ces objets sont considérés comme des biens nationaux. Quand vous achetez des reproductions, veillez à ce que ce soit bien indiqué pour ne pas avoir d'ennuis à la douane.

Les boutiques hors taxes

On trouve des boutiques hors taxes dans les aéroports. On y vend essentiellement des produits étrangers, des parfums, des cigarettes et de l'alcool. Tous les achats doivent être payés en dollars américains. Les prix ne sont en général pas avantageux, les commerçants tirant profit de la quasi-totalité de la détaxe.

Électricité

Tout comme en Amérique du Nord, les prises électriques sont plates et donnent un courant alternatif à une tension de 110 volts (60 cycles). Les Européens désirant utiliser leurs appareils électriques devront donc se munir d'un adaptateur et d'un convertisseur de tension.

Femme seule

Une femme voyageant seule au Yucatán ne devrait pas rencontrer de problèmes. Dans l'ensemble, les gens sont gentils. En général, les hommes respectent les femmes, et le harcèlement est relativement peu fréquent, même si les Mexicains s'amuseront à draguer les femmes seules. Quant à la tenue vestimentaire, on peut porter tout ce qu'on veut à Cancún en dehors des restaurants et des églises. Dans les petits villages, on se fait par contre facilement remarquer, dès qu'on est blonde ou qu'on porte une jupe courte. Bien sûr, un minimum de prudence s'impose; par exemple, évitez de vous promener seule, dans des endroits mal éclairés, tard la nuit. Si vous êtes importunée, vous n'avez qu'à vous rapprocher d'autres femmes qui vous semblent sympathiques, en leur expliquant votre problème.

Décalage horaire

Le Mexique est divisé en trois fuseaux horaires. Le pays adopte l'heure avancée du premier dimanche d'avril au dernier dimanche d'octobre. Le Yucatán a une heure de décalage avec le Québec (une heure de moins) et sept heures de décalage avec la France (sept heures de moins).

Unités de poids et mesures

Le système officiellement en vigueur est le système métrique. Il peut arriver que les mesures inscrites soient celles du système impérial, car les Américains l'utilisent toujours et ce sont les principaux touristes de la région. Voici une petite table de conversion utile :

1 livre =	454 grammes;
1 pied =	30 centimètres;
1 mille =	1,6 kilomètre.

Presse écrite et magazines

Parmi les publications incontournables du Yucatán, on retrouve plusieurs magazines petit format où l'information est distillée à travers la publicité. Le contenu, aux apparences journalistiques, n'est en fait que du publireportage. Les mises à jour ne servent qu'à changer la photo de la couverture... Ces magazines ne valent que pour les cartes et plans qu'ils renferment.

Le plus populaire de tous ces magazines est sans contredit le *Cancún Tips*, qui aborde brièvement tous les sujets qu'on retrouve dans les guides de voyage traditionnels. Les offices de tourisme présentent ce guide comme s'il s'agissait d'un document officiel émis par le gouvernement. Disponible en anglais et en espagnol, le *Cancún Tips*, gratuit et publié quatre fois l'an, a l'avantage d'être agréable à consulter. Notez qu'il existe une version plus substantielle de ce magazine, truffé d'articles plus profonds, distribué dans les chambres d'hôtel (au même titre que la Bible et le bottin).

Parmi les autres magazines du même type, figurent *Cancún Nights*, *Mexican Carribean*, *La Iguana* pour Cozumel et *Destination Playa del Carmen*. Si chacune de ces publications vise une clientèle différente, elles ont toutes un point commun : elles sont gratuites et truffées de coupons-rabais pouvant alléger quelque peu les coûts élevés du secteur Cancún-Cozumel.

Besoin de plus de substance et d'information sur l'actualité ? Le quotidien *Por Esto* est, à condition de lire l'espagnol, un journal très intéressant, vendu partout 3 pesos. Vivant du tourisme, *Por Esto* aborde en détail les sujets relatifs à ce secteur économique (crise syndicale dans un hôtel, ouverture d'une attraction majeure...). La *Chronica de Cancún*, plus intello, publie un encart culturel intéressant le samedi, intitulé «*cada siete*», où l'on trouve de l'information sur les célébrités et artistes locaux.

Enfin, *Novedades de Quintana Roo*, de grand format, donc moins facile à consulter, aborde plus en profondeur les questions politiques et nationales.

La radio

Si vous aimez écouter les rythmes latins à la radio lors de vos séjours tropicaux, tenez-vous-le pour dit : ici, Céline Dion et U2 sont à l'honneur sur l'ensemble des stations les plus écoutées dans les hôtels et les restaurants. Il n'est pas rare que les animateurs s'expriment en anglais. Tourisme oblige?

Avec votre propre radio portative, vous pourrez écouter certaines stations moins américanisées et découvrir un peu de la culture des habitants de la région. Faites votre choix.

FM 90,7	Musique hispanique, très rythmé, très discothèque.
FM 91,5	Salsa contemporaine, rythmes latins détendus.
AM 740	Longues entrevues politiques et lignes ouvertes.
FM 93,1	Mix FM - Rock léger américain.
FM 105,1	Radio Turquesa - avec ses millions d'auditeurs, c'est la station la plus importante. Elle vise les 18-35 ans et présente un amalgame de musique américaine et hispanophone dans un

emballage qui rappelle les grandes stations *dance* de New York.

FM 105,9   Très calme. Musique instrumentale.

FM 107,5   Cancún FM - Rock et musique de danse hispanophone et américaine.

AM 860   Musique pop romantique contemporaine, hispanophone.

La télévision

À ne pas manquer en soirée sur la plupart des chaînes, les feuilletons télévisés appelés *telenovelas*, ces émissions à grande écoute auxquelles sont littéralement accrochés des millions de Latino-Américains. Dans certains grands hôtels, vous pourrez avoir les nouvelles européennes avec la station espagnole TVE.

TV Azteca est la station de télévision de l'État de Quintana Roo, diffusant des bulletins d'informations sur l'actualité régionale et internationale.

PLEIN AIR

 P ARADIS des plongeurs et des amateurs de sports nautiques, les côtes de la péninsule yucatèque regorgent également d'activités que les visiteurs découvriront dès leur arrivée, car elles sont la plupart du temps disponibles sur le site même de leur hôtel : golf, vélo sur piste cyclable, observation d'oiseaux, randonnées dans différents parcs nationaux, tennis... Avec ses importants complexes de loisirs (Xel-Há et Xcaret) et ses villes réputées mondialement pour la plongée (Cancún et Cozumel), la région a beaucoup à offrir.

Nous dressons dans le présent chapitre une liste des activités les plus prisées qui vous donnera une vue d'ensemble des sports de plein air dans la région. Dans les chapitres ultérieurs consacrés à une région définie, les sections «Parcs et plages», ainsi que «Activités de plein air» renferment des adresses détaillées, ce qui permet de préciser davantage les renseignements mis à la disposition du lecteur.

LES PARCS NATIONAUX

Les beautés naturelles de la région sont protégées grâce à l'établissement de plusieurs parcs nationaux. L'Isla Contoy, située au nord d'Isla Mujeres, abrite de nombreuses réserves d'oiseaux marins. Une tour d'observation et un centre d'interprétation ont été construits sur l'île pour mieux les admirer.

Le parc national de Tulum recèle, dans ses 672 ha, de fabuleuses ruines mayas. La zone est couverte de palétuviers et d'une végétation de dune côtière; ses eaux turquoise offrent la possibilité de faire de la baignade ou de la plongée sous-marine.

La biosphère de Sian Ka'an est située à quelques kilomètres au sud des ruines mayas de Tulum et couvre près de 100 km de côte. Elle comprend une multitude de baies, de lagunes et de récifs coralliens qui font partie de la deuxième barrière de corail en importance au monde, et de nombreuses espèces marines peuplent la zone. Vingt-trois sites mayas ont été mis au jour dans cette réserve. Des espèces animales comme le puma, l'ocelot, le singe-araignée et le toucan y abondent. Une excursion d'une journée dans la réserve est possible avec les Amigos de Sian Ka'an, un organisme privé sans but lucratif, pour plus de 100 $US *(☎ 849583)*.

Río Lagartos est une réserve écologique bien spéciale, puisqu'elle est le principal lieu de nidification des flamants roses au Mexique, où ils forment d'importantes colonies, ainsi que des hérons. Cette réserve est située sur la côte nord du Yucatán.

ACTIVITÉS DE PLEIN AIR

La baignade

La côte est du Yucatán (Cancún, Tulum, Cozumel) est l'un des endroits du Mexique les plus calmes pour la baignade, bien que des lames de fond puissent parfois se produire. Le public a libre accès à toutes ces plages aux eaux couvrant la palette des verts et des bleus, et au sable blanc qui reste frais sous le pied. Ces eaux limpides, parsemées de récifs de corail, abritent une faune marine abondante.

Comme la côte de l'État de Quintana Roo est une longue plage, vous pourrez y marcher pendant de longs moments sans rencontrer personne. À Cancún, attendez-vous à une tout autre affaire: la ville est littéralement envahie en haute saison.

En général, à Cancún, les eaux des plages situées à l'ouest sont plus calmes que celles du côté est. Les eaux calmes de la côte ouest de Cozumel (protégées du vent) sont idéales pour la baignade, alors que la côte est, plutôt dénudée, est battue par les vagues et des vents constants. On peut toutefois y découvrir de ravissants escarpements et des baies où l'on peut se baigner sans danger.

En cas de vagues très fortes, où que vous soyez, évitez de vous baigner, ou faites-le très prudemment. Rappelez-vous que peu d'établissements assurent un service de surveillance et de sauvetage. Un système de drapeaux a été instauré sur les plages, indiquant le niveau de risque, un peu à la manière des feux de circulation. Un drapeau rouge ou noir indique un danger; un drapeau jaune vous dit de faire attention; un drapeau bleu ou vert signale que la situation est normale, tandis que des conditions idéales pour la baignade sont symbolisées par un drapeau blanc.

La plupart du temps, il vous est strictement interdit de prendre des bains de soleil complètement nu ou les seins nus, bien que cette pratique semble tolérée à Cancún et à Playa del Carmen. Cela choque cependant sans contredit les mœurs des résidants et des employés d'hôtels.

 La plongée sous-marine

Plusieurs centres de plongée proposent aux visiteurs d'explorer les fonds marins. Les récifs sont nombreux, et l'on trouve ces centres principalement à Cancún, Playa del Carmen et Cozumel.

Les personnes possédant leur permis de plongée pourront s'en donner à cœur joie et découvrir les secrets des côtes yucatèques. Les autres peuvent aussi descendre sous l'eau, mais doivent le faire accompagnés d'un moniteur qualifié qui supervisera la descente (à un maximum de 5 m). Les risques sont minimes; cependant, assurez-vous, si possible, de la qualité de la supervision. Certains moniteurs descendent avec plus d'un débutant, ce qui va à l'encontre des règles de sécurité préconisées en pareil cas.

Un écosystème fragile

Les récifs de corail se développent grâce à des organismes minuscules, les cœlentérés, sensibles à la pollution de l'eau. En effet, l'eau polluée (à forte teneur en nitrate) accélère le développement des algues, et ces dernières, lorsqu'elles sont en trop grand nombre, envahissent les récifs et les étouffent littéralement. Le diadema, un oursin noir pourvu de longues aiguilles qui vit sur les récifs (et qui peut provoquer des blessures), se nourrit d'algues et joue un rôle majeur dans le contrôle de leur prolifération; cependant, il n'y en a pas en quantité suffisante. En 1983, une épidémie aurait décimé bon nombre de ces oursins peuplant les fonds marins des Caraïbes; la pollution des eaux n'ayant pas cessé et les algues ayant proliféré, la survie de certains récifs est menacée. Depuis lors, des études scientifiques ont permis de comprendre l'importance des diademas pour l'équilibre écologique, et l'on a rétabli cette espèce sur certains récifs. Il demeure que ces petits oursins, bien que fort utiles, ne peuvent suffire à la tâche. Un contrôle rigide de la pollution demeure essentiel pour sauvegarder ces récifs de corail dont près de 400 000 organismes très fragiles dépendent. La crème solaire, par exemple, contient des produits chimiques qui peuvent affecter les coraux.

Vous pourrez facilement louer du matériel dans les centres de plongée, mais cela peut coûter cher. Si vous pouvez amener le vôtre, vous ferez des économies, surtout si vous prévoyez plusieurs jours de plongée.

Par ailleurs, Cozumel est réputée dans le monde entier pour la clarté cristalline de ses eaux, la richesse de sa vie marine et ses installations exceptionnelles. Plus de la moitié des visiteurs de l'île y vont pour une seule et unique raison : la plongée. Isla Mujeres est également très cotée. Les nombreuses boutiques de plongée sous-marine de Cancún organisent des visites guidées des endroits de la ville les plus propices à la plongée.

La plongée vous fera découvrir des récifs de corail magnifiques, des bancs de poissons multicolores et de surprenantes plantes aquatiques. Souvenez-vous que ces écosystèmes sont fragiles et qu'il faut éviter d'y toucher ou d'essayer de ramener ces

merveilles à la surface. Éviter de nourrir les poissons, bouger
ses palmes calmement, ne pas laisser de déchets derrière soi
sont des règles élémentaires. Les plus beaux souvenirs que
vous ramènerez seront vos souvenirs et les photos
sous-marines que vous pouvez prendre avec un appareil jetable,
utilisable dans l'eau.

La plongée-tuba

L'équipement de plongée-tuba se résume à peu de chose : un
masque, un tuba et des palmes. Accessible à tous, elle
constitue une bonne façon de prendre conscience de la richesse
et de la beauté des fonds marins. On peut pratiquer cette
activité un peu partout dans la région de Cancún et Cozumel.
N'oubliez pas que les règles fondamentales pour protéger
l'environnement (voir «La plongée sous-marine», ci-dessus)
s'appliquent également à la plongée-tuba.

La planche à voile, le scooter des mers et le ski nautique

Ces activités nécessitant des eaux plus calmes que celles qui
baignent la côte de Cancún, ou celles de la mer agitée qui
borde Cozumel, il est recommandé de choisir les eaux tranquilles de la lagune de Nachupté de Cancún ou la Bahía Mujeres,
sur la côte ouest.

Si vous n'en avez jamais fait, quelques consignes de sécurité
doivent cependant être suivies avant de vous lancer à l'assaut
des eaux miroitantes : choisissez une plage dont les flots ne
sont pas trop agités; assurez-vous de ne pas pratiquer ces
sports trop près des baigneurs; ne vous éloignez pas trop du
bord (n'hésitez pas à faire des signes de détresse si vous en
sentez le besoin); portez des chaussures pour éviter de vous
blesser les pieds sur les rochers.

La navigation de plaisance

Des escapades en voilier sur des eaux peu agitées sont un
plaisir dans cette région. Quelques centres organisent des
excursions; d'autres pourront vous louer une embarcation.

Vous trouverez quelques adresses dans ce guide, dans les sections «Activités de plein air».

Si vous ne plongez pas, vous pourrez tout de même admirer les merveilleux fonds marins de la région grâce aux sous-marins d'observation, qui peuvent vous emmener à la découverte de la faune marine et des récifs de corail tout en vous gardant bien au sec.

 La pêche

À condition de réserver quelques jours à l'avance auprès de certains organisateurs d'excursions, il est possible de prendre part à un tournoi de pêche sportive d'une journée ou d'une demi-journée à partir de Cancún, Cozumel et Playa del Carmen. Le macaire, l'espadon, le thon et la dorade abondent dans le secteur. Les prix vont de 240 \$US à 300 \$US par bateau et par jour.

 Le golf

L'État de Quintana Roo compte quelques terrains de golf. Parmi ceux-ci, figure le Pok-Ta-Pok de Cancún, qui a été dessiné par l'architecte paysagiste de réputation mondiale Robert Trent Jones Jr. et qui offre une vue sur la mer tout en ayant la particularité d'être un parcours où la balle doit éviter des ruines mayas.

L'espace vallonné du golf de Playacar (à Playa del Carmen), l'un des mieux cotés au pays, et aménagé par Robert von Hagge, mérite également que l'on y frappe quelques balles. On trouvera d'autres parcours de golf à Cancún, à l'hôtel Caesar Park, au Melia Cancún et au Resort Course de Puerto Aventuras. Le Cancún Palace Hôtel dispose quant à lui d'un minigolf de 36 trous original.

 L'observation des oiseaux

Les parcs nationaux ainsi que les abords des grands sites archéologiques du Yucatán constituent des endroits de prédilection pour l'observation de la faune ailée. Une grande variété d'oiseaux peut être admirée dans la forêt tropicale de Sian Ka'an, sur l'Isla Contoy (où 97 espèces sont protégées), ainsi qu'à Xaman-Ha, une réserve ornithologique située non loin de Playa del Carmen qui abrite une trentaine espèces d'oiseaux parmi lesquels on retrouve toucans et perroquets.

Frégate

C'est souvent lors de rencontres inattendues que les passionnés d'ornithologie feront d'étonnantes découvertes. Alors qu'elle se fond dans le paysage, une frégate mâle perchée gonfle tout à coup sa gorge écarlate pour séduire une femelle et attirer le regard des badauds.

Pour assurer le succès de votre expédition, il est important d'amener des jumelles, un insectifuge et un appareil photo muni d'un téléobjectif.

 Le vélo

À Cancún, il est pratiquement impossible de pratiquer cette activité ailleurs que sur la piste cyclable de 14 km qui est aménagée du côté ouest de la zone hôtelière et qui va de Punta Cancún jusqu'au centre-ville. Cette piste, située juste à côté d'une route à deux voies où il y a beaucoup de circulation, est également fréquentée par les amateurs de patins à roues alignées et les joggeurs; elle est faiblement éclairée en soirée. À Cozumel et à Isla Mujeres, vous pourrez louer une bicyclette entre 5 $US et 8 $US par jour, mais ne surestimez pas vos forces. Le soleil tape dur dans cette région, et les routes ne sont guère faciles. Le meilleur moment où faire du vélo est le matin très tôt, avant les grosses chaleurs. Évitez la tombée de la nuit, car plusieurs routes ne sont pas éclairées.

 L'équitation

Il y a peu d'endroits où vous pourrez louer un cheval pour une randonnée, sauf, entre autres, au Rancho Buenavista de Cozumel et au Rancho Loma Bonita de Cancún. On peut également pratiquer cette activité à Xcaret pour 30 $US l'heure. Pour plus de renseignements, consultez les sections «Activités de plein air» pour chacun des secteurs qui vous intéresse.

 Le tennis

Certains hôtels mettent des courts de tennis à la disposition de leur clientèle. Plusieurs sont dotés d'un système d'éclairage vous permettant de jouer pendant la soirée. Malheureusement, la plupart du temps, les balles et les raquettes ne sont pas fournies par l'établissement, et les terrains sont dans un piètre état.

CANCÚN

AVANT que le gouvernement mexicain n'arrête son choix sur une bande de sable habitée par une centaine de pêcheurs mayas pour développer un site touristique majeur, **Cancún** ★★★ était un paradis calme et isolé. Ces pêcheurs étaient sans doute loin de se douter que, pendant qu'ils vaquaient à leurs tâches traditionnelles, de nombreux fonctionnaires se penchaient sur les données compilées dans un ordinateur : il n'y avait pas de doute, Cancún était le coin du Mexique le plus susceptible d'attirer le maximum de touristes saison après saison!

En un peu plus de 20 ans, Cancún a vu grandir une ville champignon de 30 000 habitants et s'établir une centaine d'hôtels d'une capacité totale de 19 000 chambres pouvant loger deux millions de touristes à longueur d'année, des centaines de restaurants et de boutiques...

Tout a commencé dans les années soixante, alors que le Mexique prend conscience de son potentiel touristique. En 1967, le site est officiellement choisi pour y développer les infrastructures d'un mégaprojet, en raison de sa longue plage de sable blanc, de son climat subtropical, des eaux turquoise de la mer des Caraïbes et de la proximité des autres lieux touristiques de la région.

La construction des routes, des aqueducs et des hôtels débute en 1974, et l'endroit restera relativement peu connu jusqu'au milieu des années quatre-vingt. À partir de là, l'activité devient frénétique : les hôtels poussent comme des champignons et Cancún devient une ville éminemment touristique. Il se pourrait bien que le développement atteigne bientôt son apogée.

Cancún est conçue pour plaire à sa clientèle principale, soit les touristes américains. Ceux-ci représentent 60 % de l'ensemble des visiteurs. Ils s'y retrouvent comme chez eux, avec les mêmes grandes chaînes de restaurants, d'hôtels, les mêmes supermarchés, la même musique qui joue dans les discothèques. Tout est conçu pour répondre à leurs goûts. D'ailleurs, l'anglais l'emporte souvent sur l'espagnol dans la conversation. Cela enlève beaucoup de charme exotique à l'endroit, mais plaît à bien du monde, puisque Cancún est l'une des villes mexicaines les plus visitées par les touristes étrangers.

Cancún est formée de la Ciudad Cancún (ville de Cancún) et de la Zona Hotelera (zone de villégiature). C'est l'une des seules villes du monde où les habitants et les touristes sont séparés à ce point. La zone hôtelière, longue de 22,5 km, est couverte d'hôtels gigantesques de classe internationale. Ces hôtels sont placés côte à côte, bordés d'un côté par la mer, et de l'autre par une route réservée à la circulation automobile.

La ville de Cancún est habitée en majeure partie par des gens qui travaillent dans les hôtels, les bars et les restaurants; ils sont pour la plupart nés ailleurs, seuls les enfants et les adolescents étant natifs de l'endroit.

Cancún est un port d'entrée très commode pour les voyageurs qui souhaitent découvrir les ruines mayas de Chichén Itzá et de Tulum, et s'imprégner du mode de vie traditionnel yucatèque, provenant en droite ligne des Mayas. Ces visiteurs profiteront d'un très grand choix de vols... et quitteront Cancún rapidement, à la recherche d'un peu plus d'authenticité.

 POUR S'Y RETROUVER SANS MAL

En ce qui concerne la zone hôtelière, il peut sembler facile de s'orienter puisqu'il s'agit d'une simple bande de terre, mais il est parfois malaisé de savoir s'il faut aller à gauche ou à droite car on peut confondre la lagune de Nichupté avec la mer des Caraïbes! Comme vous utiliserez probablement l'autobus pour vous déplacer, demandez votre chemin au chauffeur en cas de doute.

Quant au centre-ville de Cancún, les noms de rues et les adresses n'y sont pratiquement jamais indiqués. Il est donc préférable de toujours se munir d'une carte pour ses excursions, même si la ville n'est pas très grande. Se fixer des points de repère est un bon truc.

La ville est divisée en *supermanzanas* (sorte de districts). Les adresses sont donc précédées de la mention *SM*. Chaque région *SM* possède un code postal distinct.

L'aéroport international de Cancún

L'aéroport international de Cancún *(☎ 860028)* est situé à environ 20 km au sud-ouest de la zone hôtelière. Il s'agit d'un des aéroports les plus modernes du Mexique, depuis les récents travaux de rénovation. En plus d'un bureau de change et d'une boutique hors taxes, on y trouve quelques magasins, restaurants et bars où les prix, comme c'est le cas dans les grands centres touristiques, sont un peu plus élevés qu'à la ville.

Plusieurs agences de location de voitures ont un comptoir à l'aéroport. Pour éviter des frais excessifs, il est préférable de réserver une voiture avant le départ et de comparer les prix. Demandez qu'on vous transmette par télécopieur une confirmation de la réservation et du tarif. La plupart des grandes entreprises de location peuvent être jointes grâce à des numéros sans frais 1-800 de partout en Amérique. Quand vous comparerez les prix des différentes agences de location, tenez compte des taxes, du kilométrage gratuit et de l'assurance. Voici les noms et numéros des entreprises présentes à l'aéroport de Cancún :

Monterrey Rent, ☎ 860239;
Economovil, ☎ 860082;
Avis, ☎ 860222 ou sans frais ☎ 1-800-321-3652;
Budget, ☎ 860026 ou sans frais ☎ 1-800-268-8970;
Hertz, ☎ 860150 ou sans frais ☎ 1-800-263-0678;
National/Tilden, ☎ 1-800-361-5334 (sans frais);
Dollar, ☎ 860133 ou sans frais ☎ 1-800-800-4000.

Pour entrer et sortir de la ville

Si vous louez une voiture à l'aéroport, le trajet jusqu'au centre-ville ne vous prendra qu'une quinzaine de minutes, l'aéroport étant situé à 16 km au sud de la ville. Si vous allez plutôt vers la zone hôtelière, empruntez plutôt le Paseo Kukulcán (boulevard Kukulcán), que vous croiserez quelques instants après vous être engagé sur l'avenue Tulum. En quelques minutes seulement, vous aurez atteint la queue du «7» que forme la zone hôtelière de Cancún.

Une navette assure la liaison pour environ 10 $US entre l'aéroport et le centre-ville de Cancún. Ce service aller-retour est souvent inclus dans le prix des voyages à forfait. Les autobus sont spacieux et respectent les horaires avec un zèle surprenant. Au retour, faites attention car le chauffeur de la navette pourrait arriver à l'hôtel avant l'heure prévue, et repartir aussitôt pour l'aéroport sans vous attendre. Pour éviter cette catastrophe, précédez l'arrivée de la navette de 30 min et attendez-la à l'extérieur.

Notez que les taxis ne sont autorisés qu'à laisser les voyageurs à l'aéroport et, à l'inverse, les autobus publics ne peuvent transporter les touristes que de l'aéroport à leur hôtel.

Pour aller à Tulum (ou plus au sud) en voiture à partir de la Zona Hotelera, le trajet se fera beaucoup plus rapidement si vous évitez de traverser le centre-ville. Il suffit de rouler jusqu'à l'extrémité sud de la zone hôtelière, en direction de la Punta Nizuc. Vous n'aurez alors qu'à continuer jusqu'à l'avenue Tulum, où une enseigne indique le chemin à prendre.

Pour vous rendre à Valladolid, Chichén Itzá ou Mérida, empruntez l'avenue Uxmal (route 180) à partir du centre-ville de Cancún.

Si vous désirez rejoindre Isla Mujeres, vous devrez prendre le ferry à Puerto Juárez, situé à 3 km au nord de Cancún. En autobus, vous devrez d'abord vous rendre au terminus se trouvant à l'intersection des avenues Tulum et Uxmal (☎ 841378). Là, les départs sont très fréquents, et le trajet est de 5 km. Une autre possibilité est d'utiliser *The Shuttle* (☎ 846433), beaucoup plus cher mais plus pratique; ce bateau part de la Playa Tortugas, située dans la partie nord de la zone hôtelière.

Dans la ville

Le centre-ville de Cancún comprend quatre avenues principales : Cobá et Uxmal (est-ouest) ainsi que Tulum et Yaxchilán (nord-sud). Ces deux dernières avenues sont les plus développées au point de vue commercial. Boutiques, restaurants, hôtels et bureaux de change s'y retrouvent en grand nombre.

Pour prendre l'autobus vers la ceinture d'hôtels, il est préférable de se rapprocher du rond-point situé à l'angle des avenues Cobá et Tulum. Les autobus y sont plus fréquents qu'ailleurs.

En voiture

Louer une voiture pour faire la navette entre votre hôtel et le centre-ville est certainement une dépense inutile qui ne peut que vous causer des maux de tête, à moins que vous soyez vraiment allergique aux transports en commun. Les autobus sont fréquents et bon marché, et le centre-ville n'est pas si grand. Vous perdrez beaucoup de temps à chercher un stationnement... et votre chemin! De plus, le coût de location des voitures à Cancún est plutôt élevé. Toutefois, si vous louez un véhicule pour partir en expédition, vous aurez sans doute à traverser la ville. La vitesse maximale permise y est de 40 km/h. Une station PEMEX se trouve sur la route 307 entre Cancún et l'aéroport. Faites le plein car trouver une station d'essence est chose difficile dans cette région.

Les principales entreprises de location ont des représentants à l'aéroport et au centre-ville, mais il s'en trouve aussi dans certains hôtels :

Avis : Hôtel Calinda Viva, ☎ 830800; Mayfair Plaza ☎ 830803;
Budget : avenue Tulum, N° 231, ☎ 840204;
Hertz : Reno 35, ☎ 876644.

En taxi

Comme les taxis n'ont pas de compteur, le tarif dépend de la distance parcourue, du coût de l'essence et de votre talent de négociateur. À la réception de votre hôtel, on pourra vous renseigner sur les tarifs en cours. En général, une course entre la zone hôtelière et le centre-ville coûte 8 $ et plus. Plus votre hôtel est éloigné du centre-ville, plus ça coûte cher, bien sûr. Entendez-vous toujours avec le chauffeur sur le tarif avant de monter. Il existe un Syndicat des taxis *(☎ 831840)* où l'on peut s'informer ou porter plainte.

En autobus

La gare routière *(☎ 841378 ou 843948)* est située à l'angle des avenues Tulum et Uxmal. Elle est ouverte 24 heures par jour et affiche une foule de destinations, depuis la capitale, México, jusqu'à Chetumal, à la frontière du Belize. Le prix du billet varie peu selon qu'on choisit un autobus de première ou de seconde classe.

Le tarif des autobus circulant à l'intérieur de la ville de Cancún et de la zone hôtelière est de 3 pesos (environ 0,45$ US). Différentes compagnie d'autobus se font une chaude lutte pour le lucratif marché touristique, et leurs véhicules roulent à fond de train sur le Paseo Kukulcán, qui longe la zone hôtelière. Ils s'arrêteront sur un simple signe de la main si vous n'êtes pas à l'un de leurs arrêts officiels.

 RENSEIGNEMENTS PRATIQUES

Office de tourisme

Pour obtenir certains renseignements, l'**Office de tourisme du Quintana Roo** *(lun-ven 9 h à 21 h; Av. Tulum, entre la*

Multibanco Comerex et l'hôtel de ville, ☎ *848073)* peut vous être utile. On vous y remettra sûrement la dernière édition de la publication gratuite *Cancún Tips,* au contenu très publicitaire, mais qui contient quand même de l'information pertinente ainsi que des plans de la ville très pratiques.

Bureau de poste

Le **bureau de poste** *(Av. Sunyaxchén, près de l'Avenida Yaxchilán,* ☎ *841418)* est ouvert en semaine de 8 h à 17 h et la fin de semaine de 9 h à 13 h.

Téléphone

Les téléphones des cabines publiques que l'on utilise avec les cartes d'appels LADATEL se trouvent un peu partout, mais ne fonctionnent pas toujours très bien. Vous serez alors tenté d'utiliser le téléphone qui se trouve dans votre chambre, mais sachez que des frais très élevés s'appliquent à chacun de vos appels. Les appels outre-mer sont même surfacturés de 60 % par les hôtels. Munissez-vous d'une carte LADATEL dès votre arrivée, au cas où vous en auriez besoin. Certains bureaux de change en vendent, et vous en trouverez aussi dans de nombreux centres commerciaux.

Banques et bureaux de change

On peut changer les chèques de voyage à la réception de son hôtel, dans les banques ou dans les nombreux bureaux de change *(casas de cambio)* qui pullulent dans le centre-ville et la zone hôtelière. Ces bureaux proposent généralement de meilleurs taux que dans les banques et restent ouverts plus longtemps, soit jusqu'à 21 h. Les banques sont ouvertes de 9 h à 17 h en semaine, dont celles-ci : la **Banamex** *(Av. Tulum, à côté de l'hôtel de ville,*☎ *845411)* et la **Bancomer** *(Av. Tulum, Nº 20,* ☎ *870000)*. Il y a un bureau de change à l'aéroport, mais il offre des taux moins avantageux qu'en ville, et il n'est pas ouvert tout le temps.

La sécurité

Le numéro à composer en cas d'urgence pour la **police** est le
☎ 06. Pour les pompiers, faites le ☎ 841202. Le commissariat
de police de Cancún se trouve à l'intérieur du Palacio Municipal
(Av. Tulum, SM5, ☎ 842342 ou 841913). Pour de l'assistance
en anglais, vous pouvez avoir recours à l'**hôpital Americano**
(Calle Viento 15, ☎ 846133) ou à **Total Assist** *(Claveles 5,
☎ 841092)*.

 ## ATTRAITS TOURISTIQUES

Bien avant de devenir la grande station balnéaire qu'il est
aujourd'hui, le site de Cancún a été décrit par l'explorateur
John Lloyd Stephens, qui l'a «découvert» en 1842. Celui-ci a
écrit entre autres *Incidents of Travel in Yucatán* (1843), qui
relate ses découvertes archéologiques au Yucatán. La ville de
Cancún comme telle fut construite dans les années
soixante-dix. Elle est très récente, assez pauvre, sans intérêt
architectural et sans grand charme, sinon celui de ses habitants. Il reste que de nombreuses ruines mayas y ont été mises
au jour, principalement entre Punta Cancún et Punta Nizuc, le
long de la côte, dans la zone hôtelière. Les attraits principaux
de Cancún pour les touristes consistent en une longue plage qui
fait face à la mer des Caraïbes, des golfs réputés et des hôtels
de luxe.

Afin de faciliter le repérage des attraits touristiques de Cancún,
nous les avons identifiés par un numéro que vous retrouverez
sur le plan de la ville. Ainsi, dans le texte ci-dessous, le chiffre
figurant à l'intérieur des parenthèses, qui suit immédiatement
le nom d'un attrait, correspond à celui qu'on retrouve sur la
carte.

Au nord de Cancún

Les ruines d'**El Meco (1)** sont situées entre Puerto Juárez et
Punta Sam, du côté gauche de l'autoroute 307, au nord de
Cancún. Construit entre l'an 250 et 600 après J.-C., ce site,
probablement un village de pêcheurs à l'origine, se compose du

temple principal, El Castillo, et de différents bâtiments de pierre et sculptures diverses, entre autres des têtes de serpent.

Ciudad Cancún

Le centre-ville de Cancún regorge, surtout dans le secteur qui se trouve entre les avenues Tulum et Yaxchilán, de petits restaurants. Pour découvrir les vedettes de la scène musicale du pays, la **Casa de la Cultura (2)** *(Av. Yaxchilán, SM21, face à la rue LaSalle, ☎ 848229)* est une bonne adresse.

La zone hôtelière

C'est dans la zone hôtelière que se trouvent les ruines mayas de Cancún, les grands centres commerciaux et le Centro de Convenciones (centre des congrès). La zone forme un «7» où sont placés en enfilade tous les hôtels et bâtiments. Il n'y a dans cette zone aucune propriété privée, et l'on y marche difficilement, la circulation étant très rapide et le trottoir pas toujours bien entretenu. Si vous décidez de faire le tour de la Zona Hotelera à pied, munissez-vous de pièces de 1 peso pour pouvoir prendre l'autobus à tout moment, car les distances sont appréciables. Vous pouvez aussi entrer et vous reposer dans les bars et les restaurants des hôtels que vous croiserez.

Votre premier arrêt à partir du centre-ville de Cancún est le **golf Pok-Ta-Pok ★ (3)** *(Paseo Kukulcán, entre les km 6 et 7)*, où se situent deux petites ruines mayas intégrées au parcours des sportifs. Pour visiter les ruines, vous devez demander la permission à l'entrée du golf, et marcher environ 15 min. Une autre ruine de moindre intérêt, **Ni Ku (4)**, est intégrée à l'architecture de l'hôtel Camino Real, établi sur la plage de Punta Cancún, dans le coude du «7» que forme la zone des hôtels. Tout près de là, vous verrez le **Centro de Convenciones (5)** *(Paseo Kukulcán, km 9, ☎ 830199)*, un immeuble moderne où ont lieu de nombreux événements culturels et rassemblements de toutes sortes; il comprend plusieurs restaurants, boutiques et entreprises de services.

Au rez-de-chaussée du centre des congrès loge un petit musée dédié à l'histoire des Mayas : le **Centre culturel de l'Institut national d'anthropologie et d'histoire ★★ (6)** *(3 $, dim entrée libre; mar-dim 9 h à 17 h; tours guidés en français, anglais, allemand et espagnol; Paseo Kukulcán, km 9,5, ☎ 833671)*. À l'intérieur de ce musée sont rassemblés plus de 1 000 objets, témoins de la culture des Mayas, qui ont été recueillis un peu partout à travers le Quintana Roo, tels que vases en terre cuite ornementés ainsi que bijoux et masques de jade.

Les ruines de **Yamil Lu'um (7)** *(Paseo Kukulcán, km 12, sur les terrains de l'hôtel Sheraton)*, qui datent probablement du XIIIe ou du XIVe siècle, se dressent sur le point le plus haut de toute la zone de Cancún. La petite structure carrée servait sans doute de poste d'observation. Ces ruines sont faciles à atteindre. Comme ce site est en plein soleil, il est recommandé de se munir d'un chapeau et de lunettes de soleil.

En continuant vos pérégrinations vers le sud, vous verrez, au km 16,5, les ruines de **San Miguelito (8)**, une toute petite structure constituée de colonnes de pierre. Juste de l'autre côté du Paseo Kukulcán, en face de l'hôtel El Pueblito, s'étendent

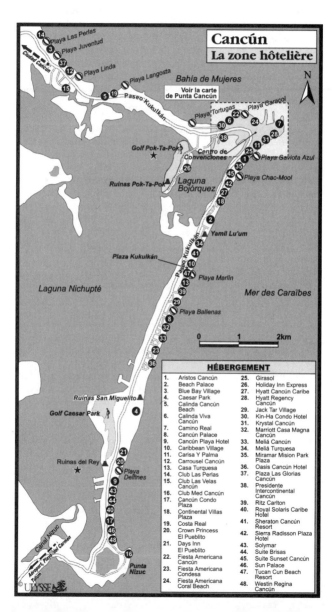

Cancún
La zone hôtelière

Playa Las Perlas
Playa Juventud
Ciudad Cancún
Playa Linda
Playa Langosta
Paseo Kukulkán
Bahía de Mujeres
Voir la carte de Punta Cancún
N
Playa Tortugas
Playa Caracol
Playa Saviota Azul
Centro de Convenciones
Golf Pok-Ta-Pok
Ruinas Pok-Ta-Pok
Laguna Bojórquez
Playa Chac-Mool
Yamil Lu'um
Plaza Kukulkán
Paseo Kukulkán
Playa Marlin
Mer des Caraïbes
Laguna Nichupté
Playa Ballenas
0   1   2km
Ruinas San Miguelito
Golf Caesar Park
Ruinas del Rey
Playa Delfines
Canal Nizuc
Aeropuerto, Playa del Carmen
Punta Nizuc

HÉBERGEMENT

1. Aristos Cancún	25. Girasol
2. Beach Palace	26. Holiday Inn Express
3. Blue Bay Village	27. Hyatt Cancún Caribe
4. Caesar Park	28. Hyatt Regency Cancún
5. Calinda Cancún Beach	29. Jack Tar Village
6. Calinda Viva Cancún	30. Kin-Ha Condo Hotel
7. Camino Real	31. Krystal Cancún
8. Cancún Palace	32. Marriott Casa Magna Cancún
9. Cancún Playa Hotel	33. Meliá Cancún
10. Caribbean Village	34. Meliá Turquesa
11. Carisa Y Palma	35. Miramar Mision Park Plaza
12. Carrousel Cancún	36. Oasis Cancún Hotel
13. Casa Turquesa	37. Plaza Las Glorias Cancún
14. Club Las Perlas	38. Presidente Intercontinental Cancún
15. Club Las Velas Cancún	39. Ritz Carlton
16. Club Med Cancún	40. Royal Solaris Caribe Hotel
17. Cancún Condo Plaza	41. Sheraton Cancún Resort
18. Continental Villas Plaza	42. Sierra Radisson Plaza Hotel
19. Costa Real	43. Solymar
20. Crown Princess El Pueblito	44. Suite Brisas
21. Days Inn El Pueblito	45. Suite Sunset Cancún
22. Fiesta Americana Cancún	46. Sun Palace
23. Fiesta Americana Condesa	47. Tucan Cun Beach Resort
24. Fiesta Americana Coral Beach	48. Westin Regina Cancún

les **Ruinas del Rey** ★ **(9)** *(3 $, dim entrée libre, tlj 8 h à 17 h)*, le plus important site de ruines mayas de Cancún. Principalement composé de deux places entourées de plateformes et de maisons de pierre, cet ensemble a été mis au jour et valorisé au milieu des années soixante-dix, mais certains archéologistes l'avaient déjà visité au début du siècle. Il fait aujourd'hui partie de l'hôtel Caesar Park et se trouve à côté du parcours de golf de l'établissement.

Enfin, comme Cancún est une importante station balnéaire, l'une des choses les plus agréables qu'on puisse y faire est une excursion en bateau. La majorité des bateaux d'excursion se dirigent vers Isla Mujeres, située un peu plus au nord. Ces croisières sont la plupart du temps accompagnées de musique, de danse, de jeux et d'un repas bien arrosé. Tous les bateaux n'accostent pas à Isla Mujeres, certains se contentent d'en faire le tour. Il est important de se le faire confirmer avant d'y embarquer. Les départs se font généralement à la Playa Tortugas, boulevard Kukulcán. Les quelques entreprises suivantes proposent différents types d'excursions :

The Shuttle *(☎ 846433)* fait la traversée quatre fois par jour entre Cancún et Isla Mujeres. On le prend à la Playa Tortugas.

La **Caribbean Carnaval Night Cruise** *(☎ 843760, ≈ 872184)* a lieu entre 18 h et 23 h : croisière-spectacle tropicale pour 400 personnes avec concours de limbo, musique de danse et buffet.

Vous avez toujours rêvé d'une croisière nocturne dans une ambiance de discothèque, avec casino, buffet et karaoké? Alors, profitez de la **Pirate's Night Adventure** *(☎ 831488)* . Le départ se fait à la Playa Langosta.

Le **Galion du capitaine Hook** *(☎ 667716)* organise le jour des activités nautiques avec buffet de paella; l'entrée est libre pour les moins de 12 ans accompagnés de leurs parents. Le bateau se transforme en restaurant de fruits de mer le soir venu, puis en discothèque jusqu'à 1 h 30 du matin.

Du lundi au samedi, on peut dîner tranquillement le soir à bord du navire ***Columbus*** *(☎ 831488)* sur la lagune Nichupté. Ce bateau se veut une réplique du trois-mâts de Christophe Colomb.

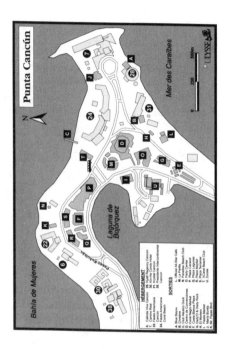

Le **Cancún Queen** (☎ 852288) est un bateau à aubes qui propose des croisières tout avec jeux, boissons et repas. Le **Fiesta Maya** (☎ 844878) fait l'aller-retour à Isla Mujeres, avec un court arrêt sur l'île, le temps d'une baignade. La croisière comprend buffet et spectacle de musiciens.

  PARCS ET PLAGES

Comme vous le savez, la zone hôtelière de Cancún forme un «7». La partie nord de ce «7» est plus à l'abri du vent, que la partie sud. Il est recommandé de surveiller les drapeaux de

La Playa Las Perlas
C'est la plage la plus près du centre-ville de Cancún; elle se trouve à l'extrémité nord-ouest de la Zona Hotelera. Cette plage, comme ses voisines jusqu'à Punta Cancún, est à l'abri du vent, mais ses eaux sont moins transparentes que celles des plages situées plus à l'est, soit la Playa Tortugas et la Playa Langosta.

La Playa Juventud
Elle s'appelle ainsi parce qu'elle s'étend juste en face de la Villa Deportiva Juvenil, la seule auberge de jeunesse de la région. Sa faune est donc plutôt jeune, adepte de sports nautiques et de soirées tardives. Elle offre l'avantage de se trouver à seulement 2 km du centre-ville de Cancún.

La Playa Linda
Située au km 4 entre la Playa Juventud et la Playa Langosta, cette plage est à la jonction de la Zona Hotelera et de Ciudad Cancún, où le pont Nichupté relie la barrière de plages à la «terre ferme». Les adeptes de la planche à voile pourront s'y donner à cœur joie à l'abri des grands vents. Elle est à 10 min du centre par autobus.

La Playa Langosta
L'une des plus jolies plages de Cancún, la Playa Langosta, au km 5, est formée d'un petit espace rocailleux qui devient bien vite une belle bande de sable blanc. Près de l'hôtel Casa Maya, cette plage est littéralement envahie par les *palapas*. Le restaurant Captain's Cove (voir p 140), à côté de l'hôtel, sert de bons repas de fruits de mer et de grillades.

La Playa Tortugas
Les bateaux font régulièrement la navette entre cette plage et Isla Mujeres. La Playa Tortugas est encore relativement calme malgré le développement touristique à outrance de Cancún. Elle offre l'un des plus beaux points de vue sur la Bahía de Mujeres (baie des Femmes).

La Playa Caracol
Cette plage forme le coude de la zone hôtelière. Près des plus luxueux hôtels et du centre des congrès, cette plage tranquille, la préférée des visiteurs plus âgés de Cancún, contourne doucement l'hôtel Camino Real et le Punta Cancún pour rejoindre la Playa Chac-Mool.

La Playa Chac-Mool

Les ouragans Gilbert (1988) et Roxane (1995) ont beaucoup affecté cette plage, comme toute la zone qui s'étend de Punta Cancún à Punta Nizuc. Il reste que le point de vue sur la mer des Caraïbes y est merveilleux et que cette plage est située tout près de l'activité commerciale de la zone hôtelière. Un restaurant donnait jadis directement sur cette plage, ce qui a contribué à la populariser auprès des habitants de l'île, qui y viennent encore nombreux en famille la fin de semaine. Sur la dune qui domine la plage, une statue représentant le dieu maya Chac-Mool surplombe les baigneurs.

La Playa Ballenas

Au sud de la Playa Chac-Mool, entre les km 15 et 16, se trouve la Playa Ballenas, plutôt déserte à cause des vents forts qui secouent cette section de la zone hôtelière. Les hôtels de cette plage sont parmi les plus luxueux et les plus modernes de l'île, et l'on surveille de près les passants.

La Playa Delfines

Cette très belle plage située entre les km 20 et 21, est plutôt déserte car il est à peu près impossible d'y trouver un coin ombragé ou un restaurant. Les vacanciers qu'on y rencontre sont donc surtout les clients des grands hôtels des environs. De l'autre côté de la route s'étendent les Ruinas del Rey, des ruines mayas.

La Laguna Nichupté

La longue ceinture que forme la zone hôtelière entoure la grande Laguna Nichupté, fortement appréciée des touristes pour le ski nautique ou la voile. De nombreuses agences de location de bateaux ou de tours organisés y font des affaires d'or.

Punta Nizuc

À l'extrémité sud de la zone hôtelière, près du Club Med, se trouve Punta Nizuc, un site recherché pour ses récifs coralliens, moins impressionnants qu'à Cozumel ou Chetumal, mais tout de même intéressants. De plus, son paysage de mangroves lui donne une allure de jungle. Les autorités songent actuellement à en réduire l'accès aux touristes pour les protéger.

ACTIVITÉS DE PLEIN AIR

Les sports nautiques

Cancún est l'une des villes les mieux équipées du monde pour la pratique des sports nautiques. Tout gravite autour de l'eau, et la majorité des grands établissements de la zone hôtelière dispose de tout ce qu'il faut pour la plongée-tuba et la plongée sous-marine. De plus, il existe un grand nombre d'entreprises spécialisées dans la location d'équipement, et des marinas proposent tous les services, comme sur la Laguna Nichupté par exemple.

Il est possible de suivre des cours d'initiation à la plongée, mais vérifiez bien les qualifications de votre moniteur avant de lui faire confiance.

Les entreprises suivantes louent le matériel nécessaire à la plongée, la voile, le motonautisme, le ski nautique, et même parfois à la pêche sportive. Elles organisent aussi différents types d'expéditions.

La marina d'**Aqua World** *(8 h à 22 h; Paseo Kukulcán, km 15,2,* ☎ *852288,* ≈ *852299)* est l'une des plus importantes de la région. Question d'hygiène, on vous remet un tuba neuf pour votre expédition.

Aqua Tours Adventures *(7 h à 21 h; Paseo Kukulcán, km 6,5,* ☎ *830400,* ≈ *830403)* propose des départs quotidiens pour la pêche en haute mer ainsi que des croisières gastronomiques.

Pour des cours de voile et la location de canots ou de pédalos, rendez-vous chez **Aqua Fun** *(8 h à 17 h; Paseo Kukulcán, km 16,5,* ☎ *853260).* Le vestiaire est gratuit.

Jungle Cruise, à la marina Barracuda *(8 h à 20 h; Paseo Kukulcán, km 14,* ☎ *844551)* organise des expéditions quotidienne en scooter des mers dans un paysage de mangroves, vers le récif de Punta Nizuc, sur la pointe sud de la zone hôtelière, non loin du Club Med.

Pour une randonnée en eau calme, à partir de la marina **Punta del Este** *(Paseo Kukulcán, km 10,3, ☎ 871600, ≈ 871592)*, on peut monter à bord de petites embarcations à moteur puis longer la jungle tropicale tout en observant la nature.

 ## L'observation des fonds marins

Deux faux sous-marins sillonnent les eaux de la côte de Cancún et permettent de découvrir la barrière de corail qui s'y trouve grâce à leur fond vitré. Généralement, un guide commente la flore et la faune que vous pouvez apercevoir. Ces deux bateaux sont le ***Subsee Explorer*** *(40 $US; ☎ 852288)* et le ***Nautibus*** *(30 $ pour 1 h 30 avec boissons; ☎ 833552)*.

Le sous-marin ***Atlantis*** *(80 $US-90 $US avec un repas; ☎833021)*, plonge quant à lui dans les profondeurs de la mer des Caraïbes entre Cancún et Isla Mujeres.

 ## Le golf

À l'intérieur de la lagune de Nichupté, une presqu'île au décor savamment travaillé par Robert Trent Jr. suggère une cité maya. Le **golf Pok Ta Pok** *(club de golf Cancún, Paseo Kukulcán, km 7,5, ☎ 831230)* est internationalement reconnu. Ce 18 trous côtoie de plus les ruines véritables d'un temple maya. En plus du parcours comme tel, il y a une piscine, deux courts de tennis et un restaurant. On peut y prendre des leçons de golf et louer tout le matériel nécessaire. Le circuit coûte 70 $US, plus les frais supplémentaires pour la location d'équipement. Le golf est ouvert de 6 h à 18 h. Il est nécessaire de réserver au moins une journée à l'avance.

L'hôtel **Caesar Park** *(Paseo Kukulcán, km 17, ☎ 818000)* et l'hôtel **Melia Cancún** *(Paseo Kukulcán, km 12, ☎ 850226)* comportent aussi deux parcours de golf de 18 trous, moins spectaculaires mais avec une vue magnifique, le premier sur la Laguna Nichupté et l'autre sur l'océan. Il n'est pas nécessaire d'être un client de ces hôtels pour pouvoir y jouer.

Le minigolf a aussi ses adeptes à Cancún! On peut le pratiquer à l'**hôtel Cancún Palace** *(Paseo Kukulcán, km 14,5, ☎ 850533,* *poste 6655),* sur un parcours inspiré des pyramides mayas. Il est ouvert de 11 h à minuit.

La pêche

Les mers qui entourent Cancún grouillent de plus de 500 espèces de poissons. Une expédition de pêche sportive en haute mer peut coûter entre 350 $US et 550 $US selon le nombre d'heures. Les entreprises Aqua Tours et AquaWorld, qui ont des bureaux autour de la Laguna Nichupté, proposent différentes expéditions. La saison de la pêche s'étend de mars à juillet.

Le patins à roues alignées

Ce sport n'a pas encore atteint son apogée à Cancún. Une question de mode sans doute, mais il faut souligner que les trottoirs de la zone hôtelière se prêtent fort mal à cette activité en raison des lignes obliques profondes que la voirie municipale s'applique à graver. Il existe par contre un endroit propice pour rouler allègrement : la piste cyclable qui longe la Zona Hotelera jusqu'à l'entrée du centre-ville. Il est depuis peu possible de louer des patins chez **Rollermania** *(Paseo Kukulcán, km 10, ☎ 830490),* où l'on propose également des cours privés.

Le jogging

Il n'y a pas d'endroit vraiment agréable à Cancún pour pratiquer le jogging, sinon pieds nus sur le bord de la mer. Le boulevard Kukulcán comporte, le long de la zone hôtelière, une circulation intense qui peut même être dangereuse; dans le centre-ville, l'état des artères est pitoyable. Les irréductibles peuvent essayer la piste cyclable très tôt le matin.

Le vélo

Cancún s'est offert une piste cyclable le long de la zone hôtelière, qui ne cesse de s'agrandir. Cette piste est partiellement protégée du soleil par quelques arbres, mais il reste que la meilleure période pour y rouler demeure le matin très tôt ou en fin d'après-midi. Le soir, cette piste n'est pas éclairée.

Le karting

Au km 7,5 de l'autoroute reliant Ciudad Cancún à l'aéroport se trouve un circuit de course de karting de 1 000 m *(tlj 10 h à 23 h; Karting internacional Cancún)*. À bord de l'un de ces bolides, on peut rouler à 25, 80 et même 130 km/h. Pour vous y rendre, un autobus vous cueille sur l'avenue Tulum.

 HÉBERGEMENT

La ville de Cancún est reliée à la zone hôtelière par un petit pont qui se trouve aux environs de la Playa Linda. Quand on parle de Cancún, il faut donc distinguer la ville comme telle, sur le continent, et la Zona Hotelera, une longue ceinture de sable d'une vingtaine de kilomètres, en forme de «7», qui entoure la Laguna Nichupté. À partir du point le plus éloigné de la ceinture d'hôtels, le trajet en autobus pour aller en ville peut prendre jusqu'à 45 min.

Cancún possède des hôtels très luxueux, certains parmi les plus beaux du monde. En général, ceux qui se trouvent dans la ville sont meilleur marché que ceux de la zone hôtelière, pour une qualité égale. Pour faire son choix, il faut décider si l'on passera le plus clair de son temps sur la plage ou si l'on préférera découvrir les restaurants et les boîtes de nuit du centre-ville. Comme plusieurs hôtels du centre-ville offrent gratuitement le transport vers la plage à leurs clients, cette option peut être intéressante.

La zone hôtelière tente quant à elle de se suffire à elle-même en recréant une espèce de ville un peu surnaturelle, avec ses bars, ses restaurants et ses centres commerciaux. Plusieurs hôtels de l'île offrent aussi la formule «tout inclus» en haute saison. Pour obtenir de l'information, vous pouvez contacter l'organisme Cancún Hotel Association au ☎ 842853.

La zone hôtelière

Composé de deux immeubles placés côte à côte, le **Carisa Y Palma** *($; ⊗, ≈, ℝ, ℂ, △, ☺; Paseo Kukulcán, km 10, ☎ 830211, ≈ 830932)*, un hôtel de 122 chambres, a été construit dans les années soixante-dix. Il est situé près du marché aux puces Mini Tienda et du Centro de Convenciones. Très bien entretenu, il laisse peu paraître les signes du temps. Ses chambres sont coquettes, et l'on porte un soin évident au confort de la clientèle. Celle-ci doit cependant se rendre à la plage des hôtels voisins quelques mètres plus loin, car celle du Carisa Y Palma est couverte de grosses pierres.

Le **Club Las Perlas** *($; ⊗, ≈, ℜ; Paseo Kukulcán, km 2,5, ☎ 1-800-223-9815, ≈ 830830)*, à ne pas confondre avec l'Imperial Las Perlas de plus petite taille, se trouve tout près du centre-ville de Cancún, à la naissance de la ceinture que forme la Zona Hotelera, et est bordé par la Playa Las Perlas sur deux côtés. L'hôtel comprend 194 chambres avec balcons, deux courts de tennis et deux piscines avec toboggan.

Avec sa clientèle partagée entre résidents permanents et touristes de passage, les **Condominiums Cancún Plaza** *($; ⊗, ≈, ℝ, ℂ, ℜ; Paseo Kukulcán, km 20, ☎ 851110, ≈ 851175)* regroupent plusieurs bâtiments qui comptent plus de 200 chambres. Il est facile de se perdre dans ce labyrinthe, d'une architecture agréable mais compliquée. L'hôtel est doté d'un bar et d'un restaurant.

Les 262 chambres du **Costa Real Hotel and Suites** *($; ⊗, ≈, ℜ; Paseo Kukulcán, km 4,5, ☎ 833955, ≈ 833945)* n'ont pas toutes vue sur la mer, mais l'hôtel est si bien situé que cela compense. Installé près d'un embarcadère où les bateaux partent tout le long de la journée en excursion vers Isla Mujeres, le Costa Real est un bel hôtel composé de sept bâtiments roses de formes et de hauteurs diverses. Moyennant des frais supplémentaires, vous pourrez profiter des services de gardiennage et de buanderie. De nombreuses activités nautiques, sociales ou artistiques sont organisées pour la clientèle de l'hôtel.

Juste à côté des deux bâtiments de l'hôtel Carisa Y Palma se trouve le **Girasol** *($; ⊗, ≈, ℝ, ℂ, ℜ; Paseo Kukulcán, km 10,*

☎ *832151, ⌷ 832246)*, un peu laissé à l'abandon. Les ascenseurs, entre autres, donnent des maux de tête à la clientèle. Mieux vaut utiliser les escaliers! Le restaurant de ce «condo-hôtel» (qui fait aussi office de bar), situé juste à côté de la piscine, sert quelques spécialités yucatèques. Les chambres, réparties sur huit étages, disposent toutes d'un balcon privé.

Le **Suites Brisas** *($; ⊗, ≈, ℝ, ℂ, ℜ; Paseo Kukulcán, km 19,5,* ☎ *850361)* est un hôtel de 205 suites qui comportent toutes un coin salon et salle à manger ainsi qu'une chambre. Sans être extraordinaires, elles sont tout de même confortables. Les salles de bain sont munies d'une douche, mais ne disposent pas de baignoire. L'hôtel possède entre autres un restaurant, une piscine avec pataugeoire pour les petits et une petite épicerie.

Non loin des Ruinas del Rey et baigné par la Playa Delfines, le **Sol Y Mar** *($; ⊗, ≈, ℜ; Paseo Kukulcán, km 19,5,* ☎ *851811)*, un hôtel de 150 chambres de forme pyramidale, est décoré à la mexicaine. Construit en 1988, il a subi des travaux de rénovation et d'agrandissement en 1995. On peut y pratiquer de nombreux sports : plongée, plongée-tuba, ski nautique, pêche, bicyclette et tennis. Le golf de 18 trous de l'hôtel Caesar Park se trouve en face, de l'autre côté du boulevard Kukulcán, et l'on peut y jouer moyennant finances.

L'architecture moderne du **Tucancún Beach Resort & Villas** *($; ⊗, ≈, ℝ, ℜ; Paseo Kukulcán, km 13,* ☎ *850814, ⌷ 850615)*, un hôtel de six étages de couleur terre avec des balcons blancs, rappelle un peu les *pueblos* (petits villages) mexicains. Les chambres, avec leurs meubles de rotin et leurs murs de couleur pêche, sont toutes équipées d'un balcon privé et d'une cuisinette. Près de la piscine circulaire, des hamacs et des *palapas* renforcent l'ambiance typique de cet hôtel de 130 chambres.

Les personnes surveillant leur budget peuvent trouver refuge à la **Villa Deportiva Juvenil** *($; ≈; Paseo Kukulcán, km 3,* ☎ *831337)*, un établissement de 300 lits répartis dans des dortoirs séparés pour les filles et les garçons. Sur la plage, on peut jouer au basket-ball et au volley-ball. Pour 5 $, on peut aussi faire du camping.

L'**Aristos Cancún** *($$; ⊗, ≈, ⊗, ℜ; Paseo Kukulcán, km 9,5,* ☎ *et ⌷ 830078)*, qui donne sur la Playa Chac-Mool, est situé tout près du Centro de Convenciones et des centres commerciaux de cette section de la zone hôtelière. Il comprend 244 chambres agréablement décorées, réparties sur quatre étages, dont certaines jouissent d'une belle vue sur l'océan. Cet hôtel comprend deux courts de tennis, une piscine avec toboggan entourée de palmiers, une boutique de souvenirs ainsi qu'une petite pharmacie, et propose divers services comme la location de voitures et de motocyclettes.

Le **Blue Bay Village** *($$; ⊗, ≈, ℜ; Paseo Kukulcán, km 3,5,* ☎ *830028, ▪ 830904)* compte 160 chambres distribuées dans différents bâtiments de deux ou trois étages qui donnent sur la mer ou sur le jardin. La décoration des chambres est correcte et simple. L'hôtel compte trois restaurants et trois bars, un parcours de golf et une petite boutique de souvenirs. Entre autres services, on propose des leçons de plongée sous-marine et d'espagnol. Le soir, on y organise un casino, des spectacles de danse mexicaine et des concours.

La tour pyramidale du **Calinda Beach Cancún** *($$; ⊗, ≈, ℝ, ℜ; Paseo Kukulcán, km 4,6,* ☎ *831600, ▪ 831857)* n'est pas sans rappeler le Caesar Park, situé au km 17. Un autre édifice jouxte la tour de l'hôtel, ce qui porte à 470 le nombre de chambres disponibles, avec vue soit sur l'océan ou sur la Laguna Nichupté. Cet hôtel met le paquet sur les activités et les divertissements offerts à sa clientèle : une marina, deux courts de tennis bordés de palmiers, des orchestres chaque soir et des fêtes le plus souvent possible. Le Calinda Beach compte en plus deux restaurants et quatre bars.

Le **Calinda Viva** *($$; ⊗, ≈, ℜ, Paseo Kukulcán, km 8,5,* ☎ *830800, ▪ 832087)* se dresse devant la Plaza Caracol. Il comprend 210 chambres et deux grandes suites, qui ont toutes vue sur la mer, plutôt calme à cet endroit. Certaines chambres sont communicantes. L'hôtel abrite de plus une agence de voyages et de location de voitures. Un service de gardiennage et d'activités pour les enfants est proposé, moyennant des frais supplémentaires.

L'hôtel **Cancún Playa** *($$; ⊗, ≈, ℝ, ℜ; Paseo Kukulcán, km 18,* ☎ *1-800-446-2747)*, à ne pas confondre avec les Condominiums Cancún Plaza, qui ne sont pas très loin, propose 388 chambres avec vue sur la mer ou sur la Laguna Nichupté; elles sont réparties dans un édifice de forme pyramidale entourant une grande piscine en *L* bordée de palmiers. Les chambres sont aménagées de façon moderne et fonctionnelle. L'hôtel compte six restaurants, quatre bars et deux courts de tennis.

Le **Caribbean Villages** est aussi carré que sa piscine est ronde *($$; ⊗, ≈, ℜ; Paseo Kukulcán, km 13,5, ☎ 1-800-858-2258, ⊷ 850999)*. Non loin des ruines de Yamil Lu'um et du grand centre commercial Plaza Kukulcán, il est tout près de la plage Ballenas. Bien que son architecture ne soit pas très recherchée, cet hôtel est confortable et propose divers services et installations, comme des courts de tennis et de l'équipement pour les sports nautiques. Le Caribbean Villages abrite aussi quatre petits restaurants, trois bars et une discothèque.

Sis à quelques kilomètres seulement du centre-ville de Cancún, le **Carrousel Cancún** *($$; ⊗, ≈, ℝ, ℂ, ⊗, ⊖, ℜ; Paseo Kukulcán, D-6, ☎ 1-800-525-8588, ⊷ 832312)* se dresse devant la Playa Linda, non loin d'un embarcadère de bateaux. Cet hôtel de 149 chambres réparties sur trois étages seulement est construit en forme de *C* autour d'un court de tennis et d'une grande piscine. Sa plage, calme et étendue, repose au creux de la baie des Femmes. On y organise tous les jours diverses activités nautiques et des spectacles en soirée.

Agréablement installé sur la baie des Femmes, le **Club Las Velas** *($$; ⊗, ≈, ℜ; Paseo Kukulcán, km 2,5, ☎ 832222, ⊷ 832118)* rappelle une petite ville coloniale. Il se compose de petites maisonnettes disposées pêle-mêle autour desquelles on se promène comme dans un village, impression renforcée par les fontaines, les places et les jardins fleuris. Ses 285 chambres renferment toutes un bar, une télévision et un téléphone. L'hôtel dispose en outre de deux piscines, deux restaurants et deux bars. Planche à voile, volley-ball, tennis et plongée sous-marine sont quelques-unes des activités organisées.

Vous trouverez peu d'hôtels à Cancún qui offrent autant de services et d'activités que le **Continental Villas Plaza** *($$; ⊗, ≈, ℜ; Paseo Kukulcán, km 11, ☎ 831022, ⊷ 851063)*. Ses 626 chambres comportent des balcons avec vue sur la mer ou sur la lagune. L'hôtel, composé de quelques éléments de deux ou trois étages, comprend cinq restaurants, deux boutiques, un court de tennis et une agence de voyages et de location de voitures.

Vu du ciel, le **Crowne Princess Club** *($$; ⊗, ≈, ℜ; Paseo Kukulcán, km 18,5, ☎ 851022, ≈ 850313)* a à peu près la même forme de «7» que la zone hôtelière de Cancún. Ses 364 chambres ont toutes vue sur la mer et sont dotées de balcons privés. L'hôtel comprend de plus quatre restaurants, quatre piscines dont l'une couverte, un salon de beauté ainsi que quatre bars avec orchestre en soirée, et offre un programme d'activités pour les enfants.

Situé à côté du restaurant Fat Tuesday et d'une petite marina, l'hôtel **Dos Playas** *($$; ⊗, ≈, ℜ; Paseo Kukulcán, km 6,5, ☎ 830500, ≈ 832037)*, composé de trois petits édifices, compte 125 chambres. Malgré son aspect extérieur un peu maussade, l'entrée est coquette. Près de la plage, surtout avec les nombreux catamarans et voiliers animant le paysage, l'ambiance est sympathique. L'hôtel est doté de deux courts de tennis et d'une jolie piscine circulaire. Certains studios comprennent des chambres fermées.

L'hôtel **El Pueblito** *($$; ⊗, ≈, ℜ; Paseo Kukulcán, km 17,5, ☎ 850422, ≈ 850731)*, comme son nom l'indique en espagnol, constitue un petit village formé de cinq bâtiments roses et blancs construits sur un terrain en pente douce. D'un côté, l'eau d'une fontaine s'écoule du sommet de l'hôtel jusqu'à la piscine, et de l'autre, quatre petits bassins de profondeur diverses se suivent en boucle jusqu'en bas, près du restaurant circulaire au toit de feuilles. Les 240 chambres, décorées à la mexicaine, sont confortables et dotées de balcons privés.

Avoisinant le golf Pok-Ta-Pok, l'**Holiday Inn Express Cancún** *($$ pdj; ⊗, ≈; Paseo Pok-Ta-Pok, ☎ 832200, ≈ 832532)* a la particularité de donner sur l'intérieur de la Laguna Nichupté. Ses 119 chambres avec balcons privés sont réparties sur deux étages, et l'architecture de l'ensemble rappelle le style colonial. Il n'y a pas de restaurant, mais un casse-croûte se trouve près de la piscine. L'hôtel abrite aussi une agence de voyages et offre un service de buanderie.

Établi près de la jolie plage Caracol, le **Kin-Ha Hotel et Condos** *($$; ⊗, ≈, ☺; Paseo Kukulcán, km 8, ☎ 832377, ≈ 832147)* comprend 166 condominiums avec chambres standard ou suites de une à quatre chambres à coucher. Son hall est garni de plusieurs divans et fauteuils confortables, et donne sur la terrasse arrière. Sa plage, très profonde si on la compare aux

autres hôtels, est munie de petites tables rondes. On peut y
louer un pédalo ou d'autres équipements de plage. L'hôtel
dispose également d'un bar et d'un casse-croûte. Tous les
lundis soirs, c'est la fiesta mexicaine avec *mariachis*, un
événement qui attire beaucoup de monde.

Deux bâtiments à l'architecture moderne se faisant face
abritent le **Plaza Las Glorias** *($$;* ⊗, ≈, ℜ; *Paseo Kukulcán,
km 3,5,* ☎ *830811,* ⇝ *830901)*, situé près du centre-ville de
Cancún. Certaines de ses 138 chambres, décorées simplement,
ont une cuisinette. Une agence de voyages et de location de
voitures, un petit marché et la possibilité de pratiquer de
nombreuses activités nautiques facilitent la vie de la clientèle
de ce petit hôtel.

Le **Melia Turquesa** *($$;* ⊗, ≈, ℝ, ℜ; *Paseo Kukulcán, km 12,*
☎ *832544,* ⇝ *851029)*, un hôtel blanc de forme pyramidale, se
situe à proximité du Planet Hollywood et de la Plaza Flamingo.
Ses 444 chambres ont toutes une terrasse privée avec des
plantes vertes. L'hôtel dispose d'un café, d'un restaurant de
fruits de mer, de trois bars, de deux courts de tennis et d'une
grande piscine. Des orchestres viennent souvent animer les
soirées.

À la Playa Langosta, les trois bâtiments du **Presidential Retreat**
(anciennement Casa Maya) *($$;* ⊗, ≈, ℝ, ℂ, ⊛, ℜ; *Paseo
Kukulcán, km 5,5,* ☎ *830555,* ⇝ *831822)* abritent 170 cham-
bres modernes et bien équipées faisant face à la mer des
Caraïbes. Une réplique du temple de Chichén Itzá d'environ 3 m
de hauteur vous accueille à l'entrée.

Les 160 chambres de l'hôtel **Beach Palace** *($$$;* ⊗, ≈, ⊛, ☉, ℜ;
Paseo Kukulcán, km 11,5, ☎ *831177* ⇝ *850439)* sont décorées
à la manière mexicaine. Au milieu de la piscine trône le bar,
recouvert d'un toit de feuilles. L'hôtel dispose de deux restaurants et de deux bars, d'un service de buanderie, d'un court de
tennis et d'une petite boutique de cadeaux et d'artisanat. Il est
situé non loin des ruines de Yamil Lu'um.

Le **Camino Real Cancún** *($$$;* ⊗, ≈, ℝ, ℜ; *Paseo Kukulcán,
km 8,5,* ☎ *830800,* ⇝ *832087)*, situé à Punta Cancún, est l'un
des premiers hôtels qui fut construit à Cancún. Il est établi au
meilleur endroit possible : dans le coude de la zone hôtelière,
avec vue sur l'océan des deux côtés. Il est aussi tout près de

l'activité commerciale et nocturne de la zone hôtelière. Il comprend 381 chambres dont la décoration respecte le style mexicain, six restaurants, deux bars, une piscine bordée de tours de pierre et trois courts de tennis. Parmi les services offerts, il y a une boutique ainsi qu'une agence de tours organisés et de location de voitures.

Le **Club Med** de Cancún *($$$; ⊗, ≈, ℜ; Punta Nizuc, ☎ 852409)* est plutôt isolé par rapport aux autres hôtels de la zone hôtelière. D'abord, il est situé à l'extrémité sud de la ceinture d'hôtels, et, de plus, il est assez loin du boulevard Kukulcán. L'ensemble est composé de petits bâtiments de deux ou trois étages décorés dans le style mexicain, tout comme ses 300 chambres. Comme tous les Club Med, c'est l'endroit privilégié pour la pratique de sports comme la plongée sous-marine, le ski nautique, le tennis et le golf. Sur place se trouvent aussi deux restaurants et une discothèque avec terrasse donnant sur la plage, où l'ambiance est très animée le soir grâce entre autres aux fameux G.O. (gentils organisateurs). Le Club Med est conçu pour répondre aussi bien aux besoins des couples et des familles que des personnes seules. Pour vous rendre en autobus au centre-ville de Cancún, comptez au moins 45 min, et au cœur de la zone hôtelière à peu près 30 min.

🏨 Avec le Camino Real et le Presidente, l'hôtel **Fiesta Americana Cancún** *($$$; ⊗, ≈, ℜ; Paseo Kukulcán, km 9,5, ☎ 831400, ✉ 832502)* est l'un des pionniers de Cancún. Ses quatre édifices agréablement disposés, de couleur pêche, rappellent un village mexicain, effet rehaussé par la cour intérieure, où le restaurant recouvert de feuilles est entouré d'une grande piscine ronde et d'une multitude de palmiers.

L'un des plus récents hôtels de la chaîne Fiesta Americana est le **Fiesta Americana Condesa Cancún** *($$$; ⊗, ≈, ⊛, ☉, ℜ; Paseo Kukulcán, km 16,5, ☎ 1-800-FIESTA-1, ✉ 851800)*, qui n'est pas sans rappeler une ruche d'abeilles. Ses 502 chambres et suites sont réparties dans deux bâtiments de style *pueblo* (petit village). Dès l'entrée, on est frappé par le luxe du grand hall d'entrée avec son plancher de marbre et ses grandes toiles. La grande piscine forme des arabesques entourées de *palapas*. L'hôtel compte quatre restaurants, trois bars et trois courts de tennis protégés par un toit. La plage n'est pas très grande, mais il y a beaucoup de place pour s'étendre au soleil.

Entre le Camino Real et le Krystal se dresse le **Hyatt Regency Cancún** *($$$; ⊗, ≈, ℝ, ⊗, ☺, ℜ; Paseo Kukulcán, km 8,5, ☎ 831234, ≈ 831349)*, au centre de la zone hôtelière. Au sommet de ses 14 étages trône un atrium de verre. Ses 300 chambres rénovées, au plancher recouvert de moquette, sont garnies de meubles de rotin et disposent de balcons avec vue sur la mer. L'hôtel comporte en outre trois restaurants, trois bars, deux piscines, un terrain de tennis, une agence de voyages, un salon de beauté et des boutiques.

Les activités nautiques ne manquent pas au **Jack Tar Village** *($$$; ⊗, ≈, ℜ; Paseo Kukulcán, km 14, ☎ 851366, ≈ 851363)*, qui dispose d'une petite marina. Situé à côté de l'imposant Ritz-Carlton et de la Plaza Kukulcán, cet hôtel comprend 155 chambres réparties sur huit étages qui font toutes face à l'océan ou à la Laguna Nichupté. L'hôtel compte aussi trois restaurants, une salle de repos, trois bars et un relais santé, ainsi qu'une surprenante piscine en forme de «8».

Sur les dépliants publicitaires qui vantent Cancún, on voit partout la photo de grandes colonnes de pierre disposés en demi-cercle. Ce sont celles du **Krystal Cancún** *($$$; ⊗, ≈, ⊗, △, ☺, ℜ; Paseo Kukulcán, km 9, ☎ 831133, ≈ 831790)*. Ces colonnes entourent la piscine de l'hôtel, ce qui lui donne un effet très dramatique. Le bâtiment, quant à lui de forme rectangulaire, abrite 316 chambres distribuées sur huit étages, avec meubles de rotin. Il n'y a pas de balcon, mais de grandes fenêtres donnent sur la mer ou la lagune. L'hôtel dispose en outre d'un court de tennis. Quatre restaurants, cinq bars et deux terrains de tennis entourent la piscine. La plage n'est pas très grande.

Les 225 chambres du **Miramar Misión Cancún Park Plaza** *($$$; ⊗, ≈, ℜ; Paseo Kukulcán, km 9,5, ☎ 831755, ≈ 831136)* sont toutes munies de balcons privés avec vue sur la mer ou sur la lagune. Décorées de façon un peu démodée, elles sont toute-fois plutôt grandes et offrent un confort simple. L'hôtel compte deux piscines carrées placées côté à côte, qui font face à la très belle Playa Chac-Mool, cinq restaurants et bars (dont le Batacha, où la musique tropicale est à l'honneur), un salon de beauté et de massage, une boutique et divers services.

L'un des plus grands hôtels de Cancún est l'**Oasis Cancún** *($$$; ⊗, ≈, ☺, ℜ; Paseo Kukulcán, km 17, ☎ 850867,*

≈ 850131), avec 960 chambres réparties dans quatre bâtiments pyramidaux de quatre ou cinq étages. Située non loin
des ruines mayas del Rey et de San Miguelito, cette immense
construction s'étend sur plus de 14 ha. Les chambres, rénovées
récemment, sont dotées d'un revêtement de sol carrelé en
pierre et d'un balcon. Sa gigantesque piscine est entourée de
palmiers avec «bar-baignade». Il y a aussi plusieurs restaurants
et bars ainsi qu'une grande boîte de nuit, deux courts de tennis,
un parcours de pratique de golf de neuf trous et un gymnase
complet.

Le **Radisson Sierra Plaza Hotel Cancún** *($$$ tout inclus; ⊗, ≈,*
ℜ; *Paseo Kukulcán, km 10,* ☎ 832444, ≈ 832486) est un hôtel
de 260 chambres dont la situation géographique est assez
particulière. En raison d'une percée de la Laguna Nichupté dans
la ceinture d'hôtels, le Sierra est entouré d'eau : la Playa
Chac-Mool d'un côté, avec ses vagues agitées, et de l'autre, la
tranquille lagune. L'hôtel possède une petite marina privée, des
courts de tennis et quelques boutiques.

Non loin de la Plaza Caracol, dans le coude de la zone hôtelière,
se niche le **Suites Sunset Cancún** *($$$ tout inclus; ⊗, ≈, ⊛, ℝ,*
ℜ; *Paseo Kukulcán, km 10,* ☎ 830856, ≈ 830868), un hôtel de
220 chambres, la plupart disposant d'une cuisinette. Les
chambres sont modernes, décorées dans des tons pastel, et
leurs larges fenêtres donnent soit sur la lagune ou l'océan. Une
vingtaine de *palapas* sur la plage protègent la clientèle des
rayons trop vifs du soleil.

Deux jaguars de pierre vous accueillent à l'entrée du **Hyatt
Cancún Caribe** *($$$$; ⊗, ≈, ℜ; Paseo Kukulcán, km 10,5,*
☎ 830044, ≈ 831514), un hôtel de forme incurvée qui offre
une vue magnifique à partir de ses 199 chambres. Celles-ci
sont munies de balcons privés et de vastes salles de bain.
L'entrée de l'hôtel, très élégante, est un savant mélange de
marbre rose, de palmiers, d'œuvres d'art et de répliques de
sculptures préhispaniques en pierre. L'hôtel abrite plusieurs
boutiques, le restaurant Cocay Café, où l'on sert des buffets
thématiques, le restaurant créole Blue Bayou, deux courts de
tennis, une agence de voyages et un salon de coiffure. Sa
piscine comporte deux niveaux.

Non loin de la Plaza Kukulcán et juste à côté des ruines de
Yamil Lu'um se dresse le **Sheraton Cancún** *($$$; ⊗, ≈, ℝ, ⊛, △,*

◎, ℜ; *Paseo Kukulcán,* ☎ *831988,* ⇌ *850974)*, un hôtel composé de deux bâtiments : un de 314 chambres et un autre de 167 chambres. L'hôtel possède un minigolf, un jardin avec hamacs, un terrain de basket-ball, quatre courts de tennis et une grande piscine en forme de «8». L'hôtel occupe presque 1 km de plage à lui seul.

🏨 L'architecture du **Caesar Park Cancún Beach & Golf Resort** *($$$$;* ⊗, ≈, ℝ, ◎, ℜ; *Paseo Kukulcán, km 17,* ☎ *818000,* ⇌ *818082)* rappelle un peu la pyramide de Chichén Itzá. Cet hôtel, l'un des plus beaux et des plus chers de Cancún, comprend 529 chambres, cinq restaurants, deux bassins à remous extérieurs, deux courts de tennis éclairés le soir et un centre d'activités nautiques. Chacune des chambres a vue sur l'océan et dispose d'un service de messagerie vocale et d'un radio-réveil. La clientèle de l'hôtel a aussi accès au golf Caesar Park, situé de l'autre côté du boulevard, tout près des ruines d'un temple maya.

Combinant la formule hôtel et condos à temps partagé *(time-sharing)* le **Cancún Palace** *($$$$;* ⊗, ≈, ℝ, △, ◎, ℜ; *Paseo Kukulcán, km 14,5,* ☎ *850533,* ⇌ *851593)* est un grand immeuble de 424 chambres. Il offre de nombreux services comme le gardiennage, la location de voitures, une boutique de souvenirs, et est équipé d'une salle de gymnastique et d'un sauna. Il compte pas moins de quatre restaurants, trois bars et deux courts de tennis. La plage n'est pas très grande mais très bien aménagée, et la vue sur la mer des Caraïbes est magnifique.

🏨 Rappellant les luxueuses haciendas du siècle dernier, le **Casa Turquesa** *($$$$;* ⊗, ≈, ℝ, ◉; ℜ; *Paseo Kukulcán, km 13,5,* ☎ *1-800-634-4644,* ⇌ *852922)* est un petit hôtel blanc et rose de 31 suites richement meublées, chacune avec un très grand lit, un bar, une baignoire à remous et un balcon privé. Devant l'hôtel, au pied d'un long escalier, trône une grande piscine qui baigne presque dans la mer, avec tentes et palmiers. Le Casa Turquesa est membre de l'organisme Small Luxury Hotels of the World.

🏨 Le **Fiesta Americana Coral Beach Cancún** *($$$$;* ⊗, ≈, ◉, ◎, ℜ; *Paseo Kukulcán, km 9,5,* ☎ *832900,* ⇌ *833173)*, installé près du Centro de Convenciones et du centre commercial Plaza

Caracol, est considéré comme l'un des 100 meilleurs hôtels du monde par le magazine *Condé NastTraveler*. Le hall d'entrée est décoré de grands palmiers et s'ouvre sur la Bahía de Mujeres. Ses 602 suites, réparties dans deux bâtiments de couleur pêche, sont agréablement décorées dans des tons pastel et offrent une vue sur l'océan. L'hôtel compte cinq restaurants, six bars et trois terrains de tennis. Sa grande piscine, très élégante, est entourée de *palapas* et de palmiers. Ses nombreuses boutiques spécialisées et son programme quotidien d'activités (volley-ball, planche à voile ou gymnastique) assurent à sa clientèle un séjour des plus agréables.

Le **Marriot Casa Magna Cancún** *($$$$; ⊗, ≈, ⊗, ℝ, ☉, ℜ; Paseo Kukulcán, km 14,5, ☎ 852000, ⟿ 851731)*, établi sur la Playa Ballenas, est un grand hôtel beige et blanc moderne de six étages. Son architecture méditerranéenne est soulignée par la présence de voûtes et de dômes. Ses 450 chambres et suites sont décorées de motifs tropicaux dans des tons pastel et dotées de balcons privés. Chaque chambre met en outre à votre disposition fer et planche à repasser. Des cascades d'eau égaient les piscines qu'entourent quatre restaurants et quatre bars. Cet hôtel offre tout un programme d'activités pour les enfants (plongée, tennis, marina) et plusieurs courts de tennis.

Le toit de verre du **Melia Cancún Beach and Spa Resort** rappelle un peu la pyramide du Louvre *($$$$; ⊗, ≈, ℝ, ☉, ℜ; Paseo Kukulcán, km 23, ☎ 851114, ⟿ 851085)*. Il s'agit du premier établissement de la chaîne espagnole construit au Mexique. Ce grand hôtel de verre et de béton compte 413 chambres de taille moyenne munies de spacieuses terrasses. Sa grande cour intérieure est littéralement envahie par la végétation. L'hôtel dispose d'un parcours de golf, d'une piscine avec «bar-baignade» et d'une autre qui imite le bord de la mer avec son rivage en pente. Il y a aussi trois courts de tennis, cinq restaurants, quatre bars et un relais santé.

Les 298 très grandes chambres du **Presidente Intercontinental Cancún** *($$$$; ⊗, ≈, ⊗, ☉, ℜ; Paseo Kukulcán, km 7,5, ☎ 830200, ⟿ 831125)* sont décorées à la mexicaine tout en intégrant le confort moderne. Cet hôtel, l'un des plus vieux de Cancún, fut rénové et redécoré en 1988. Tout autour, on peut pratiquer de nombreux sports nautiques. De plus, l'hôtel dispose d'un salon de beauté, de deux piscines, de boutiques, de deux restaurants, d'un bar et d'un court de tennis.

🏨 Comme tous les hôtels de cette chaîne luxueuse, le **Ritz-Carlton Cancún** *($$$$; ⊗, ≈, ⊛, ○, ⊙, ℜ; Paseo Kukulcán, Retorno del Rey 36, ☎ 850808, ⇜ 851015)* est très élégant. Situé non loin de la Plaza Kukulcán, cet hôtel, légèrement surélevé par rapport au boulevard, annonce ses couleurs dès le hall. Le plancher de marbre de son entrée richement décorée donne un avant-goût de la beauté de ses 370 chambres, qui sont aussi très confortables. Tout évoque de façon discrète l'architecture et l'ambiance des riches demeures mexicaines. Le Ritz-Carlton abrite l'un des meilleurs restaurants de Cancún, le Club-Grill (voir p 143), ainsi qu'un restaurant de cuisine italienne. Il y a aussi un relais santé, un salon de beauté, trois courts de tennis et plusieurs boutiques.

Le **Royal Solaris Caribe** *($$$$; ⊗, ≈, ⊛, ⊙, ℜ; Paseo Kukulcán, km 19,5, ☎ 850100, ⇜ 850354)*, un grand hôtel de 480 chambres, est constitué d'un bâtiment principal entouré de quelques pavillons. Faisant face à la Playa Delfines, il se trouve tout près des Ruinas del Rey (voir p 118). Un programme quotidien de sports nautiques dans la journée et une discothèque avec orchestre latino le soir en font un endroit très animé.

Sur la plage du **Sun Palace** *($$$$; ⊗, ≈, ⊛, ○, ⊙, ℜ; Paseo Kukulcán, km 20, ☎ 851555, ⇜ 852040)*, la direction s'active pour ne pas que sa clientèle s'ennuie! On peut faire du kayak, de la voile, du ski nautique et du pédalo, et jouer au volley-ball, pour ne nommer que quelques-uns des choix qui s'offrent aux vacanciers. Cet hôtel jaune de sept étages possède 227 chambres claires et modernes, une petite boutique d'artisanat et de souvenirs, et des courts de tennis. Près de la piscine, un grand bassin à remous avec fontaine centrale peut accueillir 40 personnes.

Les 385 chambres du **Westin Regina Cancún** *($$$$; ⊗, ≈, ℝ, ⊛, ○, ⊙, ℜ; Paseo Kukulcán, km 20, ☎ 850086, ⇜ 850779)* sont joliment décorées, avec un petit coin détente près de la fenêtre. La piscine carrée n'est pas très grande, mais l'hôtel dispose d'une marina privée où des activités nautiques non motorisées sont offertes gratuitement à la clientèle.

Au nord de Cancún

Sur la route qui mène à Punta Sam, à environ 13 km au nord de Ciudad Cancún, se trouve le **Blue Bay Club and Marina** *($; ⊗, ≈, ⊗, ☺, ℜ; Carretera Punta Sam, km 2, ☎ 801068)*, affilié au Blue Bay Village, qui se trouve dans la zone hôtelière. Cet hôtel de cinq étages, de couleur terre cuite, compte 202 chambres décorées dans le style colonial. On peut y pratiquer, le jour, toutes sortes de sports nautiques et, le soir, la musique latino bat son plein à la discothèque. Il est très facile, de cet hôtel, de prendre un aller-retour pour Cancún. Les autobus sont fréquents et circulent 24 heures par jour.

Ciudad Cancún (centre-ville)

Les 33 petites chambres de la **Posada Lucy** *($; ⊗, ℜ; Gladiolas 8, SM22, ☎ 844165)*, aux murs couleur saumon, sont tranquilles et à l'abri des bruits de la rue. Des chambres, la vue est inintéressante, mais certaines ont une cuisinette. Il est possible de louer certaines chambres au mois dans l'édifice adjacent.

🏨 L'un des plus vieux hôtels du centre-ville, l'**Antillano** *($$; ⊗, ≈; Av. Tulum, angle Claveles, ☎ 841532, ≠ 841878)* propose 48 chambres garnies de meubles en bois et d'un plancher de carreaux de céramique. Elles sont jolies et confortables. Cet hôtel, agréablement décoré et bien entretenu, abrite aussi un bar et une boutique.

🏨 Au cœur de l'action et de la vie nocturne de la ville se trouve le **Best Western Plaza Caribe** *($$; ⊗, ≈, ℜ; angle Av. Tulum et Av. Uxmal 36, ☎ 841377, ≠ 846352)*, un hôtel de 130 chambres avec piscine en *L* entourée de palmiers, un peu petite mais très jolie. Service de gardiennage disponible. Cet hôtel est situé près du cinéma Tulum, du grand marché Comercial Mexicana et de la gare routière.

Le **Holiday Inn Centro Cancún** *($$; ⊗, ≈, △, ☺, ℜ; Av. Nader, N° 1, ☎ 874455, ≠ 847954)*, situé en plein centre-ville, offre gratuitement le transport chaque jour jusqu'à la plage de l'hôtel Crown Princess Club. Son atmosphère coloniale est très agréable, et il comporte une cour intérieure avec piscine et restaurant. En plus d'une petite épicerie, d'une pharmacie, d'un salon de coiffure et d'une agence de voyages, l'hôtel offre divers services aux gens d'affaires.

Les 48 chambres de l'hôtel **Howard Johnson Kokai Cancún** *($$;* ⊗, ≈, ℝ, ⊛, ℜ; *Av. Uxmal, N° 26, SM2A,* ☎ *843218,* ▯ *844335)*, plutôt petites, sont toutefois confortables et bien équipées. L'hôtel est aussi doté d'un restaurant spécialisé dans la cuisine mexicaine. Le transport jusqu'aux plages de la zone hôtelière est offert gratuitement à la clientèle.

María de Lourdes *($$;* ⊗, ≈, ℜ; *Av. Yaxchilán, N° 80,* ☎ *844744,* ▯ *841242)* est un hôtel de 51 chambres plutôt quelconque, mais situé au cœur de l'action du centre-ville. La piscine, petite, est assez jolie. L'hôtel dispose d'une boutique de souvenirs, d'une laverie et d'une agence de voyages.

✕ RESTAURANTS

Zone hôtelière (jusqu'à Punta Cancún)

Les amateurs de *tacos* (coquilles de maïs croustillantes) seront comblés au **Hard Taco Shell** *($-$$; Plaza Lagunas, près du Hard Rock Café,* ☎ *830099)*, un petit restaurant sans prétention qui prépare différentes garnitures pour *tacos*, ainsi que des *burritos*, *fajitas*, *enchiladas* et autres mets mexicains.

 Un petit restaurant bien sympathique est le **Los Almendros** *($-$$; 10 h 30 à 22 h 30; Paseo Kukulcán, km 9, en face du Centro de Convenciones,* ☎ *833093)*. On y apprête des spécialités yucatèques : la *sopa de lima*, le poulet et le porc cuits dans des feuilles de bananiers (*pollo pibil* et *cochinita pibil*). La Pavo en Salsa de Alcaparras est un plat de dinde en tranches épaisses garnies d'une sauce aux câpres, aux olives, aux raisins et aux tomates. La spécialité de la maison est le Poc Chuc, soit du porc mariné dans le jus d'orange amère, cuit sur le grill et servi avec des haricots noirs.

Vers la fin de l'après-midi, les Espagnols ont l'habitude de se retrouver, de prendre un verre et de grignoter quelques amuse-gueule jusqu'au dîner. Ces grignoteries, les *tapas*, forment le principal menu du **Petit Madrid** *($-$$; au rez-de-chaussée du Centro de Convenciones)* et se consomment avec une bière, une tequila, une sangria ou un verre de vin. Cet établissement est tout petit, avec quelques tables seulement dans un coin tranquille, juste à côté de la salle où le Ballet folkloricó de Cancún (voir p 144) donne un spectacle chaque samedi soir. On peut combiner agréablement ces deux découvertes.

Composé d'une dizaine de maisonnettes accollées les unes aux autres avec toits de feuilles rappellent les *palapas*, le restaurant **Captain's Cove** *($$-$$$; 7 h à 11 h 30 pour le petit déjeuner, 18 h à 22 h pour le dîner; Playa Langosta, près de l'hôtel Casa Maya, ☎ 830669)* est difficile à manquer. Ses grandes fenêtres donnent directement sur la plage de la Bahía de Mujeres. Ce restaurant, spécialisé dans les fruits de mer et poissons, sert aussi du poulet et des steaks cuits sur le gril. Des menus spéciaux pour enfants sont disponibles.

Le restaurant **Faro's** *($$-$$$$; midi à minuit; Plaza Lagunas, ☎ 832080)*, entièrement décoré des couleurs et des objets de la mer, est spécialisé dans les fruits de mer. Crevettes à la tequila, filets de poisson «à la maya» ou grande assiette de fruits de mer Faro's, le choix sera difficile!

La musique et la danse accompagneront votre repas au restaurant **El Mexicano** *($$-$$$$; midi à minuit; spectacle à 20 h; Centro Comercial La Mansión Costa Blanca, près de la Plaza Caracol et du Centro de Convenciones, ☎ 832220)*, un endroit très prisé des touristes qui apprécient les spectacles de mariachis et de ballet folklorique. Si c'est un endroit calme que vous recherchez, vous serez déçu. Il y a beaucoup de bruit, beaucoup de couleurs, beaucoup de tout! La cuisine, représentative de différentes régions du Mexique, est surtout composée de fruits de mer et poissons, et de steaks bien épais. Les Camarones Caribeños (crevettes des Caraïbes), pêchées dans les environs, sont apprêtées de différentes façons.

Comme le Planet Hollywood (voir ci-dessous), le **Hard Rock Cafe** *($$-$$$$; 11 h à 2 h du matin; Plaza Lagunas, ☎ 833269)* est une institution mondiale. Il y en a un dans toutes les grandes villes du monde (dont un à Cozumel). On y sert surtout des hamburgers et divers sandwichs. La musique rock qui joue très fort ne plaît pas à tout le monde.

La cuisine de l'**Iguana Wana** *($$-$$$; 8 h à 2 h du matin; Plaza Caracol, dans la zone hôtelière, ☎ 830829)* est composée des mets les plus simples et les plus connus de la gastronomie mexicaine tels qu'*enchiladas*, *fajitas* et *chile*, ainsi que de fruits de mer. Essayez les crevettes géantes Iguana Wana, servies dans une sauce lime et ail, et le trio d'*enchiladas* (au bœuf, au poulet et au fromage). Les rythmes *salsa* et *merengue* accompagnent votre repas.

Spécialisé dans les fruits de mer, **La Fisheria** *($$-$$$; 11 h à 23 h 30; Plaza Caracol, ☎ 831395)* sert le fameux *ceviche*, soit du poisson cru mariné dans une sauce tomate avec oignon et coriandre. Comme plat principal, truite amandine, pieuvre en sauce *chipotle*, homard grillé, prise du jour... vous avez le choix. Les pizzas cuites au four à bois valent aussi le détour.

La cuisine du **Los Rancheros** *($$-$$$; 11 h à minuit; Plaza Flamingo, ☎ 832713)* est aussi typiquement mexicaine, et son ambiance est à la fête. La musique des mariachis et un ballet folklorique accompagnent le repas des dîneurs chaque soir dès 20 h.

L'**Official All Star Cafe** *($$; 11h à 2 h du matin; Paseo Kukulcán, km 9,5, ☎ 818110)*, grand établissement dédié au culte du sport, comprend un restaurant, un bar, une boutique et des jeux vidéo. La vedette du menu le hamburger avec un grand *H*, décliné ici en 17 versions. Celui-ci côtoie aussi «côtes levées», pâtes, salades, ailes de poulet, hot-dogs. Vous n'aurez pas le choix d'échapper à la rediffusion sur écran géant de matchs sportifs puisqu'il n'y a pas moins de 25 postes de télé disséminés ici et là. Et l'air conditionné y est vraiment trop efficace!

Diverses vedettes du grand écran ont créé un peu partout sur le globe des restaurants tels que le **Planet Hollywood** *($$-$$$$; 11 h à 2 h du matin; Plaza Flamingo, ☎ 850723)*. Cette chaîne appartient en copropriété à Sylvester Stallone, Bruce Willis et Demi Moore. On y propose des hamburgers, steaks et «côtes levées» ainsi que des mets chinois et italiens dans une ambiance très décontractée, sinon relâchée. Les prix sont trop élevés pour ce qu'on y sert. Le soir, la musique bat son plein, et l'on se démène sur la piste de danse (à partir de 23 h).

La délicieuse et authentique cuisine italienne de la **Casa Rolandi** *($$$-$$$$; 13 h à 23 h 30; Plaza Caracol, ☎ 831817)* est créée par son chef, Mirco Giovanni, qui en est aussi propriétaire. Toutes les pâtes sont fraîches et fabriquées sur place. On y sert des *antipasti* (entrées), risottos, lasagnes, côtelettes d'agneau au thym, pizzas cuites au four à bois et bien sûr toutes les sortes de pâtes inimaginables. La décoration du restaurant évoque, par sa simplicité et son bon goût, le style de la Médiéterannée. Le service est disponible en espagnol, en anglais, en italien, en allemand et en français.

La **Hacienda El Mortero** *($$$-$$$$; 18 h 30 à minuit; Paseo Kukulcán, hôtel Krystal)* est une réplique exacte d'une hacienda du XVIIIe siècle, l'une de ces demeures luxueuses qui appartenaient aux grands propriétaires terriens. Les spécialités mexicaines de ce restaurant très chic et la musique des mariachis en font un endroit très couru, aussi nous vous recommandons de réserver à l'avance.

Dans une ambiance reggae et salsa un peu rétro, le **Jalapeño** *($$$; 7 h à minuit; Paseo Kukulcán, km 7, ☎ 832704)* propose fruits de mer, spécialités mexicaines et steaks. L'atmosphère est détendue, de même que le service.

Zone hôtelière (de Punta Cancún à Punta Nizuc)

Si vous rêvez de mordre dans un gros steak bien épais, rendez-vous à l'**Escape** *($-$$$$; 17 h à 2 h du matin; Paseo Kukulcán, km 15, ☎ 853041)*. On y sert des filets de 14 oz ou de «petits filets» de 8 oz, des côtelettes et un énorme hamburger garni d'une boulette de bœuf haché de 8 oz. Fruits de mer, pâtes et salades font bonne figure à côté de ces juteuses spécialités.

Pour une ambiance à la fois romantique et détendue, le **Blue Bayou** *($$-$$$; 18 h 30 à 23 h; hôtel Hyatt Caribe, Paseo Kukulcán, ☎ 830044)* est un endroit idéal. De 21 h à 23 h, des musiciens accompagnent votre repas avec des airs de jazz. La cuisine qu'on y sert est typiquement créole et cajun. Réservations recommandées.

Spécialisé en fine cuisine italienne, **La Dolce Vita** *($$-$$$; midi à minuit; Paseo Kukulcán, km 14,5, Laguna Nichupté, de l'autre côté de l'hôtel Marriott, ☎ 850150)* a fait le bonheur des résidents du centre-ville pendant plus de 10 ans avant de se rapprocher des touristes. La terrasse donne maintenant sur la lagune, ce qui en fait un endroit très romantique pour dîner. On y sert des fruits de mer et des pâtes fraîches fabriquées sur place. La spécialité est un plat de homard et crevettes servis sur un lit de pâtes aux épinards dans une sauce au vin blanc.

Tout près du restaurant La Dolce Vita et du Ritz-Carlton, le **Mango Tango** *($$-$$$$; 11 h à 2 h du matin; Paseo Kukulcán, km 14,2, ☎ 850303)* propose un menu très varié. Essayez sa grosse salade Mango Tango (crevettes, avocat, poulet et champignons), ses fettuccine aux crevettes et ses poissons grillés garnis de tranches d'ananas ou de banane. La musique reggae et la danse sont aussi au menu jusqu'aux petites heures.

L'un des restaurants les plus chic et les plus chers de Cancún est le **Club Grill** de l'hôtel Ritz-Carlton *($$$$; 19 h à 23 h; Paseo Kukulcán, km 13,5, ☎ 850808)*. Dans un décor feutré (beige et or, chaises profondes avec accoudoirs, tables rondes, nappes fines, couverts raffinés, fleurs sur la table), on vous sert avec professionnalisme. Tout cela contribue à la renommée de ce restaurant. La cuisine qu'on y fait est une variation raffinée sur le thème des mets français, créoles et yucatèques. À essayer : le «Club-Grill» aux fruits de mer.

Ciudad Cancún (centre-ville)

La santé est à l'ordre du jour au restaurant **100 % Natural** avec ses trois succursales à Cancún *($-$$$; 7 h à 23 h au centre-ville, Av. Sunyaxchén, N° 62, ☎ 843617; 8 h à minuit à la Plaza Kukulcan, ☎ 852904; 24 heures par jour au Terramar Mall, ☎ 831180)*. On y sert des montagnes de fruits frais, toutes sortes de cocktails vitaminés à faire rêver et des plats végétariens simples et bons. Vous y trouverez aussi des plats de poulet et de fruits de mer.

Spécialisée dans la cuisine tropicale des Caraïbes, **La Habichue-
la** *($$-$$$$; 13 h à minuit; Calle Margarita, en face du parc
Las Palapas, au centre-ville, ☎ 843158)* sert surtout des fruits
de mer. Avec une grande murale peinte, une végétation
abondante et de nombreuses sculptures mayas, l'ambiance y
est cossue et relaxante. La spécialité de la maison est le
cocobichuela : des crevettes et du homard nappés d'une sauce
au curry et servis dans une moitié de noix de coco. Le soir, on
y joue de la musique jazz très douce.

Les fruits de mer, les spécialités yucatèques et les steaks
se partagent le menu du restaurant **La Parilla** *($$-$$$$; Av.
Yaxchilán, N° 51, près de l'Avenida Cobá, au centre-ville,
☎ 845398)*, où le choix ne manque pas. Cette institution de
Cancún, en activité depuis 1975, attire non seulement les
touristes mais aussi la population locale, ce qui est une preuve
de son authenticité en matière de cuisine. C'est aussi l'endroit
pour découvrir toutes les facettes de la tequila, la boisson
nationale, car sa carte en propose pas moins de 48 sortes
différentes.

Le **Rolandi's Pizzeria** *($$-$$$; midi à minuit; Av. Cobá, N° 12,
au centre-ville, ☎ 844047)* appartient au même propriétaire que
la Casa Rolandi (voir p 142). On y propose surtout de la pizza
cuite au four à bois, mais aussi des fruits de mer et des steaks.
Ce restaurant, ouvert depuis 1978, présente un décor coloré,
simple et enjoué. Les livraisons sont possibles.

  SORTIES

Activités culturelles

Deux troupes de ballet folklorique se font une chaude concurrence à Cancún : le **Ballet folklórico de Cancún** *(☎ 830199)* et
le Ballet folklorique national de México. Le premier présente un
spectacle chaque samedi soir au Centro de Convenciones : une
douzaine de danseurs et autant de musiciens chanteurs
illustrent les danses typiques à différents États mexicains
(danse du vieillard, du cerf, des bouteilles...), et le spectacle est
précédé d'un repas mexicain de style buffet. Le **Ballet folklórico
nacional de México** *(hôtel Continental Villas Plaza, Paseo*

Kukulcán, km 11,5, ☎ 831095), fondé en 1960, bénéficie d'une renommée enviable.

Au **Rancho del Charro**, on fait place aux chevaux, aux taureaux et aux mariachis avec un spectacle de lasso et de danse traditionnelle; on y prépare une cuisine typique *(60 $US incluant transport et buffet; le spectacle est présenté tous les mardis à 19 h 30; autoroute 307 entre Ciudad Cancún et l'aéroport, au km 4, ☎ 875963)*. Le Rancho est situé dans une zone peu visitée par les touristes.

Importées d'Espagne, les corridas sont une tradition au Mexique. À Cancún, de tels combats ont lieu chaque mercredi à la **Plaza de Toros** *(200 pesos; 15 h 30; Paseo Kukulcán, près de l'Avenida Bonampak, ☎ 845465)*. Pour faire patienter les spectateurs, une heure avant le spectacle, on présente des danses et chants mexicains traditionnels et une Charrería, qui consiste à sauter d'un cheval à un autre en pleine course. La corrida est exécutée dans le plus pur style espagnol en costume coloré.

Deux cinémas à Cancún présentent des films américains à succès :
Tulum *(Av. Tulum, SM2, N° 16, ☎ 843451)*.
Cinemas Kukulcán *(Plaza Kukulcán, Paseo Kukulcán, km 13, 2ᵉ étage, ☎ 853021)*

Bars et discothèques

Le cœur de Cancún bat au rythme des musiques latino, disco, *dance* et rock qui sont entendues dans une foule de bars très achalandés. Généralement, il n'y a pas grand monde dans les discothèques avant 23 h, mais passé minuit, et jusqu'à l'aube, ça ne désemplit pas. Parmi les discothèques les plus populaires, mentionnons celles-ci :

L'un des endroits les plus chic et les plus agréables de Cancún pour passer la soirée est l'**Azucar** *(65 pesos; 21 h 30 à 4 h, fermé dim; hôtel Camino Real, ☎ 831755)*, où d'excellents groupes cubains sont souvent invités pour faire danser les couples sur une musique salsa endiablée. On peut aussi s'asseoir, savourer la musique et le décor recherché, ou contempler la mer dont on a une vue éblouissante. Les t-shirts et les shorts n'ont pas leur place ici.

La musique salsa est à l'honneur au **Batacha** *(tlj sauf lun, 22 h à 4 h; hôtel Miramar Misión, ☎ 831755)*, où des orchestres se produisent souvent. La piste est entourée de plantes vertes qui lui confèrent un aspect romantique. Les habitués de l'endroit sont surtout les résidents de Cancún.

Au **Christine** *(dès 22 h; entrée libre dim; entrée libre pour les dames mar et jeu; hôtel Krystal Cancún, Paseo Kukulcán, ☎ 831133)*, on propose un nouveau thème chaque soir. Le mardi : concours de t-shirts mouillés; le jeudi : musique des années soixante-dix et quatre-vingt; le vendredi : concours du plus beau mâle... C'est un endroit qui se veut assez chic, où le port des shorts ou des jeans est interdit, mais les bermudas assez longs sont tolérés.

De grandes murales de stuc donnent une allure originale au **Dady'O** *(à partir de 21 h; Paseo Kukulcán, km 9,5, ☎ 833333)*, situé près du Centro de Convenciones. Sa grande piste de danse et ses jeux de laser très élaborés, assistés par ordinateur, en font un endroit très populaire. La soirée commence doucement avec du jazz vers 21 h, puis le rythme s'accélère savamment en passant par tous les styles musicaux jusqu'à la house music. Ce bar semble avoir la faveur des plus jeunes.

Le **Dady Rock** *(dès 22 h; Paseo Kukulcán, km 9,5, ☎ 831626)*, est établi tout près de son grand frère, le Dady'O. C'est à la fois un restaurant et un bar où des groupes de musique rock viennent faire le bonheur des jeunes gens dès 23 h.

La Boom *(entrée libre lun; Paseo Kukulcán, km 3,5, ☎ 830404)* propose des effets de son et lumière très élaborés, ce qui en fait un endroit très recherché pour la danse. Il y a des concours différents chaque soir, et plusieurs écrans vidéo animent l'endroit.

L'énorme piste de danse du **Hard Rock Cafe** *(tlj 11 h à 2 h; Plaza Lagunas, Paseo Kukulcán, ☎ 832024)* accueille les adeptes des grands succès du rock. Vers 23 h, il n'est pas rare que des orchestres rock s'y produisent.

Le **Planet Hollywood** *(11 h à 1 h; Plaza Flamingo, Paseo Kukulcán, km 11,5, ☎ 832955)* est un «restaurant-bar-boutique» recherché pour son atmosphère hollywoodienne : les succès de l'époque dorée d'Hollywood sont projetés sur quatre écrans géants, tandis qu'on est emporté par la musique d'*Autant en emporte le vent* ou de *La Mélodie du bonheur*!

À la fois restaurant et discothèque, le **Señor Frog's** *(Paseo Kukulcán, km 9,5, ☎ 832188)* est un endroit très animé, apprécié des jeunes pour le niveau sonore de la musique. Dès 22 h, danse et musique reggae prennent possession de l'espace.

 # MAGASINAGE

Cancún est vraiment une ville de magasinage. Il n'existe pas moins de 12 centres commerciaux sans compter toutes les petites boutiques d'artisanat qui se trouvent dans le centre-ville et dans la zone hôtelière. Ces dernières ont l'avantage de permettre de discuter les prix. **Ki Huic** *(9 h à 22 h; Av. Tulum, N° 17, ☎ 843347)* est l'une des boutiques d'artisanat les plus grandes et s'avère très recommandable.

Un autre endroit intéressant est la **Plaza Bonita** *(SM 28, angle Av. Xel-Ha et Av. Tankah)*, un regroupement de magasins et commerces qui entourent une fontaine en plein centre-ville de Cancún. Vous y trouverez de jolis objets faits à la main, à prix très raisonnable.

Le magasin le plus couru de la population locale est le **Chedraui** (prononcer Ched-ra-oui) *(☎ 841036)*, qui se trouve à l'entrée de la ville, à l'intersection des avenues Coba et Tulum. C'est un magasin grande surface où l'on achète nourriture, vaisselle, savon à lessive, cassettes vidéo, vêtements bon marché... très peu visité par les touristes.

Parmi les grands centres commerciaux, la **Plaza Kukulcán** *(Paseo Kukulcán, km 13, ☎ 852200)* se compare aux centres américains, avec son air conditionné, sa propreté impeccable et ses nombreuses boutiques. On y trouve de tout, surtout des boutiques de souvenirs, mais il faut y mettre le prix, ainsi que plusieurs restaurants, un comptoir d'information touristique

Cancún Tips, une pharmacie, une salle de cinéma, un bowling, des jeux vidéo, etc.

La **Plaza Caracol** *(8 h à 22 h; Paseo Kukulcán, km 8,5)* se situe tout près du Centro de Convenciones, près de Punta Cancún. Plus sympathique et plus vivante que la Plaza Kukulcán, elle est aussi à proximité de bons restaurants.

La **Fiesta** *(Paseo Kukulcán, km 9, ☎ 832100)* se veut un grand centre commercial pour l'artisanat, les bijoux en argent et les articles de cuir. Malgré ce qu'en dit sa publicité, les prix sont plutôt élevés.

Pour acheter de très jolis objets en céramique faits à la main par une artiste locale : **Cerámica Oliver** *(Calle 21, Nº 60, SM64, ☎ 805941)*. Vous y trouverez d'étonnants mobiles illustrant des thèmes de la vie quotidienne ou de fêtes.

Vers la fin de l'année, au Centro de Convenciones de Cancún, a lieu le «Salon du cadeau», ouvert au public, où l'on peut dénicher des choses parfois inusitées, principalement des produits artisanaux fabriqués par des artistes locaux.

ISLA MUJERES

ISLA MUJERES ★★ : île des Femmes. Ce nom lui aurait été donné en 1517 par Francisco Hernández de Córdoba, qui dirigeait une expédition espagnole à la recherche de main-d'œuvre pour exploiter les mines d'or de Cuba. C'est du moins ce qu'affirme l'évêque Diego de Landa dans son fameux récit historique *Relaciónes de las Cosas de Yucatán* (Description des affaires du Yucatán), écrit en 1566. Les nombreuses statues représentant des femmes qui se trouvaient dans les temples mayas de l'île auraient inspiré ce nom à Córdoba. La majorité de ces temples avaient sans doute été construits en hommage à Ix-Chel, la déesse de la Lune et de la Fécondité. Il semble que les Mayas n'ont jamais habité Isla Mujeres. L'île leur servait sans doute uniquement de lieu de pèlerinage.

Aux XVIIe et XVIIIe siècles, c'est au dieu «concupiscence» que les pirates et les trafiquants de toutes sortes rendaient quotidiennement hommage. Ceux-ci ont à leur tour laissé la place aux pêcheurs jusqu'à il y a une vingtaine d'années, quand les touristes ont commencé à investir l'endroit. Lors de la Seconde Guerre mondiale, les Alliés y ont construit une base navale, exploitée aujourd'hui par le gouvernement mexicain.

L'île mesure 8 km de long, et son point le plus large est de 800 m. En plus de ses nombreuses plages de sable blanc, ses lagunes et ses récifs de corail où la faune sous-marine abonde, les cocotiers contribuent à en faire un endroit enchanteur.

La ville d'Isla Mujeres, avec ses 10 000 habitants, s'étend au nord de l'île compte une quinzaine de rues qui s'entrecoupent. Les balcons ornés de fer forgé et les murs blanchis à la chaux lui donnent un petit air tout à fait mexicain. L'essentiel des restaurants, hôtels et boutiques de l'île se situe dans cette petite ville, où il fait bon se promener en dehors des heures d'affluence des nombreuses visites guidées qui amènent leur flot de touristes en provenance de Cancún et Cozumel (surtout entre midi et 15 h).

Les plages et les récifs de corail se trouvent en général au sud-ouest, le long de la côte. De l'autre côté, la mer est trop agitée pour pouvoir y pratiquer des sports nautiques en toute sécurité.

Pour le reste, l'île est couverte d'attraits que nous vous invitons à découvrir dans ces pages.

POUR S'Y RETROUVER SANS MAL

En bateau

Le port se trouve dans la ville d'Isla Mujeres, située dans le nord de l'île, en face de la rue Morelos. Une navette bon marché pour les piétons, très utilisé par les habitants de l'endroit, arrive presque toutes les heures en provenance de Puerto Juárez (☎ 7-0253). Ce port, situé à quelques kilomètres au nord de Cancún, est accessible par autobus, à partir du terminus de Cancún, ou en voiture, en suivant l'autoroute 180 vers le nord. S'il n'y a pas assez de monde pour remplir le bateau, la traversée peut être annulée et vous devrez attendre le prochain départ. L'aller simple coûte 8 pesos et dure entre 30 et 40 min.

Le *Caribbean Express* et le *Caribbean Miss*, des bateaux plus rapides et plus confortables, partent également de Puerto Juárez. Le premier départ a lieu à 7 h 30, et le retour d'Isla Mujeres est à 20 h. Le tarif est de 15 pesos, et la traversée est deux fois plus rapide. Quel que soit votre choix, munissez-vous

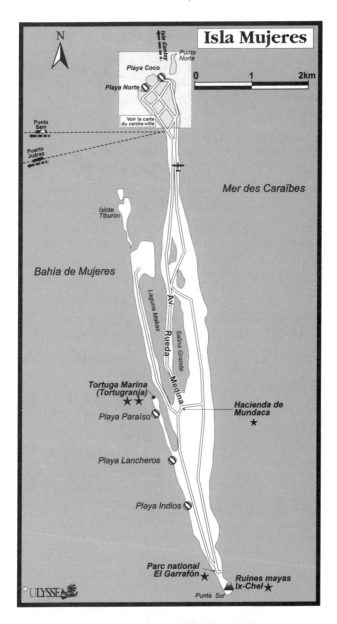

de médicaments contre le mal de mer, et mangez léger au moins une heure avant l'embarquement car la mer est agitée.

Voici les horaires des navettes bon marché :

Départs de Puerto Juárez en direction d'Isla Mujeres :
5 h 30, 8 h 30, 9 h 30, 10 h 30, 11 h 30, 13 h 30, 15 h 30, 16 h 30 et 17 h 30.

Départs d'Isla Mujeres en direction de Puerto Juárez :
6 h 30, 7 h 30, 8 h 30, 9 h 30, 10 h 30, 11 h 30, 13 h 30, 14 h 30, 15 h 30, 16 h 30 et 17 h 30.

À Punta Sam (autoroute 180, à 5 km au nord de Cancún), il y a un traversier pour les voitures qui est un peu plus confortable que le traversier de Puerto Juárez. Le tarif est de 6 pesos pour les piétons et de 30 pesos pour les voitures. Il est recommandé dans ce cas d'arriver une heure avant le départ, et de faire tout de suite la queue avec son billet en main.

Les départs de Punta Sam en direction d'Isla Mujeres :
7 h 15, 9 h 45, midi, 14 h 30, 15 h 15, 17 h 45, 22 h.

Les départs d'Isla Mujeres en direction de Punta Sam :
6 h, 8 h 30, 11 h, 13 h 15, 16 h, 18 h 30, 21 h.

D'autres bateaux qui organisent des croisières quittent régulièrement la Playa Linda ou la Playa Tortuga, des plages situées dans la zone hôtelière de Cancún. Isla Mujeres est située à 11 km de la côte, et la traversée dure environ 45 min. Plusieurs entreprises organisent des croisières à Isla Mujeres en provenance de Cancún. Certaines ont même transformé cette courte traversée en excursions élaborées avec repas, boissons à volonté, plongée-tuba et orchestre. Une telle croisière coûte bien sûr beaucoup plus cher que le simple transport d'un point à un autre, mais ça peut être amusant. Avant de monter à bord de l'un de ces bateaux, assurez-vous qu'il abordera dans l'île, car certains se contentent d'en faire le tour. Présentez-vous au moins une demi-heure avant le départ pour avoir une bonne place à bord.

Les entreprises suivantes organisent des croisières à Isla Mujeres depuis Cancún.

The Shuttle : ☎ 846333.
Isla Mujeres Shuttle : ☎ 833448.
M/V Aqua II : ☎ 871909.
Treasure Island : ☎ 833268.
Sun Tours : ☎ 846433.

Dans la ville

La ville occupe la pointe nord de l'île et compte environ 15 rues. Il est impossible de s'y perdre à moins d'être vraiment très distrait! La route principale est l'avenue Rueda Medina. Elle conduit vers le sud au Parc national El Garrafón, aux plages, au temple maya IxChel et au phare. La très belle Playa Coco est située au nord du village. Le parc se trouve entre les avenues Morelos et Bravo.

En voiture

Une voiture vous causera plus de maux de tête qu'elle ne vous sera utile. La petite taille de l'île ne justifie pas le temps et l'argent que vous coûtera la traversée. Toutefois, si vous ne pouvez pas vous en passer, sachez qu'en descendant du traversier vous serez juste en face de l'avenue Rueda Medina, la seule route qui parcourt toute l'île du nord au sud. Une station-service se trouve sur cette route, près du port, à l'angle de l'avenue Abasolo.

En taxi

Les tarifs des taxis sont déterminés par la municipalité, et ils sont affichés bien en vue près du port. Assurez-vous tout de même de vous entendre avec le chauffeur sur le tarif avant de monter.

Voici quelques exemples de tarifs :

De la ville à El Garrafón : 20 pesos; à Playa Landero : 10 pesos; à Playa Atlantis : 12 pesos; à Playa Norte : 5 pesos; à Las Colonias : 4,5 pesos.

En autobus

L'autobus public de l'île (☎ 7-0529) n'a pas vraiment d'horaire, il suit à peu près l'affluence qu'entraînent l'arrivée et le départ des bateaux au port. Il part de l'hôtel Posada del Mar, sur l'avenue Rueda Medina, et se rend jusqu'à la Playa Lancheros. Les arrêts sont fréquents, et le trajet peut prendre beaucoup de temps.

En motocyclette

C'est sûrement le moyen de transport le plus approprié à Isla Mujeres. Vous pouvez louer des motocylettes non loin du quai où accostent les navettes ou dans la ville. Le tarif horaire est d'environ 20 pesos; pour une journée complète, comptez 80 pesos. On vous demandera aussi un dépôt. Assurez-vous avant de partir que le réservoir est plein et que le véhicule est en bon état. Comme les routes ne sont pas très bien pavées et sillonnées par des touristes inexpérimentés, roulez lentement et prudemment, et portez des vêtements qui vous couvrent les bras et les jambes. En cas de chute, vous ne le regretterez pas.

Les entreprises suivantes louent des motocyclettes :

Cardenas : Avenue Guerrero N° 105, ☎ 7-0079.

Gomar : Avenue F. Madero, ☎ 7-0142.

PPE'S Motorent (Av. Hidalgo N° 19, ☎ 7-0019) loue également des voiturettes de golf pour se promener sur l'île, au tarif de 70 pesos l'heure.

En bicyclette

C'est un bon moyen de transport sur l'île, tout en vous laissant la possibilité d'inspecter tous les coins à votre guise. Faites quand même attention aux coups de chaleur, et portez un chapeau.

Dans la ville, si votre hôtel ne vous offre pas ce service, plusieurs petites boutiques pourront vous louer une bicyclette, surtout près du port. Essayez la bicyclette que vous désirez louer avant de payer (Puis-je l'essayer? : *¿Puedo pruebar?*), pour vous assurer qu'elle roule bien. On vous demandera sans doute un dépôt d'une cinquantaine de pesos ainsi que vos pièces d'identité. Le tarif pour quatre heures est d'environ 15 pesos; pour une journée complète, ce n'est pas tellement plus cher.

 RENSEIGNEMENTS PRATIQUES

Information touristique

Bureau d'information touristique

Vous le trouverez sur l'avenue Hidalgo, près du parc, en face du terrain de baseball *(lun-ven 9 h à 14 h et 19 h à 21 h; ☎ 7-0316, ⚭ 7-0316)*.

Agences de voyages

Aventuras Caribe : Avenida Juárez, N° 94A, ☎ 7-0529.

Club de Yates : Avenida R. Medina, ☎ 7-0120.

Bureau de poste

Situé à l'angle de l'avenue Guerrero et de la rue Carlos Lazo *(lun-ven 8 h à 19 h, sam 9 h à 13 h; ☎ 7-0085)*.

Banques et bureaux de change

Atlantico : Avenida Rueda Medina, ☎ 7-0005.

Sureste : Avenida R. Medina, N° 3, ☎ 7-0104.

Cunex : Avenida Hidalgo, N° 12, ☎ 7-0474.

Télécommunications

On vend des télécartes LADATEL à la boutique Artesanía Yamily, sur l'avenue Hidalgo.

Santé

Pharmacie

Lily : Avenida F. Madero Nº 18 *(lun-sam 8 h 30 à 21 h 30 et dim 8 h 30 à 15 h; ☎ 7-0164).*

Hôpital

☎ 7-0001.

Sécurité

Police : ☎ 7-0082.

Divers

Équipement et développement photo

Foto Omega : Avenida R. Medina, Nº 1, ☎ 7-0481.

Publications

Si Cancún a son *Cancún Tips*, Isla Mujeres a son *Islander*, un magazine mensuel qui est distribué dans les hôtels et au bureau d'information touristique. Si vous lisez un peu l'espagnol, vous pourrez suivre l'actualité avec le *¡Por Esto!*, un quotidien distribué dans tout l'État de Quintana Roo.

ATTRAITS TOURISTIQUES

Isla Mujeres est très appréciée pour la beauté de ses plages, ses récifs de corail, ses temples et son paysage. Dans ces lieux plus authentiques et plus reposants que Cancún, plusieurs touristes logeant à Cancún viennent passer un jour ou deux en quête d'un peu de paix. De plus, on y trouve de très bons restaurants, des hôtels offrant un bon rapport qualité/prix et de nombreuses boutiques d'artisanat.

Dans la ville

Deux fois par jour, la musique bat son plein à la **Casa de la Cultura** *(Av. Guerrero, ☎ 7-0307)*, là où musiciens, danseurs, peintres et autres artistes locaux s'expriment de mille façons. On peut aussi y emprunter des livres en anglais.

À environ 4 km au sud de la ville, le long de l'avenue Rueda Medina, près de la Playa Lancheros, se trouve l'**hacienda de Mundaca ★**, une propriété qui date du siècle dernier. Selon la légende, elle aurait été construite au début du XIXe siècle par le pirate et marchand d'esclaves Fermín Antonio Mundaca pour gagner le cœur d'une jeune fille de l'île, *La Triguena*. Après quelque temps de vie commune, celle-ci se maria avec un autre et partit vivre à Mérida. Mundaca, le cœur brisé, mourut peu de temps après. Sa tombe se situe dans un petit cimetière, aux abords de la rue López Mateos, dans le village. Sur sa pierre tombale, on peut lire d'un côté *«como eres, yo fui»* (ce que vous êtes, je l'ai été) et de l'autre *«como soy, tu serás»* (ce que je suis, vous le serez). Les restes de Mundaca se trouveraient en fait à Mérida, où il termina ses jours.

L'hacienda de Mundaca se compose de deux bâtiments principaux et était entourée de jardins et d'allées dont il reste encore quelques traces. Des remparts l'enserrent. Pour l'atteindre, suivez les panneaux indicateurs le long de l'avenue Rueda Medina.

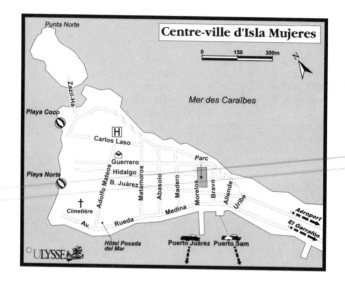

Le sud de l'île

Pour atteindre la ferme de tortues **Tortugranja** ★★ *(14 pesos; tlj 9 h à 17 h; pas de téléphone)*, suivez les panneaux indicateurs sur l'avenue Rueda Medina. La ferme se trouve près de l'hacienda de Mundaca, sur une petite route... tortueuse. Étant donné le déclin rapide de la population des tortues dans les Caraïbes, l'organisme environnemental Eco Caribe a pris la responsabilité de procéder à l'élevage, à l'étude et à la sauvegarde des espèces menacées. C'est ainsi que, chaque année, cette ferme élève et protège des milliers de petites tortues jusqu'à ce qu'elles atteignent une taille suffisante pour les remettre dans la mer sans danger.

Comme nous l'avons expliqué au début de ce chapitre, l'île des Femmes fut ainsi nommée en raison des nombreuses statues représentant des femmes dans les ruines du **Temple de la déesse Ix-Chel** ★. Ces ruines se trouvent à la pointe sud de l'île, sur une falaise près du phare. En 1988, le terrible ouragan Gilbert les a presque balayées, mais on devine encore les murs et l'architecture. Le temple, en plus d'être un lieu de pèlerinage, servait aussi de poste d'observation astronomique. En 1517, Córdoba en a fait une description assez complète. La vue que l'on a à partir de la falaise est inoubliable.

 PARCS ET PLAGES

Parcs

Très populaire, le **Parc national El Garrafón ★★** *(12 pesos; tlj 8 h à 17 h; Playa Garrafón, à environ 6 km au sud du débarcadère des traversiers, ☎ 7-0082)* est un endroit couru par les débutants pour la plongée-tuba en raison de ses eaux calmes. Un trop grand nombre de visiteurs explique cependant la fuite des poissons vers des eaux moins fréquentées. Le récif de corail, autrefois multicolore, est de plus en plus abîmé. Il peut être dangereux d'y toucher.

Il est conseillé d'arriver très tôt le matin pour voir autre chose que des palmes qui s'agitent... en fait, la plus grande affluence de visiteurs se situe entre 10 h et 14 h. Vous pourrez louer sur place, pour 20 pesos, l'équipement nécessaire à la plongée-tuba. Dans le parc, vous retrouverez également un aquarium, un petit musée, un restaurant de fruits de mer, un vestiaire, des casiers *(location 12 pesos)* et des douches.

La petite île **Isla Contoy ★★**, située à 30 km au nord d'Isla Mujeres, est une réserve ornithologique où des dizaines de variétés cohabitent. Vous ne pouvez l'atteindre qu'à partir d'Isla Mujeres, où deux entreprises organisent des expéditions d'une journée vers cette destination, pour une centaine de pesos. Réservez à l'avance, car l'accès à Isla Contoy est limité à 150 personnes par jour :

La Isleña : angle Morales et Puerto Juárez, ☎ 7-0036.

Sociedad Cooperativa Isla Mujeres : Avenida Rueda Medina, au nord du débarcadère, ☎ 7-0274.

Plages

Adjacente au village d'Isla Mujeres, la **Playa Norte** s'étend du côté nord-ouest. Comme elle est encombrée de pierres, les gens la boudent et lui préfèrent la **Playa Los Cocos** ou Cocoteros, la plus belle plage de l'île, qui est en fait son prolongement. Son sable est blanc et doux sous les pieds, et la mer, turquoise et calme, offre un magnifique paysage. La plage est cependant très prisée des visiteurs.

La **Playa Paraíso** s'étale tout près de la ferme de tortues. On y trouve différentes boutiques et des casse-croûte. C'est une jolie plage, bien qu'un peu petite, où l'on peut dénicher sans problème un coin d'ombre.

Près de l'hacienda de Mundaca se trouve la **Playa Lancheros**, où l'on peut nager dans des eaux calmes. Le dimanche, on y organise parfois des fêtes locales où l'entrée est gratuite.

La **Playa Indios**, située au sud de la Playa Lancheros, offre à peu de chose près les mêmes services et les mêmes divertissements que sa voisine, mais elle a l'avantage d'être moins fréquentée.

 ACTIVITÉS DE PLEIN AIR

 La pêche

L'entreprise **Bahía Dive Shop** *(Av. Rueda Medina Nº 166, près du port)* peut organiser des journées de pêche pour un tarif quotidien tournant autour de 200 \$US.

 La plongée sous-marine
et la plongée-tuba

C'est dans le parc El Garrafón que se retrouvent les amateurs de plongée à Isla Mujeres. Bien que les récifs de corail aient été abîmés par les touristes, l'ouragan Gilbert et les maladies qui les frappent, on peut encore admirer des variétés de poissons multicolores. Il est recommandé d'y aller tôt le matin pour éviter la foule.

Les plongeurs expérimentés ne voudront pas manquer de visiter les **Grottes des requins endormis**, situées au nord-est de l'île. Ces grottes ont été découvertes par un pêcheur de l'île. Pour une raison encore inconnue, les requins qui habitent ces grottes sont plongés dans une léthargie qui les rend inoffensifs. Plusieurs films ont été tournés à cet endroit, par Jacques Cousteau entre autres, et diverses théories s'affrontent pour expliquer ce phénomène mystérieux. Pour y accéder, vous devez être muni de votre permis de plongeur.

Buzos de México *(angle Av. Rueda Medina et Av. Madero, ☎ 7-0131)*, aussi appelé *México Divers*, propose différentes expéditions autour de l'île (15 $US pour une expédition de plongée-tuba et environ 65 $US pour une expédition de plongée sous-marine), loue le matériel nécessaire et donne des cours. Cette entreprise fait la location de bateaux.

Bahía Dive Shop *(Av. Rueda Medina Nº 166, près du port, ☎ 7-0340)* loue également tout le matériel de plongée néces-saire, à des tarifs comparables à ceux de Buzos de México.

 HÉBERGEMENT

Sur l'île, il se trouve à peu près 25 hôtels, où l'on dénombre environ 600 chambres. On peut dénicher un petit hôtel tranquille et pas trop cher, ou encore quelque chose de plus luxueux avec plus de services. Il n'y a pas que dans la ville qu'on peut loger. À cause du développement touristique, on construit de plus en plus d'hôtels le long de la côte ouest de l'île, près de la lagune.

Le petit hôtel **Belmar** *($; ≡; Av. Hidalgo Nº 110, ☎ 7-0430, ≠ 7-0429)* n'a que 11 chambres, mais il est bien sympathique. Il est situé au cœur de la ville et peut donc être parfois bruyant. Les chambres sont confortables et bien décorées. L'hôtel comprend également une suite avec baignoire à remous, cuisinette et salon.

Les 55 chambres de l'hôtel **Las Cabañas María del Mar** *($ pdj; ℝ, ≡, ≈, ℜ; Av. Carlos Lazo Nº 1, Playa Norte, ☎ 7-0179,*

7-0156) sont garnies d'une façon typiquement mexicaine très réussie. Il y a un hamac sur chaque balcon. L'hôtel fait face à la Playa Norte et offre une jolie vue sur la mer. Vous y trouverez aussi un comptoir de location de motocyclettes.

Les 38 grandes chambres de l'hôtel **Cristalmar** *($$; ≡, ⊗, ℂ, ≈, ℜ; Paraíso Laguna Mar, ☎ et *7-0007)* donnent sur la jolie plage Paraíso. Jolies et propres, elles sont décorées avec des produits artisanaux locaux.

 Le très joli hôtel **Na-Balam** *($$; ≡, ≈, ℜ; Calle Zazil-Ha Nº 118, Playa Norte, ☎ 7-0279, *7-0446)*, situé sur la Playa Norte, offre une vue magnifique sur la mer à partir de ses balcons. Les chambres sont garnies d'une jolie façon, avec des meubles de rotin et des planchers de marbre turquoise. La piscine a été récemment ajoutée.

Las Perlas del Caribe *($$; ≡, ≈, ℜ; Av. Madero, Playa Norte, ☎ 7-0120, *7-0011)* renferme 91 chambres pas très grandes mais qui ont toutes un balcon. Si vous choisissez une chambre qui n'a pas vue sur la mer mais plutôt sur la ville, le prix en sera moins élevé. Chaque soir, un orchestre vient animer les soirées au restaurant-bar de l'hôtel.

Les 40 chambres avec balcon du **Posada del Mar** *($$; ≡, ⊗, ≈, ℜ; Av. Rueda Medina Nº 15A, ☎ 7-0044, *7-0266)* sont vastes et bien décorées; elles comportent du mobilier de rotin. Le bar de l'hôtel, récemment aménagé, attire beaucoup de monde.

RESTAURANTS

Bien qu'il n'y ait même pas 15 000 habitants sur toute l'île, les bons restaurants abondent en raison de la demande touristique. Quant à la tenue vestimentaire, il suffit de mettre quelque chose par-dessus son maillot de bain et d'avoir des chaussures aux pieds.

Le décor est modeste mais tout de même sympathique à la **Lanchería La Lomita** *($; Av. Juárez 25B, près de l'Avenida Allende, pas de téléphone)*, où vous pourrez déguster à très bon prix des fruits de mer et poissons d'une fraîcheur absolue. Les plats sont accompagnés, à la mexicaine, de riz, de fèves noires et de *tortillas*. On y prépare aussi le petit déjeuner.

Les hamburgers et les gros steaks bien épais du **Mirtita** *($; Av. Rueda Medina, près de l'Avenida Bravo, pas de téléphone)* attirent bien du monde. C'est un endroit populaire où les prix sont bas et où l'on vient danser le soir. Sa terrasse donne sur la mer.

Les fruits de mer et les spécialités végétariennes du restaurant **Arriba** *($$; Av. Hidalgo, entre Madero et Abasolo, ☎ 7-0458)* ont beaucoup de succès. On mange à la terrasse située à l'étage, à l'abri du soleil grâce à quelques *palapas*. Entre 17 h et 19 h, durant le «2 pour 1», il y a beaucoup de monde.

🦐 La cuisine du **María's Kan Kin** *($$; près du parc El Garrafón, au sud de l'île, ☎ 7-0015)* est une variation de la gastronomie française adaptée aux spécialités yucatèques. On y sert des fruits de mer et poissons, ainsi que de délicieux desserts. De la terrasse, on a une vue éblouissante sur la mer.

Comme à Cancún, il se trouve à Isla Mujeres un restaurant **Pizza Rolandi** *($$; Av. Hidalgo, entre Madero et Abasolo, ☎ 7-0430)*, avec sa délicieuse pizza cuite au four à bois. On y sert aussi de belles salades composées, des fruits de mer, des pâtes et des *calzones*. Le propriétaire, un Italien, est aussi le chef du Casa Rolandi de Cancún. Les amateurs de vrai bon café pourront y savourer un excellent *espresso* ou un *cappuccino* bien relevé.

Les spécialités yucatèques et les mets végétariens font les beaux jours du restaurant **Zazil-Ha** *($$; hôtel Na-Balam, ☎ 7-0279)*. Le service est amical et l'ambiance reposante. Le matin, savourez l'un de ses petits déjeuners très consistants, ou encore la prise du jour pour dîner. Les planchers de céramique, les murs couverts de sculptures de pierre et les jolies couleurs ajoutent au charme typique de l'endroit. On peut manger à l'intérieur ou à la terrasse.

SORTIES

Dès la tombée du jour, Isla Mujeres offre de quoi se divertir dans les quelques bars et restaurants-bars disséminés sur l'île. Dans la plupart des établissements, entre 17 h et 19 h, c'est un «2 pour 1» ou *happy hours*. Vous aurez alors droit à deux consommations pour le prix d'une. Comme la musique est omniprésente sur l'île, de nombreux musiciens locaux, après avoir accompagné le repas des dîneurs, un peu plus tôt dans la soirée, viennent animer les soirées de danse.

Une fois par année a lieu le **Festival international de musique d'Isla Mujeres**, durant la dernière semaine d'octobre. Pendant cet événement de quelques jours, des groupes de musiciens et de danseurs folkloriques venus d'un peu partout donnent des spectacles en plein air.

Le **Cine Blanquita** *(Av. Morelos, entre Guerrero et Hidalgo)*, le seul cinéma de la ville, présente des films en anglais.

Au restaurant-bar **Ya Ya's** *(Playa Norte, Av. Rueda Medina Nº 42)*, on peut danser au rythme de la musique reggae, rock ou jazz jusqu'à 2 h ou 3 h du matin.

La terrasse du restaurant **La Peña** *(Av. Guerrero Nº 5, ☎ 7-0309)*, qui fait face à la mer, vibre au son de la musique rock ou latino et aux cris enthousiastes des danseurs.

Les habitants de l'île apprécient la **Calypso Disco** *(Av. Rueda Medina, près de l'hôtel Posada del Mar)*, où la musique reggae et funk fait oublier la petitesse de la piste de danse.

Pour un drink à la terrasse avant le dîner, le **Buho's** *(hôtel Cabaña del Mar, Playa Cocoteros, ☎ 7-0086)* est un très bon endroit. La musique n'est pas trop forte et l'ambiance relaxante.

MAGASINAGE

Dans les tours organisés, les guides entraînent leurs groupes dans des boutiques qui leur versent une commission. Ce ne sont pas des endroits inintéressants, mais on peut trouver de l'artisanat mexicain ou guatémaltèque pour bien moins cher sur l'île.

À **La Loma** *(Av. Guerrero N° 6)*, vous dénicherez des masques de terre cuite, des bijoux de corail, en argent ou en cuir, des sacs de toile et de paille, et une foule d'articles faits à la main. C'est l'une des plus grandes boutiques de l'île, et l'on peut y faire des découvertes à bon prix.

Laissez tomber les t-shirts fabriqués à la chaîne! **La Casa Isleña II** *(Av. Guerrero N° 3, ☎ 7-0265)* vend des t-shirts peints à la main par un artiste doué.

Pour des sculptures en pierre taillées par un artiste local, rendez-vous à **La Casa del Arte Méxicana** *(Av. Hidalgo N° 6)*, où sont également proposés hamacs, bijoux en argent, vêtements en batik et articles de cuir.

COZUMEL

C OZUMEL ★★★ est la plus grande île du Mexique, entourée d'une mer turquoise et d'un spectaculaire chapelet de récifs coralliens, un paradis pour les plongeurs. Depuis le documentaire réalisé par l'explorateur océanographique Jacques Cousteau en 1961, Cozumel est devenue un lieu de prédilection visité par des milliers de plongeurs chaque année. Des centaines de bateaux de croisière y font escale. La mer qui baigne l'île foisonne d'innombrables espèces sous-marines, de récifs colorés et d'épaves de galions espagnols. En fait, plus de 30 % des visiteurs de Cozumel sont des plongeurs, ou veulent le devenir! Les autres peuvent observer une étonnante variété d'oiseaux migrateurs qui y séjournent pendant une partie de l'année, visiter le parc national Chankanaab, faire du magasinage, aller pêcher ou encore, tout simplement, se reposer sur l'une des magnifiques plages qui entourent l'île.

Située à 19 km de la côte, cette île plate en forme de pince de homard mesure environ 45 km de long sur 16 km de large. Le centre de Cozumel est envahi par la végétation. Tout autour, cependant, l'île est ceinturée de plages de sable blanc et de calcaire. Comme la côte est de l'île est battue par les vents, c'est sur la côte ouest que l'on retrouve les installations touristiques et les hôtels. C'est aussi du côté ouest que se trouve San Miguel, la seule ville de toute l'île, qui compte environ 50 000 habitants.

Dès l'an 300, l'île était occupée par une tribu maya. Elle devint par la suite un important port de commerce et un grand centre cérémoniel. Les femmes de la côte venaient en pirogue à Cozumel pour y adorer Ixchel, la déesse de la Fécondité. Plus de 35 sites archéologiques sont disséminés sur l'île, mais seulement une poignée est actuellement mise au jour. Cortés y débarqua en 1519 avant de se lancer à la conquête du territoire mexicain. Il y laissa deux missionnaires qui avaient pour but de christianiser la population; ceux-ci furent faits prisonniers. En 1518, Cortés avait été précédé par Juan de Grijalva qui cherchait des esclaves.

Les anses de l'île ont servi de refuge aux pirates qui écumaient les mers, aux XVIIe et XVIIIe siècles, dont les redoutables Jean Lafitte et Henry Morgan. Ces pirates ont coulé d'innombrables navires marchands dont les épaves peuplent le fond marin autour de Cozumel. Au XIXe siècle, l'activité économique de Cozumel tournait autour de la pêche. Le commerce avec l'Amérique centrale passait par là.

La popularité du chewing-gum aux États-Unis est à l'origine de la renaissance économique de Cozumel au début du siècle. Cozumel était en effet une escale vers l'Amérique du Sud sur la route d'importation du *chiclé*, le produit de base de la gomme à mâcher, extrait du sapotier. Cette activité a décliné lorsqu'un produit synthétique a été inventé pour remplacer cette matière première plus coûteuse. Les États-Unis y ont construit plus tard une base aérienne que les Alliés utilisèrent pour faire la chasse aux sous-marins allemands durant la Seconde Guerre mondiale.

 POUR S'Y RETROUVER SANS MAL

En avion

L'aéroport international de Cozumel (☎ *20928*) est situé à environ 3 km au nord-est de San Miguel. Cet aéroport comprend un bar-restaurant, des boutiques de souvenirs et des comptoirs de location de voitures et d'agences d'excursions.

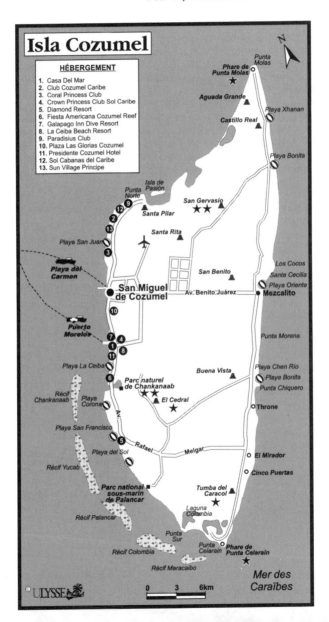

Isla Cozumel

HÉBERGEMENT

1. Casa Del Mar
2. Club Cozumel Caribe
3. Coral Princess Club
4. Crown Princess Club Sol Caribe
5. Diamond Resort
6. Fiesta Americana Cozumel Reef
7. Galapago Inn Dive Resort
8. La Ceiba Beach Resort
9. Paradisius Club
10. Plaza Las Glorias Cozumel
11. Presidente Cozumel Hotel
12. Sol Cabanas del Caribe
13. Sun Village Principe

Les lignes aériennes **AeroCozumel** *(☎ 20877)* et **AeroCaribe** *(☎ 20928)* assurent quotidiennement la liaison entre Cancún et Cozumel (environ 350 pesos l'aller simple) : la durée de ce vol est d'environ 20 min. L'aller-retour en avion entre Cozumel et Playa del Carmen coûte autour de 150 pesos : le vol dure 10 min. Pour plus de détails, adressez-vous à **Mexicana Airlines** *(☎ 20157)*. Mexicana assure également des vols très fréquents entre Cozumel, Miami et San Francisco. **Aerobanana** *(Calle 2 Norte Nº 99B, San Miguel, ☎ et ☎ 25040)* assure aussi la liaison entre Cozumel et Playa del Carmen, Tulum, Chichén Itzá, Isla Mujeres, et Cancún. La taxe de départ pour les vols internationaux est de 12 $US.

À partir de l'aéroport, on peut emprunter l'une des fréquentes navettes vers San Miguel pour un prix raisonnable. On peut aussi prendre un taxi. Ils sont assez bon marché sur l'île, et c'est le moyen de transport le plus développé à Cozumel.

En bateau

De nombreuses navettes assurent chaque jour une vingtaine de liaisons entre Cozumel et Playa del Carmen *(de Playa à Cozumel : de 5 h à 21 h; de Cozumel à Playa : de 4 h à 20 h)*. Cependent, les horaires changent constamment. La traversée dure une quarantaine de minutes et coûte environ 50 pesos aller-retour. Ces bateaux accostent au port local de Cozumel, en face de l'avenue Benito Juárez, à San Miguel. Il est recommandé de prendre des médicaments antinaupathiques et de manger légèrement au moins une demi-heure avant de monter à bord de l'un de ces bateaux, car pas moins de 30 % des passagers souffriraient du mal de mer lors de ces traversées, la mer étant très agitée. Sur certains d'entre eux, il est possible de s'asseoir au grand air. Voici les numéros des entreprises qui font la navette entre les deux villes. Il serait bon d'appeler avant pour vérifier l'horaire des départs :

Waterjet Service
Bateaux : *México I, México II et México III*
☎ 21508.

Aviomar
Aéroglisseur
☎ 20588.

Un traversier pour véhicules fait le trajet une fois par jour entre Cozumel et Puerto Morelos, un petit village situé à une trentaine de kilomètres au sud de Cancún; il accoste lui aussi devant San Miguel. Le trajet dure 2 heures 30 min.

Un autre port, à Cozumel, accueille spécifiquement les nombreux bateaux de croisière que l'île reçoit chaque jour. Il est situé à quelques kilomètres au sud de San Miguel. La société **Canaco** (Camara nacional de Comercio - Servicios y Turismo de Cozumel) (☎ 25014) diffuse régulièrement le programme des arrivées des paquebots au port international de Cozumel. Ces informations sont publiées dans le journal régional *Novedades*.

En voiture

De nombreux hôtels ont des comptoirs de location de voitures à Cozumel. On peut aussi en louer à l'aéroport et à San Miguel. Un traversier pour véhicules fait la navette entre Puerto Morelos et Cozumel une fois par jour, mais c'est assez compliqué (voir plus haut). Puerto Morelos est à 36 km de Cozumel. La traversée prend environ 2 heures 30 min.

> Pour atteindre différents points de l'île, il faut rouler sur des chemins de terre très cahoteux. L'assurance automobile qui accompagne la location d'un véhicule ne couvre pas les dommages causés aux véhicules quand ils surviennent à l'extérieur de la route revêtue de Cozumel.

L'île n'a pratiquement qu'une route revêtue qui longe la côte ouest à partir de la pointe nord de l'île; elle décrit une boucle autour de la pointe sud et retourne à San Miguel. Une route droite traverse l'île dans son milieu, de la côte est à la côte ouest (dangereuse la nuit). Lorsqu'on arrive à Cozumel par bateau, on est accueilli au port par une foule de gens qui veulent nous louer une voiture ou une motocyclette à tout prix et avec agressivité. Il est préférable de faire une réservation à l'avance à partir de votre pays. Cela coûte moins cher et vous fait sauver du temps sur place. Demandez qu'on vous envoie une confirmation écrite. À Cozumel, la location d'une voiture pour une journée coûte entre 200 et 300 pesos selon le modèle. Louer une motocyclette pour une journée coûte 150 pesos, et une bicyclette, environ 100 pesos.

Voici quelques entreprises qui louent des automobiles, des motocyclettes et des bicyclettes à Cozumel :

Aguila : ☎ 20729, ▰ 23285.

Budget : ☎ 20903, ▰ 25177.

Hertz : ☎ 20151, ▰ 23955.

Rentadora Cozumel : ☎ 21120, ▰ 22475.

Rentadora El Dorado : ☎ 22383.

Pour un séjour de plusieurs jours, il est peut-être plus avantageux de louer à long terme. L'entreprise suivante fait de tels arrangements :

Continental Car Rental : ☎ 24525.

En motocyclette

Bien que ce moyen de transport soit très populaire sur l'île, les accidents sont très fréquents car la route est mauvaise et la circulation intense. De plus, la route n'est parfois pas très large, et les voitures frôlent de près les motocyclistes. À moins d'être un conducteur expérimenté et de bien connaître les signaux routiers et la façon de conduire au Mexique, vous devriez plutôt prendre le taxi.

En taxi

Il n'y a pas de taxi à l'aéroport, à cause d'une entente entre le syndicat des taxis et le syndicat des autobus. Par contre, les taxis peuvent vous emmener à l'aéroport. Comme les taxis n'ont pas de compteur, le tarif dépend de la distance parcourue, du coût de l'essence et de votre talent de négociateur. Les taxis sont disponibles 24 heures par jour à Cozumel, mais il y a des frais supplémentaires entre minuit et 6 h. À San Miguel, il y a une station de taxis *(Calle 2 Nortex;* ☎ *20041)*. La réception de votre hôtel pourra vous renseigner sur les tarifs en cours. Les tarifs qui suivent (en pesos) peuvent vous être utiles à titre indicatif seulement, car ils varient fréquemment :

De San Miguel à l'aéroport :	20
au port de croisières :	30
à la zone hôtelière du nord :	30
à la zone hôtelière du sud :	30
au récif de Palancar :	100
à Celarain :	290
à San Gervasio :	240
au parc de Chankanaab :	50
tour de l'île :	240
ruines et tour de l'île :	400

En autobus

À l'aéroport, un *colectivo* emmène les voyageurs à la zone hôtelière nord ou sud pour environ 5 \$US. À cause d'une entente entre les chauffeurs de taxi et les chauffeurs d'autobus, il n'y a pas de service d'autobus entre les deux zones hôtelières.

 # RENSEIGNEMENTS PRATIQUES

Information touristique

Méfiez-vous des comptoirs d'information touristique qui sont près du parc. Leur unique but est de vendre des appartements à temps partagé, et les pauvres renseignements touristiques qu'ils donnent ne sont même pas fiables.

Delegación estatal de Turismo
Edificio Plaza del Sol
San Miguel
☎ 20972 ou 20218

Association des hôtels de Cozumel
Lun-ven 8 h à 19 h
☎ 23132
⌁ 22809

Agences de voyages

Pour aller à Tulum, Playa del Carmen, Cancún, Chichén Itzá, etc.

Intermar Caribe
Calle 2 Norte N° 101B
☎ 21535

Turismo Aviomar
Calle 5 Norte N° 8
☎ 20588

Bureau de poste

Lun-ven 9 h à 18 h, sam 9 h à midi
Calle 7 Sur, angle Av. Rafael Melgar
☎ 20106

Téléphone

L'indicatif régional à Cozumel est le **987**. Vous pouvez faire des appels à l'étranger à partir des cabines téléphoniques avec une carte d'appels. Les Canadiens ont tout avantage à utiliser le service Canada Direct (voir p 78).

Banques et bureaux de change

Les banques sont ouvertes de 9 h à 13 h 30, du lundi au vendredi. Il est préférable, pour changer de l'argent, de s'y présenter avant 11 h.

Atlántico (avec guichet automatique)
Calle 1 Sur N° 11
San Miguel
☎ 20142

Banamex
Avenida 5 Sur, angle Calle Adolfo Rosada Salas
San Miguel
☎ 23411

Serfin
Calle 1 Sur, entre Av. 5 et Av. 10.
San Miguel
☎ 20930

Le bureau de change **Promotora Cambiaria del Centro** *(Av. 5A Sur, angle Calle Salas)* est ouvert du lundi au samedi, de 8 h à 21 h.

Santé

Cliniques médicales

La plupart des cliniques de Cozumel sont habituées de traiter les plongeurs qui souffrent de problèmes de pression. Il y a tant de plongeurs à Cozumel que ces accidents arrivent fréquemment.

Cruz Roja (Croix Rouge)
☎ 21058

Hospital General
☎ 20359

Servicios de Securidad Subaquatica (service de sécurité subaquatique)
Cette clinique est spécialisée dans les problèmes de pression qui peuvent arriver aux plongeurs. En activité 24 heures par jour, elle est financée presque entièrement par une sorte de «prélèvement» sur les excursions de plongée (1 $US par jour).
Avenida 5 Sur N° 21
☎ 22387, ↔ 21848. Urgence : ☎ 21430

Meditur
Mêmes services que la clinique précédente.
Calle 2 Norte, entre Av. 5 et Av. 10.
☎ 23070

Clínica Cozumel (affiliée au South Miami Hospital)
24 heures par jour, service en anglais
☎ 23545, ⇝ 24070

Pharmacies

À San Miguel, il y a trois pharmacies Canto et quatre pharmacies Joaquín. Nous mentionnons les deux adresses suivantes pour leur situation géographique centrale :

Farmacia Canto
Avenida Pedro Joaquín Coldwell N° 498, angle Avenida 5 Sur
San Miguel
☎ 22589

Farmacia Joaquín
Avenida Benito Juárez, à côté du parc central
San Miguel
☎ 20125

Sécurité

Police : ☎ 20092.
Pompiers : ☎ 20800.

Divers

Publication

Dans plusieurs boutiques et hôtels, vous pourrez vous procurer le *Blue Guide (Guía Azul)*, une publication trimestrielle en anglais distribuée gratuitement, au contenu très publicitaire, mais qui pourra peut-être vous être utile.

Station d'essence

La seule station d'essence de l'île se trouve à San Miguel, à l'intersection de l'avenue Benito Juárez et de la 30ᵉ Avenue. Elle est ouverte de 7 h à minuit tous les jours. Évitez d'y être aux alentours de 15 h, car c'est à ce moment que le personnel se relaie, et il y a énormément d'attente.

Développement photo

Foto Omega
Service en moins d'une heure
Plaza Orbi
Avenida 3 Sur N° 27, angle Avenida Rafael Melgar

 ATTRAITS TOURISTIQUES

San Miguel

Cette petite ville est le cœur de l'île. Ses rues qui s'entrecroisent à angle droit permettent de s'y retrouver très facilement. L'activité converge vers la **Plaza del Sol**, le parc principal de la ville. Le dimanche soir, vous aurez le bonheur d'y entendre des mariachis, entre 20 h et 22 h environ. À ce moment-là, tous les habitants sont au rendez-vous pour faire la fête. On retrouve à San Miguel le choix habituel de boutiques, mais cette ville a gardé son âme mexicaine. La plupart des restaurants de l'île se trouvent dans les environs. De nombreuses boutiques longent le *malecón* (promenade du bord de mer).

Le **Museo de la Isla de Cozumel** ★★ *(3 $US; tlj 9 h à 17 h; Av. Rafael Melgar, entre Calle 4 et Calle 6, ☎ 21434)*, situé au centre de San Miguel, a été aménagé dans un hôtel chic datant du début du siècle. Ce petit musée donne un aperçu de l'histoire anthropologique et culturelle de Cozumel. Vous y verrez des vestiges intéressants, comme une statue de la déesse Ixchel et des têtes de serpent en pierre, ainsi qu'une grosse tête olmèque en jade. Il est possible de prendre des photos même si l'éclairage est insuffisant. De courts diapora-

mas présentent la faune et la flore, les récifs et les espèces
aquatiques de l'île. La visite du musée dure une heure. De
concert avec des organismes gouvernementaux, ce musée
organise des excursions de nuit dirigées par des biologistes
pour observer les tortues marines géantes qui pondent leurs
œufs, de mai à septembre, sur les plages isolées de l'île. Cet
édifice sert également de centre culturel : cours de langue
maya, démonstrations d'artisanat et pièces de théâtre sont
quelques-unes des activités proposées. Le restaurant du musée,
à l'étage supérieur, offre une vue panoramique sur la mer des
Caraïbes.

Le sud de l'île

À l'extrémité sud de l'île, la route débouche sur le **phare de
Celarain** ★ *(environ 1 $US)*, un phare pittoresque d'un blanc
étincelant qui côtoie les ruines Tumba del Caracol, qui servaient
jadis de repère aux marins. Ce phare fut construit en 1901 par
Felix García Aguilar, qui vécut pendant plus de 50 ans dans le
petit bâtiment attenant. Aujourd'hui, c'est son fils, Primo
García Valdés qui s'occupe du phare et d'un petit restaurant de

poissons et fruits de mer au rez-de-chaussée *(ouvert le dimanche)*. Ça vaut la peine de monter les 130 marches du phare pour découvrir au sommet une vue panoramique spectaculaire sur la région. Difficilement accessible, ce phare est à 4 km de la route principale au bout d'un petit chemin de terre rocailleux.

Le nord de l'île

Le **phare de Punta Molas** ★, à l'extrémité nord de l'île, vaut le détour même s'il est difficilement accessible. C'est un endroit retiré où la plage est très belle. La route qui y mène n'est praticable qu'en véhicule tout-terrain.

Les ruines

Les neuf ruines de l'île témoignent de l'importance de Cozumel en tant que centre cérémoniel et plaque tournante du commerce. La plupart des vestiges sont de petits édifices carrés de faible hauteur.

Depuis la quasi-destruction d'El Cedral (voir plus bas), **San Gervasio** ★★ *(3,50 $US; tlj 8 h à 17 h)* est devenu le groupe de ruines le plus important de l'île. On croit que San Gervasio a été habité par les Mayas de l'an 300 à l'an 1500 à peu près. C'était sûrement à cette époque la capitale de l'île. On y retrouve un groupe de petits sanctuaires et de temples érigés en l'honneur d'Ixchel, déesse maya de la Fertilité. Chacune des ruines du site est accompagnée de panneaux d'interprétation en maya, en anglais et en espagnol. L'ensemble est constitué de structures de pierre, de colonnes et de linteaux disséminés autour d'une grande place, ainsi que de quelques éléments de moindre importance qui se perdent dans la forêt. À l'entrée du site, où vous achetez votre billet, il y a des boutiques d'artisanat et un casse-croûte. Pour atteindre San Gervasio, il faut emprunter la route transversale de l'île en direction est depuis San Miguel. Un panneau vous indiquera l'embranchement à prendre, et il vous faudra ensuite faire une dizaine de kilomètres vers le nord. On estime que San Gervasio reçoit en moyenne 285 visiteurs chaque jour.

Au sud de la plage San Francisco, une route revêtue de 3,5 km de long mène à la plus ancienne construction de l'île, **El Cedral** ★, érigée à l'intérieur des terres. Avant l'ouragan Roxanne (1995), on pouvait encore voir à El Cedral des traces de fresques peintes par les Mayas. Comme si ce site n'avait pas déjà assez souffert : en 1518, les Espagnols l'ont presque réduit à néant. Ce fut ensuite au tour des Américains, durant la Seconde Guerre mondiale, de le raser pour faire place à une piste d'atterrissage. Du 1er au 3 mai, des fêtes annuelles avec danse, musique, corridas et concours se tiennent à El Cedral.

À l'extrémité sud de l'île, les ruines de **Tumba del Caracol** ★ tirent leur nom d'un temple dont la base carrée est surmontée d'une coupole en forme d'escargot (en espagnol : *caracol*), aujourd'hui à moitié détruite. On croit que ce site fut construit en hommage au vent ou encore au dieu maya Kukulcán. Vous pourrez apercevoir, du côté ouest du temple, au-dessus de la porte, des traces de peinture rouge.

Sur la côte nord-est de l'île, le **Castillo Real** présente un petit groupe de ruines qui comprend une tour, les restes d'une pyramide et un temple carré, fissuré dans le milieu. On distingue encore, à l'intérieur, des fresques colorées.

  PARCS ET PLAGES

Parcs

À 10 km au sud de San Miguel se trouve l'un des plus beaux sites de la ville, le **parc de Chankanaab** ★★ *(7 $US; tlj 8 h à 16 h30; Carretera Sur, km 9)*, qui inclut un grand **jardin botanique**. La lagune de Chankanaab est un aquarium naturel alimenté en eau de mer par des tunnels souterrains. On peut y observer une cinquantaine d'espèces de poissons, de crustacés et de coraux, mais la plongée y est interdite. Un sentier serpente dans ce jardin botanique garni de 350 types de plantes et d'arbres tropicaux provenant de 22 pays. Un musée intéressant décrit la vie des Mayas. Une fois parvenu à la plage voisine, on peut nager dans la mer tranquille de la lagune. Les cavernes et tunnels creusés dans le calcaire sont passionnants à explorer en plongée-tuba. À 320 m au large, le récif de corail de Chankanaab attire des foules de plongeurs avec ses mille espèces colorées. Sous l'eau, il faut plonger entre 2 m et 18 m de profondeur pour examiner le corail, une statue en bronze du Christ et une statue de la Vierge, des canons et des ancres séculaires, ainsi qu'un bateau coulé. L'équipement de plongée peut se louer ou s'acheter sur place. À l'entrée du site se trouvent des vestiaires et des cabines, un casse-croûte, un bar-restaurant et des boutiques de cadeaux. Plusieurs chaises longues et *palapas* sont mises à la disposition des touristes.

À une certaaine distance de Punta Norte, dans la Bahía Abrigo, se love l'**Isla de Pasión**. Avant l'ouragan Gilbert, en 1988, cette petite île de 300 m de large sur 800 m de long était un véritable écosystème à la flore et à la faune des plus variées. Le gouvernement l'avait même déclarée «réserve nationale». Maintenant, plus de palmiers, plus de mangroves, plus d'oiseaux, plus de restaurant, seulement du sable blanc... si vous désirez tout de même y aller, sachez qu'on y accède uniquement par bateau avec les pêcheurs locaux.

Récifs coralliens

Nous le disions plus haut, la multitude de récifs et leur grande beauté ont fait la réputation de Cozumel. La rumeur court à l'effet que l'île reçoit plus de 1 500 plongeurs par jour. Le récif de Palancar, sans aucun doute le plus spectaculaire en raison de son étendue et de ses bancs de poissons fabuleux, attire à lui seul des milliers de nageurs chaque année. Le parc de Chankanaab est l'endroit idéal pour apprendre à plonger. On peut même descendre un escalier menant à une statue de bronze du Christ engloutie. Le récif Yucab, réservé aux plongeurs intermédiaires, se prête parfaitement à la photographie sous-marine d'espèces qui restent immobiles pour éviter le courant. Les récifs Santa Rosa et Colombia, reconnus pour leur immensité, méritent plus d'une visite. L'avion *DC-3* qui gît au fond du récif La Ceiba attire non seulement les hommes-grenouilles... mais aussi les cinéastes! Le cheval de mer y a élu domicile. Enfin, le récif El Paso del Cedral permet aux novices de visiter une caverne et d'affronter de gros poissons toujours affamés qui n'aiment pas les touristes aux mains vides...

Plages de la côte ouest

Playa San Juan

Cette plage longe toute la zone hôtelière au nord de San Miguel pour aboutir à Punta Norte. C'est une plage tranquille, où l'on trouve sans problème tout l'équipement de plongée nécessaire avec des moniteurs certifiés. C'est une plage recommandée pour la planche à voile. On y trouve de multiples bars et casse-croûte.

Playa San Francisco

Cette plage de 5 km de long, située au nord de la Playa del Sol, est considérée comme l'une des plus belles de l'île. Elle est pourvue de nombreux services et installations (bar, restaurant, vestiaire, boutiques, chaises longues et *palapas*, location d'équipement de plongée, filet de volleyball). Ses eaux calmes contiennent des merveilles sous-marines situées tout près de la côte. Le dimanche, cette plage est particulièrement achalandée car les habitants de l'île viennent s'y reposer. Ce jour-là, on peut y entendre plusieurs musiciens locaux.

Playa Escondida

Située à 19 km au sud de San Miguel, cette plage est baignée par une eau tranquille et claire. On y accède par un chemin de terre indiqué par un panneau à partir de la route principale.

Playa del Sol

Juste au sud de la Playa San Francisco, vous croiserez cette plage, très populaire auprès des touristes d'un jour. On y trouve plusieurs services et installations, dont un bar-restaurant, des vestiaires et des casiers, des boutiques de souvenirs, un comptoir de location d'équipement de plongée-tuba et de plongée sous-marine. Des promenades à cheval sont aussi organisées.

Playa La Ceiba

Derrière des myriades de coraux et d'éponges dans les eaux de cette plage tranquille, vous trouverez une épave d'avion *Convair* qui repose par 7,7 m de fond à 140 m de distance de la côte. Il a été coulé volontairement pour les besoins du film mexicain *Survivre II*.

Plages de la côte est

Playa Oriente
Un peu au nord de la route transversale, au bout de la route pavée, vous trouverez cette plage, l'une des plus agitées de l'île, où seuls les surfeurs expérimentés peuvent affronter la mer des Caraïbes. Il y a un restaurant sur place.

Playa Chiquero
C'est l'une des plus belles plages du côté est de l'île, lovée dans une anse en forme de croissant de lune située au sud de la Playa Chen Río. Protégée des vagues par un récif, elle est idéale pour la natation et le surf. On y trouve le restaurant de poissons et fruits de mer Playa Bonita.

Playa Chen Río
Cette plage est située du côté est de l'île, à peu près au milieu, à environ 5 km au nord de Punta Chiqueros. L'eau claire de la berge, relativement tranquille, permet de pratiquer le surf. On y trouve un stationnement, un restaurant et un bar.

 ACTIVITÉS DE PLEIN AIR

Clubs de plage

Joignant l'utile et l'agréable, les clubs de plage sont à la fois des restaurants et des centres sportifs. Le sport universel étant à Cozumel, on le devine bien, la plongée.

Bien connu chez les plongeurs qui partent à la découverte de Palancar et qui désirent s'offrir un déjeuner très copieux avant de retourner dans les fonds marins, le club de plage **Playa Sol** *(10 h à 17 h; chemin sud, près d'El Cedral, ☎ 21935)* dispose d'un restaurant extérieur, d'une boutique de souvenirs, de salles pour se changer et pour se reposer, et même d'un petit zoo avec alligators, perroquets et lapins...

La **Playa Corona** *(à 1 km au sud du parc de Chankanaab)*, commanditée par la bière du même nom, propose plongée et pêche en haute mer, ainsi que rafraîchissements et repas à son restaurant. La particularité du site est sa proximité de la faune et de la flore sous-marine qui rend l'observation très facile.

 La pêche

Un tournoi de pêche de réputation mondiale est organisé chaque année en avril ou mai depuis le début des années soixante-dix par le **Club Nautico de Cozumel** *(Zona Hotelera Norte, km 1,6, ☎ 20118 ou 21135)*. Mais il ne s'agit pas du seul tournoi national ou international à se tenir sur l'île.

Le tournoi de pêche sportive **Antonio González Fernández**, qui a lieu en novembre à partir du quai San Miguel, compte généralement une trentaine de participants. En 1996, le gagnant a extirpé des mers un imposant marlin bleu de 54 kg et une dorade de 6 kg. Basé à Cancún, l'organisme gouvernemental responsable des ressources naturelles et des pêches, **Semarnap** *(Secretaria del Medio Ambiante, Recursos Naturales y Pesca; boul. Kukulkán, km 4, ☎ 830474 ou 830601)*, pourra sûrement vous renseigner sur les événements à venir.

Le quai **Caleta Marina**, situé à deux pas de l'hôtel Presidente, est un bon endroit pour le départ des expéditions de pêche à longeur d'année.

 L'équitation

Une promenade à cheval permet de découvrir agréablement les environs. Un tour de quatre heures coûte environ 60 $US, incluant généralement le guide, le transport à l'hôtel et un rafraîchissement. L'entreprise suivante organise de telles excursions :

Rancho Buenavista
Départs lun-sam
☎ 21537 ou 24374.

La plongée sous-marine

C'est bien sûr fantastique de descendre dans le fond des mers pour aller voir les récifs coralliens, mais le corail est une merveille qui se reproduit très lentement. Il faut donc éviter d'y toucher car cela l'abîme énormément, mais aussi parce que vous pouvez vous blesser. Il est de loin préférable de prendre des photos sous-marines avec un appareil à cet effet. On peut même louer des caméras vidéos qui peuvent filmer dans l'eau.

Les entreprises offrant des services de plongée avec guide, équipement et transport vers les lieux à visiter pullulent à Cozumel, sans compter les grands hôtels qui disposent de toutes les installations nécessaires. Le coût d'une excursion sous-marine peut dépendre de plusieurs facteurs : cours de plongée pour les débutants, éloignement des sites à visiter, excursion-croisière avec repas à bord du bateau, etc. À titre d'exemple, il peut en coûter près de 60 $US pour une journée de plongée avec un guide diplômé et deux bonbonnes d'oxygène. Sur place, il est possible de trouver un très grand nombre de dépliants publicitaires et différents magazines de plongée qui font un inventaire très exhaustif des centres de plongée. Voici quelques entreprises spécialisées à Cozumel :

La plongée n'a plus de secret pour les propriétaires de **Pasqual's Scuba Center** *(Av. Rosado Salas, angle Calle 5, ☎ 25454)*, qui ont accumulé 45 années de métier à eux deux. Pasqual et Ernesto utilisent un bateau rapide pour accéder aux récifs avec tout ce qu'il faut à bord pour une expédition sans pépins.

Aldora Divers *(☎ 24048, www.aldora.com)* joue la carte cybernétique à fond avec une présence marquée sur le réseau Internet. Aldora attire chez lui des plongeurs du monde entier qui entretiennent avec patrons et employés de l'entreprise une relation aussi amicale que virtuelle jusqu'au moment de leur séjour sur l'île paradisiaque. De retour chez eux, les plongeurs ont même la possibilité d'ajouter au site Internet d'Aldora un bilan de leurs expéditions. Des questions? Un petit courrier électronique à cette adresse : «dave@Aldora.com».

Sea Urchin Dive Shop and Travel *(☎ 24517)* est un centre de plongée, mais organise également des excursions à Cozumel.

Dive Paradise *(Av. Rafael Melgar Nº 601, ☎ 21007, ⚕ 21061)* est composé d'une grosse équipe de 58 moniteurs.

Yucatech *(Avenida 15, près de la Calle A. Salas, ☎ 25659)* peut, en plus d'organiser des journées de plongée, immortaliser votre aventure sur vidéo.

TTC Diving *(Playa San Juan, hôtel Club Cozumel Caribe, ☎ 24476)* est établi à Cozumel depuis 1969.

Il est aussi possible de suivre des cours de plongée sous-marine qui mènent au diplôme PADI, reconnu internationalement. Pour un cours avancé, le tarif tourne autour de 700 $US. Les leçons s'échelonnent alors sur plusieurs séances. On peut aussi suivre des cours d'initiation, moins longs.

 Les croisières

Tout comme aux alentours de la zone hotelière de Cancún, il existe à Cozumel un bateau à fond vitré permettant d'observer, bien au sec, la faune et la flore subaquatiques du secteur. Le semi-submersible **Nautilus IV** *(Zona Hotelera Sur, km 1,7, ☎ 20831)*, long de 15 m et climatisé, baigne sa coque en face de l'hôtel Fiesta Inn Cozumel. Les départs sont à 10 h, 12 h et 14 h. Le coût est de 29 $US et comprend rafraîchissement et explications d'un guide à bord.

L'agréable sensation de faire corps avec la mer et le vent sur un catamaran de 13 m est possible avec **El Zorro** *(☎ 20522)*, qui permet également de paresser dans ce que l'on appelle en Australie le *boom netting*, ou l'art de se laisse traîner dans les flots, lové dans un filet tiré par un bateau. À bord du catamaran : boissons, repas, équipement de plongée-tuba et guides accompagnateurs... le tout pour 50 $US.

Fury Catamarans *(Zona Hotelera Sur, km 4, près de l'hôtel Casa del Mar, ☎ 25145)* propose, dans l'ensemble, le même type d'activités pour environ 38$ US à l'exception que les expéditions mènent à une plage privée où sont pratiquées différentes activités (volley-ball, kayak, etc.). Les mardis et jeudis, Fury Catamarans se rend au récif de Palancar.

Avant de s'engager en mer, il est préférable, pour ceux et celles qui possèdent leur propre embarcation ou qui en ont fait la location, de communiquer avec la **Capitania de Puerto Cozumel**, ou capitainerie du port de Cozumel *(Av. Rafael Melgar N° 601, ☎ 22409)* pour s'informer des conditions climatiques et des possibilités de naviguer sans problème.

 ## HÉBERGEMENT

L'**Association hôtelière de Cozumel** *(☎ 23132)* pourra vous renseigner sur certaines questions et effectuer des réservations.

Au niveau de l'hébergement, l'île est divisée en trois : il y a San Miguel, la zone hôtelière située au nord de San Miguel, le long de la mer, (Zona Hotelera Norte) et la zone hôtelière au sud de San Miguel (Zona Hotelera Sur). La zone du nord comprend les hôtels les plus luxueux de l'île. La zone sud, quant à elle, est celle qui se développe le plus rapidement, et c'est là qu'on retrouve les hôtels les plus récents. Cette zone a l'avantage d'être près du parc de Chankanaab, la principale attraction de Cozumel.

> Bien sûr, un bel hôtel face à la mer, ça fait rêver... mais loger à San Miguel a ses avantages pour les plongeurs. Les restaurants, boutiques et fêtes locales sont plus accessibles, et l'accès aux entreprises spécialisées et aux boutiques de plongée est facilité. Les clients des zones sud et nord doivent payer 3 ou 4 $US chaque fois qu'ils prennent le taxi pour aller au centre-ville, sans compter qu'il leur faut aussi souvent payer dans leur propre hôtel pour les excursions de plongée et l'équipement. Selon le type de voyage que vous planifiez, ce sont là des détails à considérer.

En plein cœur de San Miguel, le petit hôtel **Flores** *($; ≡, ⊗; Calle A. Rosada Salas N° 72, ☎ 21429, ⊷ 22475)* est modeste mais pratique. Les chambres offrent un confort simple. Il vaut mieux choisir une chambre au 3ᵉ étage pour amortir un peu le bruit de la rue.

Pour la formule «logement chez l'habitant» *(bed and breakfast)*, le petit **Tamarindo** *($ pdj; Calle 4 Norte N° 421, ☎ et ⊷ 23614)* est un bon choix au centre de San Miguel. Ce nouvel hôtel est situé à 5 min à pied du parc central et de la mer. Il compte seulement trois chambres, simples, assez grandes, propres et confortables, décorées dans le plus pur style mexicain. L'hôtel a une jolie cour ombragée où l'on peut se détendre dans un hamac. Les clients peuvent utiliser la cuisine commune, où l'eau purifiée est disponible à volonté. Il y a un service de garde d'enfants sur demande.

Les 98 chambres du **Howard Johnson Casa del Mar** *($$;* ≡, ≈, ℜ; *Zona Hotelera Sur km 4,* ☎ *21900,* ⊷ *21855)* sont joliment décorées avec de l'artisanat local. Chacune des chambres a vue sur la mer ou sur la piscine. L'hôtel compte aussi huit *cabañas* qui coûtent un peu plus cher, mais qui peuvent loger jusqu'à quatre personnes. Le Howard Johnson Casa del Mar abrite une boutique de plongée, un comptoir de location de voitures, deux restaurants, deux bars et une agence de voyages.

L'hôtel **Club Cozumel Caribe** *($$$;* ⊗, ≡, ≈, ℜ; *Playa San Juan, km 4,5,* ☎ *20100,* ⊷ *20288)* rend la vie facile à ses clients. C'est d'ailleurs cet hôtel qui a initié la formule «tout inclus» à Cozumel. Sa plage, même si elle est petite, est excellente pour la plongée. Les chambres, décorées de façon plutôt moderne, sont vastes, avec air conditionné et téléphone. La plupart ont vue sur la mer et possèdent un balcon. Cet hôtel compte 260 chambres, réparties dans une tour de 10 étages qui s'ajoute à l'ancien bâtiment de trois étages, désormais rénové. La piscine est de taille moyenne. L'hôtel possède une boutique de plongée, un court de tennis et une galerie marchande.

🌴 **La Ceiba** *($$$;* ⊘, ≡, ℝ, ≈, ℜ; *route Chankanaab, km 4,5,* ☎ *20379,* ⊷ *20065)* accueille presque uniquement des plongeurs, curieux d'aller observer l'avion qui s'est écrasé dans l'eau tout près. L'hôtel est situé à environ 3 km au sud de San Miguel, près de l'embarcadère des bateaux de croisière. Les 113 chambres sont accueillantes, avec leur carrelage beige et leurs meubles en bois massif. Elles ont toutes vue sur l'océan, avec un mini-bar. Le bâtiment est une tour simple, mais les jardins sont jolis; à partir de la plage, un parcours de plongée libre a été aménagé sous l'eau. L'hôtel fournit tout l'équipement nécessaire à la plongée. La vaste piscine carrée est pourvue d'un «aqua-bar» et d'un bassin à remous.

Le **Crown Princess Club Sol Caribe Cozumel** *($$$; ≈, ≡, ℝ, ℜ; Playa Paraíso, km 3,5, Zona Hotelera Sur, ☎ 20700, ≈ 21301)* est un hôtel de 355 chambres réparties sur neuf étages. La plage, qui se trouve de l'autre côté de la rue, est accessible par un tunnel. Le hall de cet hôtel est impressionnant avec son grand toit de chaume. Face à la plage, la piscine forme des arabesques, et de grands arbres procurent un climat rafraîchissant. Les chambres de teinte pastel sont pourvues de meubles en osier, d'une salle de bain en marbre, d'un téléphone, d'un mini-bar et d'un petit balcon. L'hôtel possède une boutique de plongée complète et deux courts de tennis éclairés, et sa plage est privée.

En bordure de la Playa San Francisco, près du récif de Palancar, le **Diamond Resort** *($$$; ≡, ≈, ℜ; Zona Hotelera Sur, km 16,5, ☎ 23433, ≈ 24508)* est un hôtel tout neuf construit en 1992. Il comprend 300 chambres réparties dans deux pavillons à deux étages, de style polynésien. Les chambres sont claires, assez grandes et décorées sobrement. Elles ont toutes l'air conditionné. L'hôtel possède deux piscines, deux bars, une salle à manger et quatre courts de tennis éclairés. On peut y louer bicyclettes et motocyclettes. Un petit bateau emmène les clients au récif de Palancar, et l'hôtel leur fournit tout l'équipement nécessaire pour la plongée sous-marine et la plongée-tuba. Chaque soir, on y organise des soirées thématiques (danse tropicale, spectacle d'hypnose, soirée disco, karaoké, cabaret, folklore mexicain, etc.).

Autrefois connu sous le nom de Melia Mayán Cozumel, le **Paradisus Club** *($$$; ≡, ≈, ☉, ☼, ℜ; Zone Hotelera Norte, km 3,8, ☎ 20411, ≈ 21599)* est un hôtel luxueux entouré de grands arbres. Il compte 200 chambres richement décorées à la mexicaine, qui offrent toutes une vue sur la mer et un balcon privé. Certaines d'entre elles ont une baignoire à remous. L'hôtel possède un très bon restaurant, deux piscines et deux courts de tennis. La pêche, la plongée, le surf et les randonnées à cheval sont quelques-unes des activités organisées au Paradisus Club.

Intime et tranquille, le **Sol Cabañas del Caribe** *($$$; ≡, ≈, ℜ; Carretera Costera Norte, km 5, ☎ 20017 ou 1-888-341-5993, ≈ 21599)* est situé près d'une plage idéale pour la voile et la plongée. Il comprend 39 chambres et neuf *cabañas* privées situées tout près de la plage, ainsi qu'un restaurant. La direction fournit tout l'équipement nécessaire à la plongée-tuba et la plongée sous-marine, la pêche et autres sports nautiques. Des musiciens viennent animer les soirées au petit bar-salon.

On a presque les pieds dans l'eau au **Plaza Las Glorias** *($$$; ≡, ≈; ℜ; Av. R. Melgar, km 1,5,* ☎ *22400,* ⇆ *21937)*, un hôtel de style mexicain qui renferme 170 vastes suites bien décorées, avec balcon privé et vue sur la mer. Cet hôtel possède deux bars, deux restaurants, une boutique de plongée et des boutiques. On peut y louer un scooter. Il y a des orchestres locaux presque chaque soir.

L'hôtel **Sun Village Principe** *($$$; ⊗, ≡, ≈, ℜ; Calle San Juan, km 3,5,* ☎ *20144,* ⇆ *20016)* compte 87 chambres confortables réparties sur trois étages. Elles ont toutes le téléphone et vue sur la mer. Seules quelques suites disposent d'un balcon privé. Le décor est simple, moderne et coloré. La plus grande piscine est bordée d'un côté par un restaurant-bar à aire ouverte coiffé d'une grande *palapa*. L'hôtel offre une autre piscine, plus petite, et une pataugeoire aux petits enfants.

Autrefois sous la bannière de la chaîne Holiday Inn, le **Fiesta Americana Cozumel Reef** *($$$-$$$$ pdj; ≡, ≈, ℜ; route de Chankanaab, km 7,5,* ☎ *22622,* ⇆ *22666)* est un hôtel de 164 chambres qui fait face à une très belle plage. Il est situé près de la lagune de Chankanaab. Les chambres, vastes, ont toutes vue sur la mer et sont dotées de balcons. Elles sont joliment meublées en bois et en rotin, et les murs arborent des couleurs vives. En plus d'une grande piscine, cet hôtel compte deux restaurants, deux courts de tennis, une école de voile et de planche à voile, un bar sur la plage, une boutique de souvenirs et une boutique de plongée.

Le **Galapago Inn** *($$$-$$$$; ≡, ℝ, ≈, ℜ; Carretera a Chanka-naab, km 1,5,* ☎ *20663)* est une auberge de trois étages qui attire énormément de plongeurs à cause des installations complètes qui sont mises à leur disposition (école, équipement, bateaux et embarcadère). De nombreux forfaits de plongée sont disponibles selon la saison. Situé à 1,5 km au sud de San Miguel, face au Fiesta Inn, cet hôtel de style mexicain compte 50 chambres au sol carrelé, propres et modestement meublées, qui comportent toutes un balcon, un petit réfrigérateur et une salle de bain avec douche seulement. La plage est agréable et entourée de hamacs.

Situé sur une petite plage au nord de la ville, le **Coral Princess Club** *($$$$; Zona Hotelera Norte, km 2,5,* ☎ *23200,* ⚐ *22800)* propose 48 suites constituées de chambres-salons ou de une ou deux chambres avec cuisine et salon. La décoration est banale, dans le style moderne, avec des meubles en osier blanc et des dessus de lit colorés. Toutes les chambres ont vue sur l'océan et dispose d'un téléphone. Entre autres services et installations, on retrouve un restaurant, une piscine, une agence de voyages et une boutique de plongée.

À l'écart de l'agitation, le **Presidente Cozumel** *($$$$$;* ℝ, ≡, ≈, ℜ*; Carretera Chankanaab, km 6,5,* ☎ *20322,* ⚐ *21360)* est situé près d'une plage excellente pour la plongée, et il est entouré de verdure. Son hall moderne est recouvert d'un toit de *palapa*. Ses 253 chambres spacieuses, confortables et décorées avec luxe, ont toutes un balcon privé. Elles sont réparties dans de petits bâtiments de un à quatre étages. La plupart des chambres ont vue sur la mer. L'hôtel a une grande piscine carrée, un excellent restaurant, l'Arecife (voir p 193), deux bars, une salle de billard, tout le nécessaire pour la plongée, un comptoir de location de voitures et de motocyclettes, et deux courts de tennis éclairés. Rappelons, pour l'anecdote, que ce bel hôtel a servi de toile de fond au film *Against All Odds*, interprété par Rachel Ward, Jeff Bridges et James Woods.

 # RESTAURANTS

En général, il est bien plus économique de prendre ses repas dans l'un des nombreux restaurants de San Miguel plutôt que dans les hôtels. Ce qui n'empêche pas que certains hôtels de Cozumel disposent de restos très recommandables. La cuisine, à Cozumel, ressemble à ce qu'on peut trouver à Cancún, c'est-à-dire des plats typiquement mexicains, ainsi que des mets français, italiens et américains. Les grandes chaînes américaines comme Dairy Queen, Subway et Kentucky ont envahi Cozumel depuis quelques années.

L'un des meilleurs endroits pour le petit déjeuner à San Miguel est le restaurant-bar **Costa Brava** *($-$$; 6 h 30 à 23 h ; Av. Rafael Melgar Nº 599,* ☎ *25126)*, qui se trouve au sud du phare et de la Calle 7 Sur. Pour moins de 2 $US, on a un jus d'orange frais, des œufs, des *frijoles*, du pain et de la confiture, de la *salsa* et du café à volonté. De quoi tenir toute une longue journée de plongée! Aux autres repas, le Costa Brava sert de savoureux fruits de mer frais (essayez l'assiette de pinces de crabe pour deux), et des spécialités yucatèques, comme le poulet *pibil*. On peut s'y faire préparer ses propres prises pour 2 $US par personne.

Avec son toit de *palapa* et ses bons petits plats, **La Choza** *($-$$; 8 h à 23 h; Av. Rosada Salas Nº 198, ☎ 20958)* est l'un des meilleurs restaurants mexicains de l'île. On y savoure les spécialités du pays à des prix très raisonnables (poulet *pibil*, *sopa de lima, guacamole, tortillas*, etc.). C'est le favori des habitants de Cozumel. L'ambiance est relaxante, et la terrasse, constamment ouverte aux quatre vents.

En descendant du traversier, **Las Palmeras** *($-$$; Av. Rafael Melgar, angle Av. Benito Juárez, ☎ 20520)* est le premier restaurant qui accueille les visiteurs. Sa salle à manger n'est pas climatisée, mais on est bien mieux comme ça; avec la brise marine et un peu d'ombre, on pourrait rester là des heures... Le menu est très étendu, des poissons frais aux steaks en passant par les hambugers. La cuisine est très correcte.

Pour les petits déjeuners, le **Museo de la Isla de Cozumel** *($-$$$; 9 h à 17 h; Av. Rafael Melgar, entre Calle 4 et Calle 6, ☎ 221434)* est aussi une bonne adresse, avec un buffet des plus complets pour 4 $US dans un cadre enchanteur. On y sert aussi des *ceviches* et de délicieux plats mexicains jusqu'à la fermeture du musée, soit à 17 h. Ses petits déjeuners sont imbattables.

Près du parc central de San Miguel, on mange à l'extérieur aux tables du restaurant-bar **Plaza Leza** *($-$$; 7 h à minuit; Calle 1 Sur, ☎ 21041)*, protégées du soleil par des parasols. Les spécialités sont les fruits de mer et poissons, les steaks et les mets mexicains. C'est un endroit simple où la cuisine est tout à fait correcte. Essayez l'omelette espagnole, délicieuse.

Le service des plus courtois au **Ristorante Donatello** *($$; 17 h à 23 h; Av. Rafael Melgar Nº 131, ☎ 21097)* ajoute au charme de sa fontaine et de son jardin central. L'ambiance Renaissance italienne est réussie, la terrasse ouverte amène du bon vent, et les mets italiens suivent le bon cours des choses. Que demander de plus?

Acuario *($$-$$$; midi à minuit; Av. Rafael Melgar, angle Calle 11, ☎ 21097)* est un mot espagnol qui signifie «aquarium». On est ici entouré d'aquariums plein de poissons, et il y en a aussi plein notre assiette puisque ce resto est spécialisé dans les fruits de mer et poissons frais; on y mange très bien.

Comme à Cancún, le restaurant-bar **Carlos 'n Charlie's** *($$-$$$; Av. Rafael Melgar N° 11, ☎ 20191)* est une sorte de zoo avec la musique rock à plein volume, la bière qui coule à flots, une table de ping-pong et la décoration surchargée. On y sert de généreuses portions de «côtes levées», de steaks et de poulet grillé. Situé face à la mer, à un coin de rue au nord du port, il est reconnaissable à sa façade peinte en rouge.

Il y a ici un restaurant **Pizza Rolandi** *($$-$$$; midi à minuit; Av. Rafael Melgar, entre Calle 8 et Calle 10, ☎ 20946)*, tout comme à Cancún. Faisant honneur à cette chaîne régionale on sert surtout de la pizza cuite au four à bois, mais aussi des fruits de mer et des steaks. C'est une adresse à connaître.

Le restaurant **Arecife** *($$$$; Carretera Chankanaab, km 6,5, ☎ 20322)* se trouve à l'intérieur de l'hôtel Presidente Cozumel. On y déguste des fruits de mer et de la cuisine méditerranéenne, confortablement installé devant de grandes baies vitrées qui font face à la mer. Le décor est chaleureux et romantique, et il y a souvent des musiciens sur place.

La majorité des restaurants de San Miguel savent garder leur calme devant un «vrai» végétarien, car ils ont de quoi le satisfaire. Les restaurants italiens servent des pâtes aux légumes et à la sauce tomate; dans les restaurants mexicains, on peut se faire servir un *taco* ou un *fajitas* aux haricots noirs *(frijoles)*. Le restaurant **Alfalfa** *($; 9 h à 21 h; Calle 5 Sur, entre Av. Rafael Melgar et Av. 5)* propose un bon choix de mets végétariens et de délicieux jus de fruits frais. On y mange aussi du poisson et du poulet; le café est excellent.

 SORTIES

Si vous avez un trop-plein d'énergie, c'est au **Neptuno** *(Av. Rafale Melgar, ☎ 21537)* que vous pourrez l'exprimer. Avec ses vidéos, ses jeux de laser et le rythme martelant qui en sort, c'est «la» discothèque des jeunes de Cozumel.

C'est un peu la même chose au **Scaramouche** *(Calle Salas, angle Calle 11 Sur, ☎ 20791)*, qui dispose d'une très grande piste de danse. C'est surtout la fin de semaine que cet endroit se remplit.

Situé tout près du Scaramouche, le nouveau resto-bar **Planet Hollywood** de Cozumel ouvrait ses portes en novembre 1996. Le bâtiment, unique en son genre, présente une façade en forme de lunettes de soleil géantes... roses et pourpres.

Pour entendre de la musique reggae et salsa, le meilleur endroit de la ville est certainement le restaurant **Joe's Lobster** *(Av. 10 Sur Nº 21, entre Calle A. Salas et Calle 3 Sur, ☎ 23275)*. Ça commence autour de 23 h la fin de semaine.

Comme partout dans le monde, le **Hard Rock Cafe** *(Av. Rafael Melgar, près de Benito Juárez, ☎ 25271)* de Cozumel accueille les adeptes des grands succès du rock qui jouent fort dans les haut-parleurs. Le personnel se charge d'animer les clients trop détendus.

 MAGASINAGE

À Cozumel, de nombreux magasins et bureaux ferment leurs portes entre 13 h et 16 h, et souvent même 17 h. Les magasins qui sont situés sur l'avenue Rafael Melgar, restent cependant ouverts en haute saison pour accueillir le flot de touristes qui arrivent chaque jour en bateau.

Comme à Cancún, les bons achats à Cozumel sont l'artisanat, les hamacs, les bijoux en argent et les cigares. N'achetez aucun objet fabriqué avec du corail noir, même si l'on n'arrête pas de dire que c'est «la» spécialité de l'île, car cette espèce est menacée d'extinction. En général, il est préférable de pénétrer dans San Miguel pour découvrir ses boutiques plutôt que de rôder près du port. Les prix y sont plus élevés que partout ailleurs sur l'île et les endroits moins intéressants. Près du parc, on trouve des dizaines de boutiques d'artisanat. Les paiements sont acceptés en pesos ou en dollars américains. Les cartes de crédit ne sont pas acceptées partout; quand elles le sont, il y a des frais assez importants.

On trouve à Cozumel de grands marchés où l'on vend de tout : du pain qui sort du four, des vêtements, de l'artisanat, des cosmétiques... et des spiritueux qui coûtent bien moins cher qu'à la boutique hors taxes de la zone portuaire! L'une des meilleures adresses est le marché **San Francisco de Asis** *(Av. 65ᵉ, entre Calle 25 et Calle 27)*. **La Retranca** *(Calle 11, angle Av. 30)*, un marché dans le même style, est ouvert 24 heures par jour.

Le marché municipal à ciel ouvert, le **Mercado municipal** *(7 h à 13 h; Av. Salas, entre Av. 20 et Av. 25)*, est un endroit très animé où l'on peut voir s'activer les Cozumeleños.

Pour des vêtements de sport en coton, **Aca Joe** *(Av. Rafael Melgar Nᵒ 101, ☎ 23677)* est une bonne affaire.

Chez **Prococo** *(Av. Rafael Melgar Nᵒ 99, ☎ 21875)*, on trouve de tout, par exemple des produits alimentaires, spiritueux, bijoux et une bonne sélection d'objets fabriqués à la main à offrir en cadeau.

La bijouterie **Van Cleef & Arpels** *(Av. Rafael Melgar Nᵒ 54, ☎ 21443)* vend des créations originales en argent et en or de première qualité, mais à prix fort.

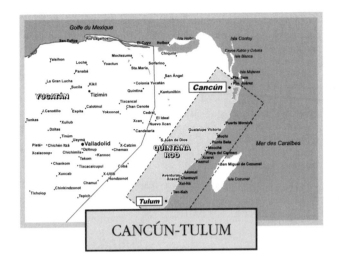

CANCÚN-TULUM

G ÉOGRAPHIQUEMENT, ce qu'on appelle le «corridor de Tulum» commence à Puerto Morelos et finit au sud des ruines de **Tulum ★★★**. Juste à quelques kilomètres au sud de Tulum se trouve la réserve de la biosphère de Sian Ka'an, où cohabitent des milliers d'espèces animales et végétales.

Cette partie du Mexique qui donne sur la mer des Caraïbes est devenue une très populaire destination touristique. Cancún et Cozumel sont des destinations extrêmement visitées, bien sûr, mais le corridor de Tulum, cet enchaînement de plages, de grottes, de petites villes charmantes et de ruines mayas, s'ouvre de plus en plus aux touristes.

Le corridor de Tulum est bien plus qu'une simple excursion d'une journée. C'est une destination en soi. Sa beauté naturelle et ses paysages magnifiques la rendent plus attrayante à ceux qui recherchent plus d'authenticité qu'à Cancún. Il y a moins de restaurants, de bars et de boutiques, mais cette région a tout de même beaucoup à offrir.

Paradoxalement, la renommée récente de cette région longtemps méconnue doit sa popularité à Cancún. Le succès de cette station balnéaire a fait en sorte que des milliers de visiteurs ont poussé leur curiosité sur ces rives à la beauté paisible. La région a acquis ses titres de gloire dans les années quatre-vingt grâce aux nombreuses excursions d'une journée organisée depuis Cancún, aux ruines de Tulum et au site de plongée enchanteur de Xel-Há. L'engouement qu'a connu Cancún a donc ouvert de nouvelles perspectives aux visiteurs en quête d'un cadre plus intime. L'infrastructure touristique du corridor de Tulum a pris forme au début des années quatre-vingt-dix, avec l'ouverture des premiers hôtels d'importance. Bien qu'il n'existe pas de statistiques officielles, on estime que la région dispose de plus de 3 000 chambres.

 ## POUR S'Y RETROUVER SANS MAL

En voiture

À partir de Cancún, si l'on désire visiter tout le corridor de Tulum, il est préférable de louer une voiture ou, encore mieux, un véhicule tout-terrain, car on rencontre de nombreuses petites routes cahoteuses. De Cancún, il est possible de prendre un autobus vers l'un ou l'autre des villages de la côte, mais il sera long et pénible de se promener ensuite entre les différents villages avec ce moyen de transport. On peut se déplacer dans la région en taxi, mais les tarifs sont élevés.

La route 307, qui longe tout le corridor, est une autoroute à quatre voies récemment revêtue et très bien entretenue (mais où l'on ne respecte aucune limite de vitesse). Les travaux sur cette route sont encore en cours au moment de mettre sous presse. Les villages, le long de la mer, se trouvent en moyenne à 2 km de la route 307. Cette courte distance se fait généralement sur un chemin étroit et en très mauvais état. Si vous décidiez de louer une voiture pour découvrir la région, un véhicule tout-terrain serait un choix judicieux.

Location de voitures

Hertz *(7 h à 21 h)*
Plaza Marina
Playacar
☎ 730703

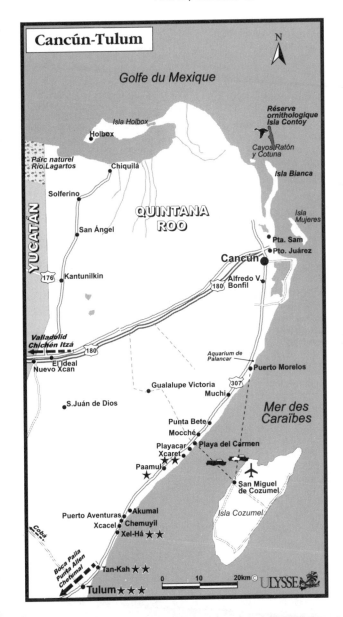

Budget
Hôtel Continental Plaza
Playa del Carmen
☎ 730100

Station d'essence

Vous en trouverez une au cœur du village de Puerto Morelos *(Carretera Cancún-Tulum, à une rue au nord du Parque Central)*. Comme vous n'en rencontrerez pas beaucoup sur votre chemin, vous feriez bien d'aller y faire le plein avant de continuer votre visite du corridor de Tulum.

Tableau des distances

De Cancún à Puerto Morelos	36 km
à Punta Bete	52 km
à Playa del Carmen	68 km
à Xcaret	72 km
à Puerto Aventuras	98 km
à Akumal	105 km
à Chemuyil	109 km
à Xel-Ha	122 km
à Tulum	131 km

En avion

On peut aller à Playa del Carmen par avion à partir de Cancún ou de Cozumel. Le petit aéroport, situé juste au sud de la ville, accueille les vols intérieurs. De Playa del Carmen, il y a deux vols par semaine en direction de Chichén Itzá et Cozumel.

Aerocozumel
☎ 730350

Aerosaab
☎ 730804

En autocar

Des autobus partent de Playa del Carmen en direction de Cancún toutes les demi-heures. Le trajet dure 1 h et coûte 10 pesos. Les deux compagnies d'autocars qui font le trajet Cancún-Playa del Carmen sont Interplaya et Playa Express. Il y a des départs en direction de Chichén Itzá en autocar de première classe à 7 h 30 et à 12 h 45. Aussi, de nombreux départs se font dans la journée pour Tulum et Xcaret. La gare routière de Playa del Carmen se trouve sur la 5e Avenue à l'angle de l'avenue Juárez.

L'autobus public qui part de Playa del Carmen fait un arrêt à Tulum à l'intersection nommée El Crucero. De Cancún à Tulum, le tarif est d'environ 30 pesos.

Auto transportes de Oriente
☎ 730109

En bateau

Environ 25 traversées dans les deux sens ont lieu chaque jour entre Playa del Carmen et Cozumel à bord de navettes modernes. Le premier départ a lieu à 5 h 15 et le dernier à 20 h 45, à des intervalles d'environ 1 heure 30. Les horaires ont toutefois tendance à varier. Le port de Playa del Carmen se trouve à l'extrémité sud de la ville. On se procure les billets à l'entrée du port *(10 $US aller-retour environ)*. La traversée dure entre 35 et 45 min. Selon les statistiques, près de 30 % des passagers souffriraient du mal de mer. Mangez légèrement au moins une demi-heure avant le départ, et amenez des sacs de plastique!

En taxi

De Tulum à l'aéroport de Cancún :	325 pesos
De Tulum à Playa del Carmen :	170 pesos
De Tulum à Cobá :	120 pesos
Du village de Tulum aux ruines :	9 pesos

De Cancún à Playa del Carmen, comptez débourser 180 pesos. À Playa del Carmen, des taxis sont postés en permanence à l'angle de la rue piétonnière et de l'avenue Juárez. De Playa del Carmen à Xcaret, le tarif est de 40 pesos à Puerto Morelos 80 pesos; à Puerto Aventuras 50 pesos. Les taxis peuvent prendre au maximum cinq personnes. Il est préférable de préparer le montant exact car les chauffeurs ne peuvent jamais vous rendre la monnaie, et, contrairement à la rumeur, ils apprécient les pourboires.

 RENSEIGNEMENTS PRATIQUES

Office de tourisme

À Playa del Carmen, il y a un comptoir près de la gare routière *(Av. 5, angle Av. Juárez)*. Chez **Playa Info** *(Av. 5, entre Calle 10 et Calle 12, ☎ 761344)*, vous rencontrerez un Allemand parlant plusieurs langues, dont le français, et se voulant un vrai guide de Playa del Carmen et de sa région. Ses conseils sont en effet très avisés. Son entreprise organise des visites guidées de Playa del Carmen en autobus d'une durée de 3 heures, incluant l'arrêt aux principaux attraits des environs.

Santé

Médecin
Dᶠ Victor Macias
Avenida 35, entre Calle 2 et Calle 4
Playa del Carmen
☎ 730493 ou 744760 (cellulaire)

Pharmacie
Melodia
Calle 6, juste à l'est de l'Avenida 5
Playa del Carmen

Banque et bureau de change

Bancomer *(9 h à 13 h)*
Cette banque change l'argent jusqu'à midi. On peut y obtenir des avances de fonds sur carte de crédit Visa ou MasterCard. Sur l'avenue Juárez, à cinq maisons à l'ouest de l'Avenida 5, à Playa del Carmen.

Cicsa Money Exchange
Guichet *(24 heures par jour)*
Plaza Rincón del Sol *(sur l'Avenida 5, à environ 15 m au sud de l'avenue Juárez, près du port)*
Playa del Carmen
☎ 730934

Dollar
Avenue Juárez, près de l'Avenida 10
Playa del Carmen
☎ 731118

Bureau de poste

(lun-ven 8 h à 17 h, sam 9 h à 13 h)
Avenue Juárez, à l'angle de l'Avenida 20
Playa del Carmen

Agences de voyages

Centro bilingue Travels
Voyages à Chichén Itzá et Sian Ka'an
Avenida 5, à côté de la boulangerie
Playa del Carmen
☎ 730558

Tropical Island
Avenida 15, angle Calle 1 Sur
Playa del Carmen
☎ 451265

La Bamba
Avenida 5, entre Av. Juárez et Calle 2 Norte
Playa del Carmen

 ATTRAITS TOURISTIQUES

Près de Puerto Morelos

L'**Aquarium de Palancar** ★ *(autoroute 307, km 32, ☎ 849776)* est un petit aquarium intérieur regroupant d'intéressants spécimens de la vie marine. On y trouve également de nombreuses explications sur les différentes espèces de la région.

Le **Jardin botanique du D' Alfredo Barrera** ★ *(autoroute 307, km 38)* est en fait un sentier naturel qui permet de découvrir les richesses écologiques de la région. Vous y verrez, en plus des plantes, arbres et fleurs de la région, des singes, des iguanes et un intéressant petit temple maya. Ce jardin possède aussi une jolie collection d'orchidées.

À deux pas de l'aquarium se trouve le **Crococún** ★★ *(35 pesos; tlj 8 h 30 à 18 h; autoroute 307, km 30, ☎ 841709)*, une grande ferme de crocodiles où l'on peut observer des spécimens de crocodiles «Moreletti», de tous âges et de toutes les tailles... bien à l'abri derrière une barrière métallique. Les guides ouvrent parfois les cages, et l'on peut alors toucher à quelques animaux. Les chanceux verront aussi des perroquets et des serpents. Ce site comprend en outre une petite boutique et un restaurant. De Cancún à Puerto Morelos en autobus, le trajet vous prendra une demi-heure. Le chauffeur fera un arrêt spécial pour vous à Crococún si vous le lui demandez.

L'**Institut des sciences de la mer de Puerto Morelos** ★ *(bien en vue sur l'Avenida Niños Héroes, ☎ 810219)* a vu le jour en 1984. Il fut créé entre autres pour effectuer des recherches scientifiques afin de contribuer au développement et à la connaissance des mers et des eaux continentales mexicaines. On y étudie les récifs coralliens, les sédiments marins, les fossiles de coraux, etc.

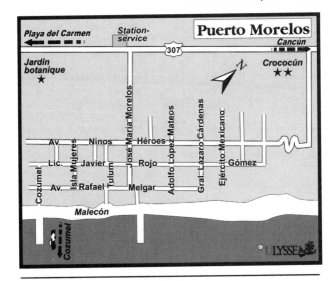

Puerto Morelos

À 36 km au sud de Cancún se trouve Puerto Morelos, un petit village de pêcheurs d'où partent des traversiers pour voitures en direction de Cozumel. Les produits importés destinés à Cancún et Cozumel, transportés dans des cargos de marchandises, passent par Puerto Morelos, dont le port est le second en importance dans la région après celui de Puerto Juárez, situé à quelques kilomètres au nord de Cancún. Le développement touristique, sans être aussi intense qu'à Playa del Carmen, est ici bien amorcé. La plage est belle, et la ville est à seulement une demi-heure en voiture de Cancún. Les hôtels et les condominiums, s'ils ne poussent pas comme des champignons, connaissent toutefois une expansion rapide. Un récif de corail, situé au large, est idéal pour la plongée sous-marine et la plongée-tuba. Puerto Morelos est un endroit tranquille où la vie est simple et où les habitants s'avèrent des plus aimables.

Puerto Morelos est un village calme, mais on y a rapporté des vols de voitures de location dans les derniers mois. Par mesure de prudence, essayez de stationner votre voiture dans un endroit où vous pourrez avoir un œil dessus, ne laissez pas d'objets de valeur à l'intérieur, et assurez-vous toujours que les portes soient bien fermées. Une barre de sécurité qui bloque le volant est une mesure simple mais efficace, car les voleurs peuvent facilement ouvrir les portes verrouillées.

Si vous désirez aller à Cozumel en voiture à partir du port de Puerto Morelos, sachez tout de suite que l'attente sera d'au moins une heure. Le trajet vous prendra entre 2 heures 30 min et 4 heures, et ce n'est pas donné : 200 pesos par voiture et 30 pesos par personne. Le premier départ du traversier pour voitures en direction de Cozumel est généralement à 6 h, mais les horaires varient constamment. Pour connaître les heures de départ, composez le ☎ 720827.

Punta Bete

Cet endroit tranquille est populaire pour son camping et sa très belle plage, longue de 3 km. La baignade et la plongée y sont excellentes. Plusieurs familles y vivent des maigres revenus que leur procure une plantation de cocotiers maintenant décimée. On trouve à Punta Bete des salles de bain publiques et de nombreuses *palapas* sur la plage.

Playa del Carmen ★★

Du temps des Mayas, cet endroit s'appelait *Xaman Ha* (mot maya signifiant «eaux du Nord»). Maintenant, les habitués disent tout simplement *Playa*. La plus animée et la plus touristique des villes entre Cancún et Chetumal, Playa del Carmen compte environ 17 000 habitants. Par sa situation géographique, l'endroit est idéal comme point de départ pour visiter la région. Plusieurs bateaux font la traversée vers Cozumel chaque jour. Les navires de croisière jettent l'ancre fréquemment devant la ville, ce qui est très joli le soir, quand ils brillent de tous leurs feux. Playa del Carmen est principalement fréquentée par une population de randonneurs, de mordus d'archéologie et d'amoureux de plein air et du farniente. La plage reste jolie, bien qu'elle ait subi des dégâts importants au passage des ouragans Roxanne et Gilbert.

Sur la rue principale (Avenida 5), à l'intérieur de Playa del Carmen, se succèdent nombre de restaurants, bars et boutiques qui témoignent du développement touristique intense que

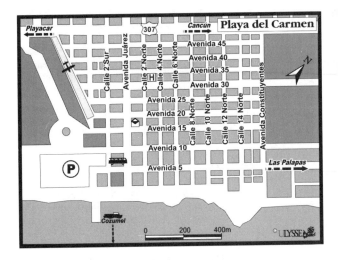

connaît cette destination. Plus près de la plage, plusieurs *cabañas* rustiques accueillent les touristes qui boudent le confort moderne. Munis d'un simple hamac, ils coulent des jours paresseux.

La rue principale est l'Avenida 5, qui longe la côte derrière une série d'hôtels et de restaurants. Rue piétonnière, elle rend la circulation automobile des rues transversales difficile. À Playa, les rues parallèles au rivage sont les *avenidas* (avenues), et les rues perpendiculaires, les *calles* (rues). Toutes les voies de la ville sont très mal pavées, donc roulez lentement. Il y a une station d'essence à l'angle de l'avenue Juárez et de l'Avenida 40.

Playacar

Cet important projet touristique prend actuellement forme au sud du centre-ville de Playa del Carmen, au-delà de l'aéroport. Ce développement de 354 ha comprend un parcours de golf à 18 trous, un centre de tennis, plusieurs hôtels et un centre culturel et commercial. Il est presque complété. On y retrouve les grandes chaînes hôtelières.

Il faut entrer dans le complexe de Playacar pour admirer les trois ruines mayas datant de l'époque post-classique. À partir de l'entrée, le premier groupe de ruines se trouve à environ 300 m sur la droite, très visible de la route. C'est un petit édifice surélevé dont la façade est entourée de colonnes de pierre. Les deux autres groupes sont à quelques mètres sur cette même route, et très intéressants eux aussi.

L'**Aviario Xaman-Ha** ★ *(tlj 9 h à 17 h; Paseo Xaman-Ha, Fracc.,* ☎ *et ⌨ 730593)* est une réserve ornithologique pour les oiseaux en voie de disparition, exclusivement mexicains, et surtout yucatèques tels que flamants roses, toucans, pélicans, ibis, hérons, perroquets, cormorans et cigognes, ainsi que certaines races de canards sauvages. Le site est divisé en six parties selon les groupes d'oiseaux. Des chercheurs étudient dans cette réserve la reproduction d'une trentaine d'espèces différentes.

Le **golf de Playacar** *(*☎ *730624)*, ouvert depuis 1994, est aménagé dans un vaste espace vallonné. Dessiné par Robert von Hagge, il est un des mieux cotés du pays, et des tournois internationaux s'y déroulent fréquemment.

Xcaret ★★

L'histoire de Xcaret (prononcer Ch-ca-rette) commence vers l'an 600. C'était alors un centre cérémoniel maya, un marché et le principal port vers Cozumel. Francisco de Montejo père, alors très occupé à conquérir le Yucatán, y aurait perdu plusieurs hommes en 1528 au cours d'une bataille. Ce site enchanteur comprenait auparavant une rivière souterraine, des ruines mayas, un *cenote*... On y a maintenant ajouté des restaurants, des boutiques, une marina et des hôtels à proximité.

Xcaret (mot maya signifiant «petite crique») est maintenant un domaine de 40 ha où l'on peut pratiquer la plongée, la voile, l'équitation, la nage avec les dauphins, la méditation... Le site comprend en outre un musée, un petit zoo, un aquarium, un jardin botanique et un faux village maya. On y présente chaque soir le spectacle *Xcaret de Noche*, une grande mise en scène historique et musicale. Il y a tant à faire à Xcaret qu'on peut très facilement y passer toute une journée.

Des autobus font la navette chaque jour entre Cancún et Xcaret. Au siège social de l'entreprise privée qui gère le site, à Cancún *(à côté de l'hôtel Fiesta Americana Coral Beach, ☎ 833143, ≈ 833324)*, il y a des départs en autobus chaque jour à 9 h, 10 h et 11 h.

Nourriture, boissons, radios et crème solaire sont prohibées à Xcaret. La seule crème acceptée est la crème *Xcaret*, 100 % naturelle.

Le site est ouvert d'avril à octobre, du lundi au samedi de 8 h 30 à 22 h et le dimanche de 8 h 30 à 18 h. De novembre à mars, il est ouvert du lundi au samedi de 8 h 30 à 20 h 30 et le dimanche de 8 h 30 à 17 h.

Droit d'entrée : 15 $US adulte, 7,50 $US moins de 11 ans.
Location d'une case : 1 $US;
Location d'une serviette : 3 $US;
Promenade à cheval : 30 $US l'heure;
Nage avec les dauphins : 50 $US.

Paamul ★

Paamul est une petite plage bien à l'abri dans une baie, pas paradisiaque au premier coup d'œil, à cause des nombreux coquillages et éclats de corail qui la recouvrent. Les amoureux de Paamul y vont surtout pour la plongée sous-marine, car la mer est transparente et une grande variété de poissons tropicaux peut y être observée. Il est dangereux de marcher pieds nus sur cette plage.

Chaque année, des tortues géantes viennent nidifier la nuit sur la plage, en juillet et en août. Il ne faut surtout pas toucher aux œufs, ni faire de la lumière, car cela effraie les tortues, qui voient déjà la moitié de leur progéniture dévorée par les prédateurs.

Puerto Aventuras

À 20 km au sud de Playa del Carmen, Puerto Aventuras prend son essor. Anciennement déserte, cette baie sert maintenant de cadre à un ambitieux complexe hôtelier de luxe ouvert depuis 1987 (voir p 223), et qui s'étend sur près de 365 ha. Près de 600 autres hectares sont actuellement en développement. Ses principaux attraits sont un port de plaisance et un parcours de golf à 18 trous. Puerto Aventuras comprend des pavillons privés, des condominiums, plusieurs hôtels, des boutiques et des restaurants. L'accès du public y est limité, et il faut obtenir une autorisation pour entrer sur le terrain. La formule «temps partagé» y est très populaire.

En 1741, le galion espagnol *El Matancero* a heurté les récifs tout près d'Akumal. Le **Musée d'archéologie sous-marine Pablo Bush Romero** ★ *(contribution volontaire; tlj 10 h à 13 h et 14 h à 18 h; ☎ 735129)* expose les différents objets qui y ont été récupérés, tels des boucles de ceintures, des canons, des pièces de monnaie, des pistolets et des vases en terre cuite provenant des ruines mayas environnantes.

Xpu-há

À 3 km au sud de Puerto Aventuras se cache la plage idyllique de Xpu-há, que des hôtels commencent à envahir. Pour le moment, c'est encore un endroit tranquille où la plongée-tuba et la plongée sous-marine sont très agréables à pratiquer.

Kantenah

Avant d'atteindre Akumal, vous croiserez la plage de Kantenah, longtemps déserte, où se trouvent maintenant deux grands complexes hôteliers (voir p 224).

Chemuyil ★

La plage de sable blanc de Chemuyil est magnifique. La plongée-tuba, dans ces eaux turquoise et cristallines, est un véritable plaisir. Bien que plusieurs palmiers aient été décapités par les violents ouragans qui ont frappé la côte ces dernières années, il s'en trouve encore, près de la rive, qui fournissent un peu d'ombre. Chemuyil dispose d'un petit resto, d'un camping, de quelques hôtels et d'une boutique de plongée. Le restaurant de fruits de mer Marco Polo est une bonne adresse. Un peu plus bas sur l'autoroute 307, on croise un petit village mexicain, CD Chemuyil, où l'on peut déguster à bon prix la délicieuse cuisine du Yucatán.

Xcacel

À Xcacel, il y a un camping où l'on peut planter sa tente près de la plage, à l'ombre des palmiers. C'est joli, mais il faut impérativement porter des chaussures, car cette plage est couverte de coquillages et de coraux, et s'enduire le corps d'insectifuge. On y trouve un restaurant et un petit *cenote*. Les amateurs d'observation d'oiseaux passeront un bon moment avec les perroquets et les oiseaux *mot-mot* (ainsi nommés à cause de leur cri) qui habitent les parages. Le meilleur moment pour aller à la rencontre de ces petites créatures est tôt le matin. Xcacel est idéale pour les sports nautiques car ses eaux sont calmes et transparentes. Par un petit sentier, on peut se rendre à pied à Chemuyil et Xel-Há.

Xel-Há ★★

Connu comme le plus grand «aquarium naturel» du monde, Xel-Há (prononcer Chel-Ha) est constitué de 4 ha de lagunes exotiques, d'anses et de criques creusées naturellement dans le calcaire friable caractéristique de la région. Certaines criques ont toutefois été «encouragées» par la main de l'homme. De grands plans d'eau transparente et calme regorgent de poissons multicolores. Paradis des amateurs de plongée, Xel-Há est aussi propice aux essais timides des débutants. Ceux qui ne se baignent pas pourront tout de même admirer la faune et la flore marine du haut de la promenade surplombant les rives, tellement l'eau est limpide. Sur place, on trouve des douches et des boutiques, ainsi qu'un restaurant de fruits de mer, et l'on peut aussi louer de l'équipement de plongée.

Le site est ouvert tous les jours de 8 h à 17 h. Le droit d'entrée pour les adultes est de 75 pesos, de 45 pesos pour les enfants de moins de 12 ans, et c'est gratuit pour les enfants de moins de 5 ans. Il est interdit d'entrer sur le site avec des aliments ou des boissons. Il est aussi interdit d'utiliser de la crème solaire, car ce produit contient des produits dangereux pour la faune sous-marine. Des vestiaires et des casiers sont disponibles moyennant finances, de même que de l'équipement de plongée.

Tan-Kah ★

À 9 km au sud de Xel-Há s'étend Tan-Kah un site archéologique qui abriterait pas moins de 45 édifices mayas très anciens dans les profondeurs de la forêt. Les recherches sont en cours, en ce moment, pour mettre au jour les temples enfouis sous la végétation.

Akumal ★

Cette baie bordée de palmiers est l'un des plus beaux endroits du Mexique. Sa plage de 15 km de long est bordée, d'un côté, par la mer qui trace une demi-lune et, de l'autre, par une longue rangée de palmiers. On y trouve un centre de villégiature et une petite zone résidentielle. Akumal (mot maya signifiant «tortue») faisait autrefois partie d'une grande plantation de cocotiers. Elle a d'abord été aménagée en 1958 par des plongeurs qui exploraient l'épave immergée d'un galion espagnol. Ce groupe a fondé la CEDAM, société de plongeurs internationale qui voue ses efforts à la sauvegarde de l'écologie. Les superbes plages d'Akumal sont protégées du large par une barrière de corail que les plongeurs du monde entier viennent observer depuis de nombreuses années. La baie tranquille, d'environ 500 m de long, est parfaite pour la voile, le surf et la plongée-tuba. Plusieurs s'y rendent aussi pour la sérénité qui y règne. Le développement s'y est effectué en harmonie. On a toujours l'impression d'avoir beaucoup d'espace autour de soi. De plus, Akumal possède quelques bons restaurants et bars sur la plage.

La lagune **Yal-ku** (Xel-Há, en plus petit) est située juste au nord, au-delà de la baie en demi-lune. Difficilement accessible, cet endroit est peu visité, mais les plus tenaces qui s'y rendent sont récompensés pour leur peine. La crème solaire y est interdite car ce produit détruit les coraux. Il y a un droit d'entrée minime pour accéder à la lagune.

La **Planetary Coral Reef Foundation (PCRF)** *(☎ 743484),* fondée en 1991, sensibilise les plongeurs à la fragilité des récifs de corail et de l'écosystème marin. La PCRF travaille avec le Centre écologique d'Akumal, dédié à la préservation de l'environnement, pour développer une base de données sur l'état du récif d'Akumal et monter un programme de recyclage des déchets.

Tulum ★★★

La cité archéologique de Tulum (mot maya signifiant «mur») aurait été habitée entre l'an 900 et l'an 1540 environ, soit au moment du déclin de la civilisation maya. Ses temples et édifices, beaucoup plus petits que ceux de Chichén Itzá, témoignent de fortes influences toltèques et mayas. C'est la seule cité portuaire maya découverte à ce jour, et l'un des rares centres cérémoniels encore en activité quand les Espagnols arrivent au Mexique au XVIe siècle. L'expédition navale de Juan de Grijalva, longeant la côte du Yucatán en 1518, fut très impressionnée par cette majestueuse cité surplombant une falaise de 12 m de hauteur. Les murs des temples de Tulum étaient alors peints de couleurs vives et contrastées, dont il ne reste que peu de traces aujourd'hui. Cette légendaire cité maya fortifiée marque l'extrémité sud du corridor de Tulum.

Tulum était à l'origine peuplée de quelques centaines de personnes. C'était aussi un marché important, surtout dans les derniers temps, et relié à plusieurs villes environnantes par des chemins de pierre blanche qu'on appelle *sacbeob*, entre autres à Coba et à Xel-Há. Bien que Tulum fut abandonnée au XVIe siècle, elle servit de refuge aux Mayas de Chan Santa Cruz (aujourd'hui rebaptisée Felipe Carillo Puerto) lors du conflit armé entre Espagnols et Amérindiens : la guerre des castes. Les habitants du village de Tulum sont d'ailleurs en grande partie des descendants directs de ce peuple fier et indépendant. L'explorateur et écrivain John Lloyd Stephens accosta à Tulum en 1842. Il relate ses observations dans un récit de voyage qui fut un best-seller à l'époque : *Incidents of Travel in Yucatán*. En 1993, le gouvernement a lancé un vaste programme de restauration et de conservation des ruines de Tulum, reconnaissant ainsi son intérêt historique. Il est cependant impossible de différencier ce qui fut restauré de ce qui tient encore debout en soi.

Beaucoup de touristes logeant à Cancún ou à Cozumel découvrent Tulum avec l'un des nombreux tours guidés en autocar organisés par presque toutes les agences de voyages de la région. Sur la côte, c'est l'excursion la plus populaire, souvent combinée avec celle de Xel-Há. Tulum recevrait environ 2 millions de visiteurs par année. On imagine donc à quel point l'endroit peut être bondé, surtout durant la haute saison touristique. Le moment de la journée le plus agréable pour visiter Tulum est la fin de l'après-midi, quand les touristes sont partis et que le soleil n'est pas trop chaud. La visite des ruines dure environ deux heures.

À l'entrée du site se trouvent un bruyant marché de souvenirs en plein air, des boutiques d'artisanat, un musée et quelques casse-croûte. On s'y fait malheureusement apostropher par des vendeurs agressifs. Derrière l'entrée, on peut parfois voir à l'œuvre des Voladores. C'est un spectacle très impressionnant qui marie l'acrobatie et la musique. Derrière le terrain de stationnement, une route de terre conduit à la réserve de Sian Ka'an, un haut lieu de l'écotourisme au Mexique. Le village de Tulum, établi à environ 4 km au sud d'El Crucero, soit l'embranchement qui mène aux ruines, est lui aussi digne d'intérêt. On y trouve un bureau de poste et un hôtel, mais pas de banque.

Les ruines de Tulum

Pour accéder au site, vous devez emprunter l'embranchement nommé El Crucero, à 1 km des ruines, soit à l'endroit où sont établis des hôtels et des boutiques. Vous croiserez une station d'essence Pemex sur l'autoroute 307, un peu plus au sud de cet embranchement.

Du lundi au samedi, le droit d'entrée est de 18 pesos pour les adultes, et c'est gratuit pour les 12 ans et moins. Le dimanche, l'entrée est libre. La location d'une case à l'entrée du site coûte 8 pesos. L'accès, jadis situé près des ruines, donne maintenant sur un stationnement *(1 $US)*, juste à côté de l'autoroute 307, ce qui oblige les visiteurs à parcourir environ 500 m à pied ou à bord d'un petit train *(1 $US aller-retour)*. Un guide peut être engagé à l'entrée du site.

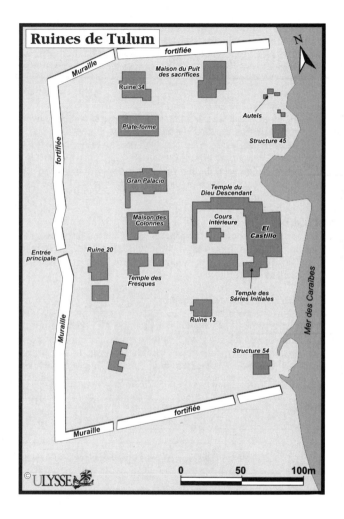

L'entrée aux ruines se fait par un étroit passage dans le mur de pierre qui entoure la cité. Le premier bâtiment qui se présente aux visiteurs est le Temple des fresques. Face à la mer, au point le plus élevé, vous verrez le Castillo. Tout à côté se trouve le Temple du dieu descendant. Quelques autres structures de moindre importance sont disséminés aux alentours.

Le Temple des fresques

Ce temple à deux étages se compose d'une base large, avec quatre colonnes de pierre sur un des côtés. On ne peut pas y pénétrer, mais on distingue fort bien des fresques colorées à l'intérieur; elles représentent l'univers tel que l'imaginaient les Mayas. L'architecte de ce temple a signé son œuvre en trempant sa main dans la peinture rouge et en l'appuyant ensuite sur la pierre.

El Castillo

On accède au sommet de cette structure par un large escalier qui conduit à un temple divisé en deux. L'entrée de ce temple est flanqué de deux colonnes représentant des serpents et un dieu descendant.

Le Temple du dieu descendant

On pénètre sous cette structure à deux étages par une petite porte surmontée d'une figure taillée dans le roc représentant le «dieu descendant», c'est-à-dire une forme humaine ailée dont les pieds sont tournés vers le ciel et la tête vers le sol. On ne sait pas si cette forme représente une abeille ou plutôt le soleil couchant.

 ACTIVITÉS DE PLEIN AIR

 La plongée sous-marine et la plongée-tuba

À 200 m de la rive de Puerto Morelos se trouve un récif de corail très prisé par les plongeurs. Depuis mars 1997, le Département de l'environnement du Mexique a classé ce récif «zone protégée». C'est le plus long de tout l'hémisphère Nord. De nombreux navires se sont échoués dans les environs depuis le début de la colonisation espagnole, dont un galion espagnol qui attire beaucoup d'amateurs. À l'hôtel Bahía Maya Village (voir p 220), on peut louer de l'équipement de plongée ou encore participer à une excursion vers Puerto Morelos ou le très beau *cenote* Dos Ojos (à 90 km à l'intérieur des terres). Ce centre organise aussi des expéditions de pêche en haute mer d'une journée ou d'une demi-journée.

En face de l'hôtel Ojo de Agua, à Puerto Morelos, se trouve la marina **Twin Dolphin** *(Av. Xavier Rojo Gómez,* ☎ *710153,* ✆ *710152),* qui loue de l'équipement et qui organise des excursions de plongée.

À **Punta Bete**, l'hôtel La Posada del Capitan Lafitte *(*☎ *99-230485)* possède une boutique de plongée du nom de **Buccaneer's Landing**, qui offre tous les services. On peut y louer l'équipement nécessaire pour faire de la plongée sous-marine ou de la plongée-tuba, et y faire aussi des promenades à cheval.

Plusieurs entreprises à **Playa del Carmen** louent du matériel de plongée-tuba ou de plongée sous-marine, et organisent des excursions. En voici quelques-unes :

Seafari Adventures
Avenida 5, entre Calle 2 Norte et Avenida Juárez
☎ 730901

Costa del Mar Dive Shop
Sur la plage, à côté de l'hôtel Blue Parrot

Shangri-La Dive Shop
Hôtel Shangri-La Caribe

Yax Ha Dive Shop
Sur la plage, entre Calle 10 et Calle 12

Phocea Caribe
Cette entreprise propose des cours d'initiation à la plongée d'une journée et des cours de plus longue durée.
☎ et ✆ 731024
Avenida 5, entre Calle 12 et Calle 14

Puerto Aventuras offre la possibilité de pratiquer de multiples activités comme le golf, la pêche en haute mer, la plongée sous-marine et la plongée-tuba, la voile et le kayak. À 1 km au sud du complexe se trouve le Cenote Azul (accès par l'autoroute 307), où l'on peut nager dans une eau claire et fraîche.

Le **Mike Madden's CEDAM Dive Center** *(hôtel Club de Playa,* ☎ *722233)* propose des cours complets de plongée, loue tout l'équipement nécessaire et organise des excursions aux *cenotes* environnants. Mike Madden est un plongeur émérite de réputation internationale qui a exploré de nombreux *cenotes* dans la région.

L'équitation

À Punta Bete, depuis plus de 25 ans, le **Rancho Loma Bonita** *(route 397, km 49, vers Punta Bete,* ☎ *875465)* permet de parcourir à cheval des sentiers sauvages dans la jungle ou des kilomètres de plage. On peut même y jouer au polo à dos d'âne, armé d'un balai! Un autobus fait la navette deux fois par jour entre Cancún et le ranch. Les tarifs, qui varient selon les activités pratiquées, incluent une assurance-accident. Il y a un restaurant sur place.

HÉBERGEMENT

Puerto Morelos

L'hôtel **Hacienda Morelos** *($; ⊗, ≈; sur la plage, près du quai 8,* ☎ *et ⊨ 710015)* compte 12 chambres avec grands lits, mais il subit actuellement des travaux de rénovation et d'agrandissement. Les chambres, un peu petites, sont joliment décorées à la mexicaine. La piscine est entourée de *palapas*. Légèrement surélevée, elle offre un beau point de vue sur la mer.

L'hôtel **Ojo de Agua** *($; bp, ℂ, ℝ, ⊗, ≈, ℜ; Av. Javier Rojo Gómez,* ☎ *et ⊨ 710027)*, nouvellement construit, a une jolie petite piscine qui fait face à la mer. Ses 24 chambres, claires et confortables, ont toutes un ventilateur de plafond et une salle de bain privée. Des bouteilles d'eau purifiée sont distribuées gratuitement chaque jour à la clientèle. On y organise des excursions de plongée.

La **Posada Amor** *($; ⊗, ℜ; Av. Xavier Rojo Gómez, ☎ 710033, ⇆ 710178)* dispose de 18 chambres au confort simple et décorées à la mexicaine, réparties dans des habitations qui entourent une petite cour intérieure ombragée. Certaines chambres ont une salle de bain privée avec douche.

🏛 Depuis près de 10 ans, la **Posada Corto Maltes** *($; ⊗; à 400 m au sud du village, le long de la plage, ☎ 730206)* propose une dizaine de *cabañas* à quelques mètres seulement de la plage. Pourvues d'un grand lit, d'un coffret et d'une penderie, ces petites habitations sont tout de même fraîches et confortables. On peut aussi coucher dans l'un des hamacs qui sont tendus sur la plage. Cet endroit tranquille est tenu par le Français Georges Bache, un monsieur fort sympathique. La maison voisine, à deux pas, est habitée par un sculpteur qui a fait de son terrain un véritable musée en plein air. On peut avoir, sans froisser l'intimité de quiconque, un fort bonne vue sur l'ensemble de ses œuvres en déambulant sur la plage... mine de rien!

Le **Rancho Libertad** *($ pdj; ⊗; au sud du port, ☎ 710181, ⇆ 710182)* est tenu par des Américains. Le bâtiment principal abrite une grande salle au sol couvert de sable où l'on peut jouer aux échecs, regarder les étoiles avec un téléscope, gratter une guitare ou frapper sur un tambour. Une cuisine commune bien équipée est accessible à tous. Les 12 chambres ont un ventilateur de plafond, et certaines ont des lits suspendus par des cordes. On peut aussi dormir dans l'un des hamacs mis à la disposition de la clientèle. La plage de l'hôtel est très jolie. C'est vraiment un endroit où se coucher tôt et se lever tard. On peut louer un kayak pour 21 pesos l'heure, une bicyclette pour 50 pesos par jour et un équipement de plongée-tuba pour 60 pesos par jour.

Le **Caribbean Reef Resort** *($$; ⊗, ≡, ≈, ℜ; ☎ 710191)* est un hôtel moderne offrant un grand confort. Ses 21 chambres spacieuses ont une jolie vue sur la mer. L'hôtel comprend une piscine, un court de tennis, un restaurant-bar et une boutique de plongée. La direction organise des excursions de plongée sous-marine.

Le **Bahía Maya Village** *($$$ pdj; ⊗, ≡, ℝ, ≈, ℜ; sur la plage;*
☎ 871776, ⌁ 843849) a ouvert ses portes en janvier 1996. Ses
100 chambres comprennent toutes un minibar et un ventilateur.
Certaines d'entre elles ont l'air conditionné. Le Bahía Maya
Village se compose de deux bâtiments entourés de jardins. La
piscine est grande et entourée de *palapas*, de hamacs et de
chaises longues. L'hôtel dispose d'un restaurant de cuisine
italienne, d'une discothèque, d'une boutique, d'un centre de
plongée et d'un comptoir de location de voitures.

Punta Bete

La **Posada del Capitán Lafitte** *($$$; ⊗, ≈, ℜ; ☎ 99-230485)* est
une institution à Punta Bete. Ses 40 logements répartis dans
une série de maisonnettes au toit de chaume comprennent
chacun une chambre à coucher et une terrasse avec vue sur la
mer. Quelques logements comptent deux chambres. Les salles
de bain comportent des douches seulement. En fin de journée,
près de la piscine, il y a des spectacles de mariachis. Cet
ensemble a été passablement endommagé par l'ouragan
Roxanne en 1995.

Playa del Carmen

À Playa del Carmen, la majorité des hôtels sont situés sur la
plage, à seulement quelques mètres de la mer. Certains d'entre
eux louent des *cabañas*. Sur l'Avenida 5, on trouve plusieurs
petits hôtels bon marché. Les plus chers et les plus confortables sont situés aux extrémités nord et sud de la ville. Par
l'entremise de l'Association hôtelière de Playa del Carmen, on
peut s'informer sur les types d'hébergement possibles et
effectuer des réservations *(☎ 730646, ⌁ 730038)*.

Le **Balcones del Caribe** *($; ⊗, ≡, ≈, ℜ; Calle 34, entre l'Avenida*
5 et l'Avenida 10, ☎ 730830), compte 72 suites avec deux
chambres chacune. Elles sont bien décorées et équipées d'une
cuisinette, d'une salle à manger et de l'air conditionné. Elles
sont réparties dans deux bâtiments modernes de quatre étages.
Le Balcones possède un court de tennis et un comptoir de
location de voitures.

Le **Camping y Cabañas La Ruina** *($; ⊛, ℜ; Calle 2 Norte,* ☎ *730405)* est un hôtel de 27 chambres qui jouxte le restaurant Sofia. L'hôtel porte ce nom en raison d'une petite ruine maya qui se trouve de l'autre côté de la rue. C'est le seul endroit à Playa del Carmen où l'on peut planter sa tente. La cour carrée de l'hôtel mise à la disposition des campeurs n'est vraiment pas accueillante.

L'hôtel **Mom's** *($ pdj; ≈, ℜ, ⊛, ≡; Avenida 30, angle Calle 4,* ☎ *et* ⇒ *730315)*, construit un peu comme une hacienda avec cour centrale et petite piscine, est un peu retiré. Il est situé à environ 5 min à pied de la rue piétonnière. Ses 16 chambres sont confortables, propres, grandes et fraîches, avec salles de bain privées. Certaines offrent l'air conditionné. Le propriétaire possède une bibliothèque très intéressante et se fera un plaisir de vous prêter quelques bouquins que vous pourrez lire à la terrasse située à l'étage.

Le **Pelícano Inn** *($ pdj; ⊛, ℜ; sur la plage, angle Calle 6,* ☎ *730997 ou 1-800-538-6802,* ⇒ *730998)* est un nouvel hôtel de 36 chambres, entouré d'un jardin tropical. Les chambres ont soit deux grands lits ou un très grand lit. Au petit déjeuner, on se sert soi-même au buffet. L'hôtel dispose d'un magasin de matériel de pêche et de plongée.

Tout ce qu'on veut, c'est un lit pour dormir? La **Villa Deportiva Juvenil***($; Avenida 30, angle Calle 8)*, une auberge de jeunesse pour tous, compte 200 lits répartis dans 10 dortoirs et 5 *cabañas*. Ces dernières, munies d'un ventilateur et d'une douche privée, peuvent loger trois ou quatre personnes. En partageant le coût de ces modestes habitations à plusieurs, on paiera encore moins cher que pour le dortoir. Hommes et femmes couchent dans des *cabañas* et dortoirs distincts, qui sont tous propres, modernes et bien entretenus.

À 20 m de la plage, l'**Albatros** *($-$$ pdj; ≡, ⊛, ℜ; sur la plage, angle Calle 8,* ☎ *730933)*, un hôtel de 31 chambres, se compose de maisonnettes beiges recouvertes d'un toit de chaume. Toutes les chambres disposent d'un balcon privé avec hamac. Elles sont peintes en blanc et meublées sobrement; le plancher est recouvert de carreaux de céramique. Le matin, on sert café et croissants. L'hôtel organise des excursions de plongée sous-marine, et l'on peut aussi louer tout l'équipement nécessaire à la plongée.

Très populaire pour les nombreux services qu'il offre, le **Blue Parrott Inn** *($$; ⊗, ≡, ℜ; sur la plage, angle Calle 12, ☎ 730083)* organise diverses activités nautiques (kayak, plongée-tuba et plongée sous-marine, pêche, etc.). Ses 50 chambres sont toutes climatisées. Chaque soir, des orchestres de salsa animent sa discothèque, le Dragon Bar (voir p 230).

Malgré son nom évocateur, l'hôtel **El Tucán** *($$; ≈; Av. Norte, N° 5A, entre Calle 14 et Calle 16, ☎ 730417, ≈ 730668)* est un bâtiment moderne en béton. Ses 65 chambres, quoique propres et confortables, sont un peu insipides. À côté de l'hôtel, il y a un petit jardin privé rafraîchissant avec des cascades d'eau et un petit *cenote*.

Les 55 chambres du **Las Palapas** *($$$; ≈, ℜ; route 307, km 292, ☎ 730610 ou 1-800-433-0885, ≈ 730458)* se trouvent à environ 2 km au nord de Playa del Carmen, sur la plage. L'hôtel est tenu par un Allemand. Les chambres consistent en des bungalows circulaires couverts de feuilles, de un ou deux étages, avec salle de bain, ventilateurs, lits à deux places et balcon. Il faut prendre la chambre pour trois nuitées au minimum. Le complexe possède une boutique et deux restaurants; il organise des excursions.

Playacar

Ouvert depuis 1994, le **Caribbean Village** *($$$; ⊗, ≡, ≈, ℜ; ☎ 730506, ≈ 730348)*, situé près du golf de Playacar, renferme 300 grandes chambres modernes et confortables, avec deux grands lits, télévision et téléphone. Dans les jardins qui entourent l'hôtel, il y a deux piscines et trois courts de tennis. L'hôtel comprend un comptoir de location de voitures et une boutique de plongée. Le coût de la chambre inclut un parcours de golf quotidien *(voiturette 15 $US)*.

Les 188 chambres et 16 suites du **Continental Plaza Playacar** *($$$; ⊗, ≡, ≈, ℜ; ☎ 730100)*, un complexe qui a ouvert ses portes en 1991, comprennent toutes une télévision et un balcon privé, et sont décorées à la mexicaine. L'hôtel est situé devant l'une des plus jolies plages du secteur, et pas très loin à pied du centre-ville de Playa del Carmen. Cet hôtel possède un comptoir de location de voitures, des courts de tennis et une boutique de plongée. On peut y pratiquer de nombreuses activités dont le ski nautique et la voile.

Établi en 1992, le **Diamond Resort** *($$$; ⊗, ≡, ≈, ☉, ℜ; ☎ 730348, ⬿ 730346)* compte 300 chambres réparties dans des maisonnettes au toit de chaume. Cette apparente simplicité cache un décor moderne et du mobilier fonctionnel. Les services de l'hôtel (bar, restaurant, réception) sont principalement concentrés sous une immense *palapa*. L'hôtel comprend un comptoir de location de voitures et met à la disposition de la clientèle des voiturettes de golf. Situé sur une pente douce qui s'étend jusqu'à la plage, le Diamond dispose aussi d'un court de tennis et d'une boutique de plongée.

Le **Club Royal Maeva Playacar** *($$$$; ≡, ⊗, ≈, ℜ; ☎ 731150, ⬿ 731154)* est un grand complexe de 300 chambres au décor moderne dans des couleurs typiquement mexicaines; la plupart ont vue sur la mer. On peut y pratiquer une foule d'activités sportives, et s'y trouvent deux camps de vacances pour les enfants de 2 à 4 ans et de 4 à 12 ans. Cet hôtel est le troisième de cette chaîne au Mexique, après les établissements de Huatulco et de Manzanillo.

Puerto Aventuras

Récemment acquis par la chaîne d'hôtels Colony, l'hôtel **Club de Playa** *($$$; ⊗, ≡, ≈, ☉; sur la plage, à proximité de la marina, ☎ et ⬿ 735100)* comprend 300 chambres spacieuses avec balcons et magnifique vue sur la mer. Les clients de cet hôtel peuvent jouer gratuitement au golf de Puerto Aventuras. L'hôtel possède une boutique de plongée.

Ouvert depuis 1992, le **Club Oasis Puerto Aventuras** *($$$$; ≈, ≡, ⊗, ℂ, ℜ; sur la plage, à l'extrémité nord, ☎ 735050, ⬿ 735051)* abrite 275 chambres, dont certaines avec baignoire à remous et cuisinette. Cet hôtel a adopté la formule «tout inclus» et organise de nombreuses activités pour sa clientèle. Le transport jusqu'à la marina est inclus dans le prix de la chambre.

Les 60 chambres de l'hôtel **Continental Plaza** *($$$$; ℂ, ⊗, ≈, ≡, ℜ; tout près de la marina, ☎ 735133, ⬿ 735134)* sont décorées dans les tons de bleu et pêche chers aux Mexicains, et s'ouvrent sur de larges balcons qui donnent sur la mer. La plupart des chambres ont une cuisinette. L'hôtel loue des bicyclettes et des voitures, et assure le transport jusqu'à la plage, qui se trouve à quelques minutes seulement.

Paamul

Le modeste hôtel **Paamul** *($ pdj; ⊗, ℜ; ☎ 743240)* est tenu par une sympathique famille mexicaine. Le confort est simple, mais on y mange bien. Cette même famille gère aussi l'unique camping de Paamul, situé non loin de l'hôtel *(25 pesos incluant douche et toilettes)*. Vous trouverez à l'hôtel une boutique de plongée bien équipée et une laverie.

Kantenah

L'**El Dorado Resort** *($$$$$; ⊗, ≡, ≈, ℜ; ☎ 98-843242, ✉ 846952)* occupe une grande partie de la plage de Kantenah. C'est un complexe de 135 grandes suites avec plancher de marbre et télévision par satellite. L'hôtel possède deux piscines, deux restaurants, trois bars et de grands jardins. Tous les repas et les activités sportives sont inclus dans le tarif mentionné.

Un peu plus au sud, le **Robinson Club Tulum** *($$$$$; ⊗, ≈, ≡, ⊙, ℜ; ☎ 811010)* propose 300 jolies chambres décorées dans des tons pastel. Malgré son nom, cet hôtel se trouve à plusieurs kilomètres au nord de Tulum.

Akumal

Le grand complexe **Club Akumal Caribe & Villas Maya** *($$; ≈, ⊗, ℂ, ℜ; ☎ 722532)* compte différents types d'hébergement, qui vont de la grande *cabaña* tout confort à la petite chambre d'hôtel en passant par le condominium à deux ou trois chambres. On peut y pratiquer le tennis et le basketball, mais surtout la plongée sous-marine car le complexe abrite deux boutiques de plongée.

Les 120 grandes chambres du **Club Oasis Akumal** *($$$; ⊙, ⊗, ≈, ℜ; ☎ 722828, ✉ 735051)* ont toutes un grand balcon avec vue sur la mer ou sur les jardins, et la plupart offrent l'air conditionné. Cet hôtel en forme de *U*, construit en 1986 et rénové en 1995, est installé sur une très belle plage. Son architecture est typiquement mexicaine. L'Oasis dispose d'un court de tennis, d'une agence de voyages, d'un comptoir de location de voitures et d'un club de plongée, l'Oasis, géré par le CEDAM.

La **Hacienda la Tortuga** *($$$;* ⊗, ≡, ℂ, ≈, ℜ; *à 10 min à pied du grand complexe Club Akumal Caribe,* ☎ *722421)* est un petit centre situé sur la plage; il comprend neuf condominiums avec une chambre ou deux, une cuisinette et une grande salle de bain.

Tulum

Il y a quelques hôtels à l'embranchement El Crucero, mais vous ne serez alors pas près de la mer. Au sud des ruines, sur un chemin de terre qui mène à Boca Paila, un chapelet de *cabañas* s'étale sur une longue plage bordée de palmiers, la plupart proposant un confort simple et de quoi manger. Certaines de ces *cabañas* n'ont même pas l'eau courante, alors que d'autres sont tout à fait recommandables. D'une façon ou d'une autre, vous devrez parcourir à pied le chemin qui mène à ces endroits un peu sauvages où l'insectifuge est aussi nécessaire que la crème solaire.

Ouvert depuis 1990, l'hôtel **Acuario** *($;* ≈, *bp,* ⊗, ℜ, *El Crucero,* ☎ *844856)* renferme 27 chambres vastes et confortables avec télécouleur et salle de bain privée, ce qui est un luxe au sud de Tulum. Les autobus pour Playa partent du stationnement de cet hôtel.

Les plus courageux poursuivront leur promenade jusqu'aux très populaires **Cabañas Ana y José** *($; à 7 km au sud des ruines;* ⊗, ℜ; ☎ *712004)*, qui compte 16 confortables chambres au plancher de carreaux de céramique, avec douche d'eau chaude et hamac sur la terrasse. Le restaurant de cet établissement, où l'on a les pieds dans le sable, est très recommandable, surtout pour son homard frais! Sur la très belle plage, vous pourrez pratiquer le volley-ball ou vous reposer sous une *palapa*. On y loue des bicyclettes, un moyen de transport des plus pratiques pour se promener sur le chemin de Boca Paila. Profitez-en pour faire une expédition jusqu'à Punta Allen, de l'autre côté de la baie.

Les **Cabañas Santa Fe** *($; ℜ; à 600 m au sud des ruines)* comportent de petites pièces d'environ 3 m² où l'on peut soit avoir un lit (60 pesos) ou y accrocher son hamac (30 pesos). Pour 12 pesos, il est permis de planter sa tente près de cet endroit animé. La clientèle est surtout composée de plongeurs et d'étudiants. On y mange de bons petits plats locaux, et, le soir, des musiciens se produisent au bar-restaurant.

En continuant vers le sud, on trouve l'hôtel **El Paraíso** *($; bp, ℜ; à environ 1,5 km des ruines, ☎ 721717)*. Les chambres comptent deux grands lits et une salle de bain privée. L'hôtel possède un restaurant fort acceptable, et la plage est magnifique. Après 22 h, il n'y a plus d'électricité, mais la direction met des bougies à votre disposition.

RESTAURANTS

Puerto Morelos

Le restaurant **Doña Zenaida** *($; Av. Xavier Rojo Gómez)* propose des spécialités du pays à très bon prix dans un décor simple et sympathique.

Aux **Pelicanos** *($-$$; av. Rafael Melgar, au bord de la mer, ☎ 710014)*, les poissons frais, les fruits de mer et les spécialités yucatèques sont servies dans une ambiance chaleureuse et à très bon prix.

🦐 Au restaurant de l'hôtel **Posada Amor** *($$; ⊗, ℜ; Av. Xavier Rojo Gómez, ☎ 710033, ≈ 710178)*, on prépare de délicieux et robustes petits déjeuners. Il y a même du véritable sirop d'érable pour les crêpes! Le dimanche, on sert des buffets très généreux de mets mexicains et américains.

Playa del Carmen

Ouvert 24 heures par jour, le **Deli Cafe** *($-$$; Av. 5, angle Calle 4)* sert le petit déjeuner toute la journée ainsi que des *burritos*, des pâtes et des sandwichs. On y déguste de très bons jus de fruits frais.

Le populaire restaurant italien **Da Gabi** *($-$$$; Av. 5, angle Calle 12)* propose des plats de fruits de mer et de poisson, des pâtes fraîches, et, pour finir en beauté son repas, du bon café *espresso*... chose rare dans les parages. La salle est vaste et bien décorée; des ventilateurs de plafond rafraîchissent l'air ambiant.

Le restaurant **Sabor** *($-$$; Av. 5, angle Calle 4)* est très couru pour ses salades, ses hamburgers au soya, ses sandwichs et ses desserts savoureux. C'est le rendez-vous des végétariens de Playa del Carmen.

Le **Tarraya** *($-$$; Calle 2, au bord de la mer)*, à ne pas confondre avec Las Terrazas, le restaurant de l'hôtel Balcones del Caribe, offre une vue sur la mer. Il faut goûter à son délicieux filet de poisson à l'ail *(mojo de ajo)*. À la tombée du jour, sur le bord de l'eau, on est littéralement dévoré par des moustiques inoffensifs mais ennuyeux. Mieux vaut dîner tard sur le bord de l'eau, quand la nuit est tout à fait tombée.

Au restaurant-bar **Máscaras** *($$; Av. Juárez, en face du parc, ☎ 730194)*, on déguste d'excellentes pizzas cuites au four à bois (la pizza aux trois fromages est excellente). Des orchestres de salsa jouent tous les soirs dès 19 h.

La **Choza** *($$-$$$; Av. 5, angle Calle 2, ☎ 730327)* sert de bons petits plats mexicains authentiques dans une ambiance sympathique et bon enfant.

Le **Limones** *($$-$$$; Av. 5, angle Calle 6)* est un endroit très romantique. Il y a des bougies sur les tables et un guitariste qui joue des ballades. Plats italiens et français; pizza cuite au four à bois.

Comme à Cancún, Playa del Carmen possède un restaurant **La Parilla** *($$-$$$$; Av. 5, angle Calle 8, ☎ 730687)*, où l'on sert de la pizza cuite au four à bois, des fruits de mer et des spécialités mexicaines et italiennes. On y prépare petit déjeuner, déjeuner et dîner. Chaque soir, vers 19 h, des musiciens viennent accompagner le repas des dîneurs.

Akumal

Souper à Akumal se révèle une aventure agréable. Il y a peu de restaurants, mais de la diversité et surtout une ambiance chaleureuse et un cadre enchanteur. On y déguste des mets locaux et étrangers.

Près de l'entrée principale d'Akumal, vous trouverez le magasin général **Super Chomak**. Attenant à ce marché, un petit casse-croûte vend pour presque rien de bons petits *tacos*.

Le bar-restaurant **Buena Vida** *($-$$; sur la route de la plage, au nord d'Akumal)* offre une très belle vue sur la baie. On y consomme paresseusement un cocktail, les orteils dans le sable. Ses petits déjeuners ne vous décevront pas.

On peut s'asseoir à l'intérieur ou sur la plage, à **La Lunita** *($-$$; Hacienda Las Tortugas)*. Vous y trouverez des mets mexicains contemporains et créatifs, une grande variété de desserts et du café maya. Ce restaurant est ouvert tous les jours le midi et le soir, et pour le petit déjeuner pendant les mois d'hiver.

Le populaire **Lol-ha** *($-$$$; Playa Akumal)* sert pour dîner des poissons frais, des fruits de mer et des *tacos*. C'est un endroit vivant et très coloré. Ce restaurant est aussi ouvert pour le petit déjeuner à la britannique mais ferme pour le déjeuner. La famille qui possède ce restaurant a participé à la fondation d'Akumal. Victime d'un incendie récemment, le Lol-Ha est maintenant complètement rénové.

Tout près du Lol-ha se trouve la **Pizzeria Lol-ha** *($-$$)*, qui peut servir les pizzas au bar de la plage. Ce bar, de style *palapa*, avec ses tables entourées de palmiers, permet de dîner très agréablement.

Que Onda *($$; près de la lagune Yal-ku)* est un restaurant italien qui sert des pâtes fraîches faites sur place. Il possède une bonne sélection de vins italiens, un bar-salon, une très belle terrasse et une piscine éclairée le soir.

Puerto Aventuras

Pour un bon repas à petit prix, il y a un **petit marché** en face du Club de Playa. Pour 3 pesos, on y mange de délicieux *tacos*, confortablement assis à l'une des six tables qui se trouvent à l'intérieur. Pour 4 pesos, on peut arroser ce repas avec une bière locale. Chaque soir, dans la petite île qui se trouve en face du marché, on assiste au retour des oiseaux.

Au **Cafe Ole International** *($; à quelques minutes à pied de l'hôtel Club de Playa)*, on propose des spécialités mexicaines à prix raisonnable, et le repas se termine avec un bon café. La formule «table d'hôte» y est privilégiée.

On mange assis directement sur le sable au **Papaya Republic** *($-$$; derrière le golf)*, un restaurant entouré de palmiers qui sert de bons poissons et fruits de mer dans une ambiance décontractée.

Eh oui, les tentacules de la chaîne **Carlos 'n Charlie** *($$; à l'intérieur du centre commercial)* se sont étendues jusqu'à Puerto Aventuras. On y sert de généreuses portions de grillades et du «tex-mex» à l'américaine.

Tulum

À l'entrée des ruines de Tulum, il y a de multiples casse-croûte où l'on peut se restaurer pour moins de 20 pesos.

Le restaurant de l'hôtel Acuario, **El Feisán y El Venado** *($$; El Crucero, ☎ 844856)*, propose un menu typiquement mexicain, préparé avec soin.

Le restaurant de l'hôtel **Cabañas Ana y José** *($$-$$$; à 7 km au sud des ruines, ☎ 712004)*, où l'on a les pieds dans le sable, est très recommandé, surtout pour son homard frais.

SORTIES

Playa del Carmen

Chaque soir au bar de l'hôtel Blue Parrott Inn, le **Dragon Bar** *(sur la plage, angle Calle 12, ☎ 730083)*, des orchestres jouent de la musique salsa.

Tous les rythmes latino-américains se font entendre au restaurant **Máscaras** *(dès 19 h; Av. Juárez, angle de la Plaza, ☎ 730194)*, bien situé au centre de l'action. Des masques de toutes sortes couvrent les murs.

 MAGASINAGE

Puerto Morelos

Puerto Morelos abrite une jolie boutique d'artisanat local, **Kab Meyah** *(Calle Tulum, Plaza Morelos, ☎ et ≈ 710164),* où sont fabriqués et vendus des vases de terre cuite peints à la main, des bracelets d'argent finement ciselés et de jolies illustrations. On peut voir les ouvrières à l'œuvre à l'arrière de la boutique.

Playa del Carmen

Tout le long de la 5e Avenue, l'allée piétonnière, vous croiserez des dizaines de boutiques qui vendent des *huipils*, des couvertures de laine tissées à la main, des vases et des masques en terre cuite et différentes objets d'art. Playa del Carmen possède en outre de bonnes adresses pour les vêtements de plage ou de plongée.

La boutique **Mexican Amber** *(Av. 5, entre Calle 4 et Calle 6, ☎ 730446)* propose de très jolis bijoux d'ambre jaune.

La **Galería Arte Y Vida** *(Av. 10, entre Calle 10 et Calle 12)* propose des toiles dont les cadres sont fabriqués à la main. On y trouve aussi différents objets d'art, des illustrations et certains objets usuels comme des lampes et des théières, fabriqués dans la région. La boutique est en retrait de la 10ᵉ Avenue, sur une petite rue.

La bijouterie **Fuente** *(à 50 m du port, en face du Cicsa Money Exchange)* vend des bracelets, boucles et anneaux en argent certifié, fabriqués à la main. Pour vous assurer de l'authenticité d'une pièce en argent, vérifiez si elle porte l'inscription «0,925».

CANCÚN-
CHICHÉN ITZÁ

CHICHÉN ITZÁ se trouve au cœur de la forêt, où les seuls points d'eau sont quelques *cenotes* dispersés. Les arbres, s'ils sont nombreux, sont plutôt trapus. Ce site archéologique est le plus visité de toute la péninsule yucatèque. Des travaux de restauration importants ont permis de remettre sur pied les temples et les ruines qui étaient couverts de végétation. On y accède, depuis Cancún, en voiture ou en autobus sur une route bien revêtue ou même par avion. Le trajet en voiture vous permettra cependant de découvrir des endroits fort intéressants, comme Valladolid et les grottes de Balancanché.

Valladolid★ est la deuxième plus grande ville du Yucatán, avec plus de 70 000 habitants. Elle fut fondée en 1543 par Francisco de Montejo sur les lieux mêmes du centre cérémoniel maya Zací. Son tracé et ses maisons en font une ville coloniale classique. Dès le début de la guerre des castes, en 1847, Valladolid fut attaquée par les Mayas en révolte, et une grande partie de ses habitants, de descendance espagnole, se réfugia à Mérida. Ceux qui restèrent furent presque tous massacrés. Valladolid a également beaucoup souffert lors de la Révolution.

Aujourd'hui, Valladolid est une ville calme. Les jeunes la désertent en grand nombre pour aller vers les centres touristiques où ils sont presque sûrs de trouver du travail. Le parc central de Valladolid sert également de marché. La ville est renommée pour ses saucisses, qu'on peut déguster dans plusieurs petits restaurants qui se trouvent autour du parc.

Les **grottes de Balancanché**, à quelques kilomètres de Valladolid, méritent une visite. Elles étaient jadis un lieu de pèlerinage pour les Mayas et les Toltèques.

Le village de **Pisté** est une sorte de prolongement commercial de Chichén Itzá. On y trouve des boutiques d'artisanat, des restaurants, des hôtels, un terrain de camping, une station d'essence Pemex et une banque.

 # POUR S'Y RETROUVER SANS MAL

En voiture

À partir de Cancún, vous croiserez en ligne droite Valladolid et Balancanché, le long de l'autoroute 180, avant d'atteindre Chichén Itzá et le petit village de Pisté. Le trajet jusqu'à Valladolid vous prendra environ deux heures. À l'intérieur de la ville, vous pourrez facilement vous orienter à partir du parc central, autour duquel sont situés les principaux attraits de la ville.

Auparavant, l'autoroute 180 passait juste à côté du site archéologique de Chichén Itzá. On a cependant détourné cette route pour des questions de préservation. Ainsi, en arrivant de Cancún, vous devrez prendre un embranchement qui se trouve à environ 2 km au sud de l'entrée du site archéologique. Suivez les panneaux indicateurs sur la route.

En avion

De Cancún à Chichén Itzá, **Aerocaribe** (☎ 842000) propose des vols aller-retour dans la même journée au tarif de 360 pesos. Le vol dure une vingtaine de minutes, et il y a environ trois aller-retour par jour. L'aéroport est situé non loin du site où des taxis emmènent les voyageurs jusqu'aux ruines.

En autocar

La gare routière de Valladolid est située sur la rue 37, non loin du parc. De 6 h du matin à 21 h, des autocars quittent toutes les heures le terminus de Cancún en direction de Valladolid. Le trajet coûte 20 pesos.

Du terminus de Cancún, des autocars de première ou deuxième classe partent toutes les heures pendant la journée en direction de Chichén Itzá. Il en coûte de 20 à 30 pesos. Le trajet peut, selon le type d'autobus, durer entre deux et trois heures. Le dernier autobus du soir en partance de Chichén Itzá pour Cancún quitte la gare routière à 23 h. Vérifiez l'horaire car il change fréquemment.

 RENSEIGNEMENTS PRATIQUES

Il y a un **bureau de poste** à Valladolid *(lun-ven 8 h à 18 h, sam 9 h à 13 h; Calle 40 Nº 195A)*, du côté est du parc, juste à côté d'une **banque**.

Situé en face de l'hôtel María Guadalupe, à Valladolid, le magasin **Paulina Silva** *(4 pesos l'heure; Calle 44, entre Calle 39 et Calle 41)* loue des bicyclettes à l'heure ou à la journée.

 ATTRAITS TOURISTIQUES

Valladolid ★

La ville de Valladolid est divisée en rues droites qui s'entrecoupent et qui portent des numéros. Le parc central est bordé par les rues 39, 40, 41 et 42. Il est entouré d'une grande église, du bureau de poste, d'une banque et de plusieurs hôtels. Vous aurez tout de même besoin d'une carte pour ne pas vous perdre si vous décidez d'explorer les environs.

La **cathédrale de San Gervasio** ★ fait face au parc San Roque, du côté sud. Elle date des débuts de la colonisation espagnole. Si vous allez à Chichén Itzá en visite guidée à partir de Cancún, vous n'aurez droit qu'à 5 min pour la visiter et admirer les œuvres d'art mayas qui ornent son hall d'entrée. Cette cathédrale est littéralement envahie par les autocars pleins de touristes, et, comme ces derniers attirent les vendeurs de colifichets de toutes sortes, la place est plutôt animée.

Valladolid compte en fait plusieurs églises de style colonial, la plus intéressante étant l'**église San Bernardino de Siena ★**, située à environ 1,5 km au sud du parc San Roque. Elle fut construite en 1522, ce qui en ferait la plus vieille église chrétienne du Yucatán. Elle fut pillée par les Amérindiens lors de la guerre des castes, et de nouveau en 1910, au tout début de la Révolution.

Au milieu de la ville se trouve le ***cenote* Zací** *(8 pesos; 8 h à 20 h; Calle 36, entre Calle 37 et Calle 39)*, bordé d'un joli parc d'un côté. Assez grand et sombre, ce *cenote* est recouvert d'une couche d'écume verdâtre. On ne peut donc pas s'y baigner. Il est malgré tout très impressionnant.

À 7 km au sud du parc central s'étend le ***cenote* Dzitnup ★** *(5 pesos; 7 h à 18 h)*, un très beau *cenote* dans lequel on peut nager. Si vous n'avez pas de voiture, vous pouvez y aller en taxi. Il en coûte alors 35 pesos pour le trajet aller-retour, et le chauffeur vous attendra environ une demi-heure. On peut aussi y aller à bicyclette (20 min). En voiture, suivez la Calle 39 sur environ 5 km. Vous verrez alors une enseigne sur le bord de la route signalant le chemin à prendre. Sur place, une ribambelle d'enfants attendent les touristes de pied ferme pour leur offrir leurs services.

Les grottes de Balancanché

Les **grottes de Balancanché ★★** *(50 pesos, entrée libre le dim; tlj 9 h à 16 h)* sont situées à environ 4 km au nord-est de Chichén Itzá. Pour les visiter, vous devez utiliser les services d'un guide. Les expéditions partent toutes les heures. La visite en français a lieu à 10 h tous les matins, s'il y a assez de monde bien sûr. Il y a plus de visites en anglais et en espagnol.

À l'intérieur, vous pourrez admirer de nombreux vases et des poteries façonnées il y a des siècles par les Mayas. Ces grottes étaient en fait un lieu de pèlerinage pour les Mayas et les

Toltèques. En marchant un peu, on arrive à une nappe d'eau souterraine, remplie de poissons. Couvertes de stalactites et de stalagmites, les grottes ne sont pas faciles à explorer. Il faut être en bonne forme et avoir de bonnes chaussures de marche aux pieds pour ne pas risquer des entorses. Il faut même parfois ramper pour se frayer un chemin dans les étroits passages. Près de l'entrée du site, des spectacles son et lumière racontent l'histoire des Mayas. On peut se rendre à Balancanché depuis Chichén Itzá en taxi ou en autobus.

Chichén Itzá ★★★

On ne peut décemment manquer de visiter la grande cité archéologique de Chichén Itzá lors d'un séjour dans la péninsule du Yucatán. Sur près de 8 km² s'étalent de nombreux temples et édifices témoins d'une époque révolue, l'âge d'or de la civilisation maya.

Chichén Itzá a été classé «Patrimoine culturel de l'humanité» par l'UNESCO. C'est l'un des sites les mieux restaurés de la péninsule, et aussi l'un des plus importants. Certains de ses édifices sont toutefois toujours enfouis sous une épaisse couche de terre et de végétation.

Chichén Itzá, mots maya signifiant «près de la fontaine de l'Itzá», est très visité. Le jour, il y a carrément foule. Le meilleur moment où découvrir les charmes de cette ancienne cité est tôt le matin, avant les grandes chaleurs du jour, et surtout avant l'arrivée des cars remplis de touristes (vers 11 h). Vous jouirez aussi d'une plus grande latitude pour admirer le somptueux Castillo, le gigantesque terrain de pelote ou le groupe des Mille Colonnes. Si vous êtes de passage lors de l'équinoxe de printemps ou d'automne, vous pourrez assister à la descente du serpent (voir encadré).

Le site de Chichén Itzá est ouvert tous les jours de 8 h à 17 h; l'entrée coûte 25 pesos (sauf le dimanche, où l'entrée est libre). À l'entrée du site, on trouve un restaurant, un cinéma gratuit, un petit musée qui raconte l'histoire du site, une librairie et de nombreuses boutiques de souvenirs. Il y a aussi une consigne gratuite *(8 h à 17 h)*, des toilettes, et un vaste stationnement *(12 pesos par jour)*. Si vous décidez d'avoir recours aux services des guides sur place, il vous faudra suivre

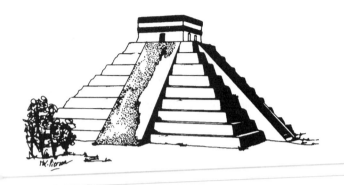

El Castillo

leur cadence accélérée. Pour l'utilisation d'une caméra vidéo, il faut compter des frais de 50 pesos.

Chaque soir, on présente à Chichén Itzá un spectacle son et lumière *(en anglais à 21 h, au coût de 13 pesos, ou en espagnol à 17 h, pour 10 pesos)*. Quelquefois, on organise de grands événements. Ainsi, le ténor Luciano Pavarotti y a donné un spectacle en décembre 1996.

Comme le site est majoritairement à découvert, il est impératif de se munir d'un chapeau ou d'une casquette, de crème solaire, d'une bouteille d'eau et de lunettes de soleil. De bonnes chaussures de marche ne sont pas superflues.

Histoire

Les archéologues s'entendent pour situer le début des constructions de Chichén Itzá à la fin de la période classique, entre l'an 500 et l'an 900. Des tribus mayas auraient érigé les premiers monuments du site qui s'appelait alors *Uucil-Abna*. Après cela, et jusqu'au XIe siècle, Chichén Itzá aurait été presque abandonné, mais des doutes subsistent à ce sujet. En l'an 964, la tribu maya des Itzás du Guatemala aurait investi les lieux, donnant à la cité son nom actuel, Chichén Itzá, qui veut dire «non loin de la fontaine de l'Itzá». Les Itzás ne furent bientôt plus seuls, car

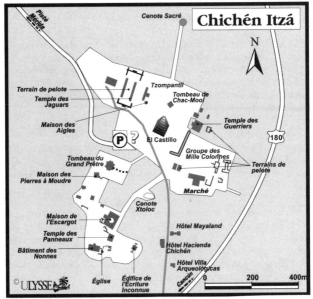

Chichén Itzá

on situe à la fin du Xᵉ siècle l'arrivée des Toltèques. En effet, on note une influence toltèque majeure à partir de cette période, notamment dans les ornements architecturaux, comme les têtes de serpent. S'agit-il d'une domination des Toltèques sur les Mayas, ou bien les deux civilisations ont-elles cohabité dans la paix? L'art maya, en tout cas, connut un renouveau sans égal durant les 200 ans que dura cette «fusion».

À partir de l'an 1224, selon des récits mayas, la cité aurait été progressivement abandonnée au profit de Mayapán. En 1533, l'Espagnol Francisco de Montejo, occupé à conquérir la péninsule yucatèque, découvrit Chichén Itzá, qui servait encore de lieu de pèlerinage aux tribus mayas. Il y établit une petite colonie. L'Américain John Lloyd Stephens y entreprit des recherches en 1841 et 1842 en compagnie de Frederick Catherwood. Ce dernier réalisa de magnifiques illustrations des temples, alors en ruines et presque entièrement recouverts de végétation. Stephens relata ses aventures dans un récit de voyage intitulé *Incidents of Travel in Yucatán*, qui fit sensation à l'époque.

Au cours du XIXᵉ siècle, quelques archéologues s'intéressèrent à Chichén Itzá. Un consul américain du nom d'Edward Thompson réunit de 1905 à 1907 un groupe de recherche pour mettre au jour les trésors que recelait la cité. Des plongeurs découvrirent alors que le *cenote* sacré contenait des ossements humains ainsi que de nombreux objets de valeur offerts en sacrifice aux dieux. Thompson avait acquis l'ensemble du site en 1885. Il fit sortir du pays de nombreux objets qui se trouvent encore aujourd'hui au musée de l'université de Harvard.

Dans les années qui suivirent, de nombreux efforts de restauration, menés entre autres par l'Institut mexicain d'anthropologie et d'histoire (INAH), ont fait de Chichén Itzá ce qu'il est aujourd'hui : l'un des sites archéologiques les plus intéressants du Mexique.

Le site est divisé en deux parties : le groupe nord et le groupe sud. Le groupe nord renferme surtout des éléments toltèques tels que la statue du dieu Chac-Mool «le jaguar rouge», dont le ventre tourné vers le ciel est comme une table plane. Plus au sud du site, dans la forêt, se trouve un groupe de ruines réunies sous le nom d'Ancien Chichén.

Le groupe nord

El Castillo (pyramide de Kukulkán)

Situé à peu près au milieu du site, ce temple domine tous les autres par sa hauteur (30 m). Le Castillo, temple pyramidal, conjugue les cultures maya et toltèque, et présente plusieurs symboles cosmologiques. Les Mayas liaient intimement l'étude des étoiles et des mathématiques avec la religion. Ainsi, le Castillo comporte 365 marches sur ses quatre faces (ce qui correspond au nombre de jours de l'année solaire), 52 dalles (le nombres d'années d'un siècle maya) et 18 terrasses (les mois de l'année religieuse).

Plusieurs touristes courageux escaladent le Castillo pour la vue fantastique sur les alentours qu'on a du sommet. Ce n'est pas chose facile, car les marches font un angle de 45°. La descente est plus difficile que la montée.

Le Castillo abrite un temple plus petit et plus ancien auquel on accède par un étroit escalier. L'entrée de cet escalier se trouve à la base du temple, du côté nord *(11 h 30 à 13 h et 16 h à 17 h, sauf dim)*.

La descente du serpent

Au moment de l'équinoxe de printemps et d'automne, l'ombre créée par le soleil trace, sur l'un des angles du Castillo, une forme sinueuse semblable à un serpent qui descendrait lentement. Ce phénomène dure environ 15 min. Les rayons du soleil qui glissent sur les marches donnent l'illusion qu'un animal est réellement en train de se mouvoir. Au pied des quatre angles du temple se trouvent d'ailleurs d'énormes têtes de serpent en pierre, avec la gueule ouverte, ce qui laisse deviner que, si le phénomène est dû au hasard, les Mayas ont su l'exploiter pour en faire un événement dramatique. Les Mayas ayant été grands observateurs du ciel et des étoiles, il ne serait en tout cas pas surprenant que les plans du temple aient été conçus dans l'intention bien particulière de créer cet effet.

Le temple des Guerriers (*Templo de los Guerreros*)
Surmonté par une statue du Chac-Mool et de deux colonnes en forme de serpent, ce temple serait une imitation du temple de l'étoile du matin de Tula, en plus grand. C'est un édifice imposant, qui surmonte une plate-forme étagée et entourée de colonnes de pierre. On a découvert à l'intérieur un temple de guerriers plus ancien, à la taille plus modeste.

Le groupe des Mille Colonnes (*Grupo de las Mil Columnas*)
Bien aligné le long du temple des Guerriers, ce groupe imposant de colonnes de pierre, dont on ne connaît pas le rôle initial, semble faire face à l'éternité. Certaines sont à demi effondrées.

Le tombeau de Chac-Mool (aussi appelé «plate-forme de Vénus»)
Au nord du Castillo, sur le chemin qui mène au *cenote* sacré se dresse un édifice carré, décoré avec de nombreux bas-reliefs sculptés et des têtes de serpent. On accède au sommet de ce temple par l'un des quatre escaliers qui l'entourent de chaque côté. Là, une plate-forme assez large servait peut-être aux danses sacrées.

Le *cenote* sacré (*Cenote Sagrado*)
À partir du tombeau de Chac-Mool, un sentier de 300 m de long entouré de grands arbres mène au *cenote* sacré. Presque

parfaitement rond, ce *cenote* de 55 m de diamètre et profond de 25 m contient une eau verdâtre et opaque. C'est là-dedans qu'on précipitait les victimes de tous âges au cours de cérémonies sacrificielles. Les ruines d'un petit temple surplombent le *cenote*. C'est sans doute de là que les «heureux élus» furent offerts aux dieux, sans doute dans l'espoir de mettre un terme aux périodes de sécheresse. Les recherches ont permis de remonter à la surface une cinquantaine de squelettes (surtout des hommes et des enfants), des objets en or, en cuivre, en jade et en obsidienne, ainsi que des poupées de caoutchouc. Près du *cenote* se trouve un petit casse-croûte où vous pourrez consommer des rafraîchissements.

Tzompantli

Grande plate-forme carrée, cet édifice servait de soubassement à une muraille où étaient alignés les crânes des sacrifiés. Le bas-relief est orné de crânes sculptés dans la pierre, de face ou de profil, chacun ayant sa propre personnalité. On y voit aussi des guerriers en train de livrer bataille.

La maison des Aigles (*Casa de los Aguilas*)

Près de Tzompantli se trouve une plate-forme appelée «maison des Aigles», en raison des murs ornés d'aigles serrant dans leurs griffes des cœurs humains. Les escaliers sont flanqués de chaque côté de serpents en pierre.

Le terrain de pelote

À l'extrême nord-ouest du site s'étend le plus vaste terrain de pelote jamais découvert. Mesurant 145 m sur 37 m, le terrain est entouré de chaque côté de deux murs de pierre de 8 m de hauteur. Dans chacun de ces murs se trouve un cercle de pierre, dans lesquels les joueurs devaient faire passer une balle de caoutchouc. La balle, symbole du soleil, ne devait jamais toucher le sol. La réverbération du son, à l'intérieur du terrain de jeu, est impressionnante. Appuyé au mur sud-est du terrain, le **temple des Jaguars** (*Templo de los Tigres*) est orné de nombreuses frises représentant des jaguars. Une statue de jaguar fait aussi face à la maison des Aigles. Enfin, deux colonnes en forme de serpents entourent l'entrée.

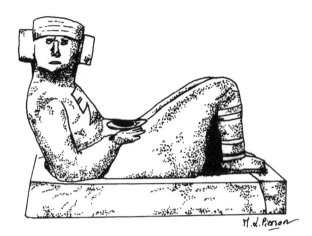

M. d. Pierson

Le groupe sud

Le tombeau du grand prêtre (*Tumba del Gran Sacerdote*)
À l'entrée du groupe sud, le long du chemin qui reliait jadis Mérida à Puerto Juárez, se dresse cette pyramide de 10 m de hauteur. Des squelettes et des objets précieux ont été découverts à l'intérieur.

La maison de l'Escargot (*Caracol*)
À gauche de cet édifice se trouve un bâtiment rond de deux étages qui servait sans doute d'observatoire. On se déplace à l'intérieur dans un couloir en forme de spirale. Des fenêtres étroites, qui laissent pénétrer le soleil deux fois par année seulement pendant quelques secondes, permettait sans doute aux prêtres mayas de calculer le temps.

Le bâtiment des Nonnes (*Edificio de las Monjas*)
En continuant vers le sud, on atteint ce bâtiment dont la façade richement ornée représente le dieu maya Chac.

L'église (*Iglesia*)
Juste à côté, ce petit bâtiment à l'architecture de style Puuc présente, sur sa façade, des motifs géométriques et des animaux, notamment les quatre porteurs du ciel tels qu'ils sont

représentés dans la mythologie maya : un crabe, un escargot, un tatou et une tortue.

Dans ce même secteur, soulignons la présence du **temple des Panneaux** (*Templo de los Tableros*), de l'**édifice de l'Écriture inconnue**, du **temple des Linteaux de fenêtres**, de la **maison des Pierres à moudre**, d'un autre **petit terrain de pelote** et du *cenote* **Xtoloc**, qui servait sans doute de réservoir d'eau.

 HÉBERGEMENT

Valladolid

L'hôtel **El Mesón del Marqués** *($; ≡, ≈, ℜ; Calle 39 N° 203, au nord du parc, ☎ 562073)* est le plus bel hôtel de Valladolid. Ses 26 chambres, de style colonial, offrent tout le confort moderne. Cet hôtel, à l'origine une véritable hacienda, entoure un très beau jardin. Derrière l'hôtel, un bâtiment plus moderne comprend des chambres avec air conditionné.

On peut loger pour pas cher à l'hôtel **María Guadalupe** *($; ⊗; Calle 44 N° 188, entre Calle 39 et Calle 41, ☎ 562068)*, un hôtel simple et propre, situé près du parc. En payant un peu plus, on aura droit à une douche privée et à un ventilateur.

Les 33 chambres de l'hôtel **María de la Luz** *($; ≡, ≈, ℜ; Calle 42 N° 195, près de la Calle 39, ☎ 562071)* ont toutes l'air conditionné et la télévision. Elles sont claires et joliment décorées. L'hôtel est construit autour d'une piscine et d'un petit jardin.

Les 64 chambres de l'hôtel **San Clemente** *($; ⊗, ≡, ≈, ℜ; Calle 42 N° 206, angle Calle 41, ☎ 562208)* sont correctes et confortables.

Les chambres de l'hôtel **Zací** *($; ⊗, ≡, ≈; Calle 44 N° 191, entre Calle 37 et Calle 39, ☎ 562167)* entourent une piscine centrale et un rafraîchissant petit jardin. En payant un peu plus, il est possible d'avoir une chambre avec air conditionné.

Chichén Itzá

🏨 Construite au XVIIᵉ siècle, l'**Hacienda Chichén** *($$; bp, ≡, ≈, ℜ; Carretera Mérida-Cancún, km 120, ☎ 98-510129)* est installée sur une ancienne plantation d'agaves. C'est ici que logèrent les explorateurs John Lloyd Stephens et Frederick Catherwood lors des premières fouilles archéologiques du Yucatán vers 1840. Par la suite, elle a appartenu au consul américain Edward Thompson pendant ses recherches à Chichén Itzá. C'est maintenant une pittoresque auberge de 18 chambres, avec un ravissant jardin et une vaste piscine. Les chambres, décorées à la manière coloniale, ont toutes une véranda et une salle de bain privée. Le hall d'entrée et les communs sont remplis d'objets anciens et d'artisanat maya. Les chalets comprennent deux chambres meublées simplement, avec des poutres au plafond. L'hacienda est ouverte de novembre à avril.

Tout près des ruines se trouve l'hôtel **Mayaland** *($$ pdj; ⊗, ≈, ℜ; Carretera Mérida-Cancún, km 120, ☎ 98-872450, ⇥ 99-642335)*, un complexe moderne construit autour du bâtiment principal qui date des années vingt. L'hôtel compte 65 chambres et chalets au milieu d'une végétation luxuriante. Le Mayaland offre toutes les installations d'un hôtel de luxe, notamment quatre restaurants, quatre bars et une piscine. Les visiteurs peuvent loger dans des maisonnettes au toit de chaume ou dans des chambres au décor colonial, situées dans l'édifice principal.

L'hôtel **Villas Arqueológicas** *($$; bp, ≈, ℜ; à 100 m à l'est du Mayaland, ☎ 98-562830)* est un édifice en stuc blanc et au toit de tuiles rouges. Ses petites chambres renferment des lits jumeaux et une salle de bain avec douche. L'hôtel abrite une bibliothèque bien documentée sur la culture maya, un restaurant et une piscine entourée de jardins. Bien qu'il fasse partie du Club Med, on peut loger dans cet hôtel une nuitée ou deux en payant uniquement le prix de la chambre.

Pisté

Le **Dolores Alba** *($ pdj; ⊗, ≡; Carretera Pisté-Cancún, km 122, ☎ 99-285650)* est un hôtel «petit budget», avec 28 chambres modestes mais tout de même propres et confortables. Comme elles n'ont pas toutes l'air conditionné, il faut le spécifier lors de la réservation. L'hôtel offre le transport gratuit jusqu'aux ruines.

Les deux bâtiments du **Pirámide Inn** *($; ≈, ℜ; ☎ 98-562462)* abritent 44 chambres modernes, aux murs et aux planchers blancs. L'hôtel possède un jardin, une piscine, un court de tennis et un bon restaurant. On peut aussi planter sa tente sur un petit terrain aménagé à cet effet à côté de l'hôtel. Les campeurs peuvent utiliser la piscine, et l'on a mis des douches à l'eau chaude à leur disposition *(55 pesos pour deux personnes)*. L'hôtel est situé à l'extrémité est de Pisté, près des ruines.

À 2 km des ruines de Chichén Itzá, dans le village de Pisté, l'hôtel **Misión Chichén** *($-$$; ≡, ≈, ℜ; ☎ 98-562671)* propose des chambres confortables. Il est un peu en retrait de la route principale. Son escalier en façade est entouré de deux serpents à plumes.

✕ RESTAURANTS

Valladolid

Au restaurant de l'hôtel **María de la Luz**, on peut déguster un gros sandwich pour moins de 10 pesos. Si vous préférez un plat chaud de poisson ou de poulet, vous vous en tirerez pour environ 20 pesos.

On peut manger de très bons plats yucatèques près du parc, où se trouvent une douzaine de cantines. Ça ne coûte presque rien. **El Bazar**, comme on l'appelle, est un îlot de petits comptoirs ouverts où l'on peut prendre le petit déjeuner, le déjeuner et le dîner. Pour moins de 20 pesos, on a le mets principal, une soupe et une bière. El Bazar se trouve à l'angle des rues 39 et 40, juste au nord du parc, de l'autre côté de l'église.

 Valladolid est reconnue pour ses saucisses. Vous pourrez en déguster au restaurant **Casa de los Arcos** *(55 pesos; tlj 8 h*

à 22 h; Calle 39, entre Calle 38 et Calle 40, ☎ *562467).* On y mange très bien pour un prix des plus raisonnables.

Chichén Itzá

Vous trouverez un petit restaurant à l'entrée ouest du site archéologique, mais le choix est médiocre, la nourriture ne se révèle pas très intéressante et les prix s'avèrent élevés. Une meilleure solution serait d'aller aux restaurants de l'un ou l'autre des hôtels décrits plus haut, ou bien de vous diriger vers Pisté, un petit village situé à 1 km de Chichén Itzá.

Le restaurant de l'**Hacienda Chichén** *($$)* propose de délicieuses spécialités yucatèques, à prix très raisonnable.

À l'hôtel **Mayaland** *($$-$$$)*, il y a quatre restaurants qui servent différentes spécialités. Les repas sont plutôt onéreux, mais on profite des beaux jardins de l'hôtel.

L'hôtel **Villas Arqueológicas** *($$$)* abrite un restaurant de cuisine française et mexicaine dans un décor très élégant. Midi et soir, la table d'hôte est un meilleur choix que le repas à la carte, plus cher.

Pisté

En longeant la route 180, vous croiserez de nombreux petits restaurants où l'on sert des mets du pays selon la formule «table d'hôte».

À Pisté même, en face de l'hôtel Misión Chichén, se trouve le restaurant **Sayil**, où l'on peut manger très bien pour moins de 15 pesos.

Dans la salle confortable et climatisée du restaurant **Xaybe**, tout près du Sayil, on propose des buffets. La cuisine est bonne, et, au déjeuner, on se ressert tant qu'on le désire pour 45 pesos. Le prix du repas du soir est un peu plus élevé.

LEXIQUE

Quelques indications sur la prononciation de l'espagnol en Amérique centrale et dans les Antilles

CONSONNES

c   Tout comme en français, le *c* est doux devant *i* et *e*, et se prononce alors comme un **s** : *cerro* (serro). Devant les autres voyelles, il est dur : *carro* (karro). Le *c* est également dur devant les consonnes, sauf devant le *h* (voir plus bas).

g   De même que pour le *c*, devant *i* et *e* le *g* est doux, c'est-à-dire qu'il est comme un souffle d'air qui vient du fond de la gorge : *gente* (hhente).

Devant les autres voyelles, il est dur : *golf* (se prononce comme en français). Le *g* est également dur devant les consonnes.

ch   Se prononce **tch**, comme dans «Tchad» : *leche* (letche). Tout comme pour le *ll*, c'est comme s'il s'agissait d'une autre lettre, listée à part dans les dictionnaires et dans l'annuaire du téléphone.

h   Ne se prononce pas : *hora* (ora)

j   Se prononce comme le **h** de «him», en anglais.

ll   Se prononce comme **y** dans «yen» : *llamar* (yamar). Dans certaines régions, par exemple le centre de la Colombie, *ll* se prononce comme **j** de «jujube» (*Medellín* se prononce Medejin). Tout comme pour le *ch*, c'est comme s'il s'agissait d'une autre lettre, listée à part dans les dictionnaires et dans l'annuaire du téléphone.

ñ   Se prononce comme le **gn** de «beigne» : *señora* (segnora).

r   Plus roulé et moins guttural qu'en français, comme en italien.

s   Toujours **s** comme dans «singe» : *casa* (cassa)

v   Se prononce comme un **b** : *vino* (bino)

z   Comme un **s** : *paz* (pass)

VOYELLES

e   Toujours comme un **é** : *helado* (élado)

  sauf lorsqu'il précède deux consonnes, alors il se prononce comme un **è** : *encontrar* (èncontrar)

u   Toujours comme **ou** : *cuenta* (couenta)

y   Comme un **i** : *y* (i)

Toutes les autres lettres se prononcent comme en français.

ACCENT TONIQUE

En espagnol, chaque mot comporte une syllabe plus accentuée. Cet accent tonique est très important en espagnol et s'avère souvent nécessaire pour sa compréhension par vos interlocuteurs. Si, dans un mot, une voyelle porte un accent aigu (le seul utilisé en espagnol), c'est cette syllabe qui doit être accentuée. S'il n'y a pas d'accent sur le mot, il faut suivre la simple règle suivante :

On doit accentuer l'avant-dernière syllabe de tout mot qui se termine par une voyelle : *amigo*.

On doit accentuer la dernière syllabe de tout mot qui se termine par une consonne sauf **s** (pluriel des noms et adjectifs) ou **n** (pluriel des verbes) : *usted* (mais *amigos*, *hablan*).

PRÉSENTATIONS

au revoir	*adiós, hasta luego*
bon après-midi ou bonsoir	*buenas tardes*
bonjour (forme familière)	*hola*
bonjour (le matin)	*buenos días*
bonne nuit	*buenas noches*
célibataire (m/f)	*soltero/a*
comment allez-vous?	*¿qué tal?*

copain/copine	*amigo/a*
de rien	*de nada*
divorcé(e)	*divorciado /a*
enfant (garçon/fille)	*niño/a*
époux, épouse	*esposo/a*
excusez-moi	*perdone/a*
frère, sœur	*hermano/a*
je suis belge	*Soy belga*
je suis canadien(ne)	*Soy canadiense*
je suis désolé, je ne parle pas espagnol	*Lo siento, no hablo español*
je suis français(e)	*Soy francés/a*
je suis québécois(e)	*Soy quebequense*
je suis suisse	*Soy suizo*
je suis un(e) touriste	*Soy turista*

je vais bien	*estoy bien*
marié(e)	*casado/a*
merci	*gracias*
mère	*madre*
mon nom de famille est...	*mi apellido es...*
mon prénom est...	*mi nombre es...*
non	*no*
oui	*sí*
parlez-vous français?	*¿habla usted francés?*
père	*padre*
plus lentement s'il vous plaît	*más despacio, por favor*
quel est votre nom?	*¿cómo se llama usted?*
s'il vous plaît	*por favor*
veuf(ve)	*viudo/a*

DIRECTION

à côté de	*al lado de*
à droite	*a la derecha*
à gauche	*a la izquierda*
dans, dedans	*dentro*
derrière	*detrás*
devant	*delante*
en dehors	*fuera*
entre	*entre*
ici	*aquí*
il n'y a pas...	*no hay...*
là-bas	*allí*
loin de	*lejos de*
où se trouve ... ?	*¿dónde está ... ?*
pour se rendre à...?	*¿para ir a...?*
près de	*cerca de*
tout droit	*todo recto*

y a-t-il un bureau de tourisme ici?   *¿hay aquí una oficina de turismo?*

L'ARGENT

argent	*dinero/plata*
carte de crédit	*tarjeta de crédito*
change	*cambio*
chèque de voyage	*cheque de viaje*
je n'ai pas d'argent	*no tengo dinero*
l'addition, s'il vous plaît	*la cuenta, por favor*
reçu	*recibo*

LES ACHATS

acheter	*comprar*
appareil photo	*cámara*
argent	*plata*
artisanat typique	*artesanía típica*
bijoux	*joyeros*
cadeaux	*regalos*
combien cela coûte-t-il?	*¿cuánto es?*
cosmétiques et parfums	*cosméticos y perfumes*
disques, cassettes	*discos, casetas*
en/de coton	*de algodón*
en/de cuir	*de cuero/piel*
en/de laine	*de lana*
en/de toile	*de tela*
fermé	*cerrado/a*
film, pellicule photographique	*rollo/film*
j'ai besoin de ...	*necesito ...*
je voudrais	*quisiera...*
je voulais	*quería...*
journaux	*periódicos/diarios*
la blouse	*la blusa*
la chemise	*la camisa*
la jupe	*la falda/la pollera*
la veste	*la chaqueta*
le chapeau	*el sombrero*
le client, la cliente	*el/la cliente*
le jean	*los tejanos/los vaqueros/los jeans*
le marché	*mercado*
le pantalon	*los pantalones*
le t-shirt	*la camiseta*

le vendeur, la vendeuse	*vendedor/a*
les chaussures	*los zapatos*
les lunettes	*las gafas*
les sandales	*las sandalias*
montre-bracelet	*el reloj(es)*
or	*oro*
ouvert	*abierto/a*
pierres précieuses	*piedras preciosas*
piles	*pilas*
produits solaires	*productos solares*
revues	*revistas*
un grand magasin	*almacén*
un magasin	*una tienda*
un sac à main	*una bolsa de mano*
vendre	*vender*

DIVERS

beau	*hermoso*
beaucoup	*mucho*
bon	*bueno*
bon marché	*barato*
chaud	*caliente*
cher	*caro*
clair	*claro*
court	*corto*
court (pour une personne petite)	*bajo*
étroit	*estrecho*
foncé	*oscuro*
froid	*frío*
gros	*gordo*
j'ai faim	*tengo hambre*
j'ai soif	*tengo sed*
je suis malade	*estoy enfermo/a*
joli	*bonito*
laid	*feo*
large	*ancho*
lentement	*despacio*
mauvais	*malo*
mince, maigre	*delgado*
moins	*menos*
ne pas toucher	*no tocar*
nouveau	*nuevo*
où?	*¿dónde?*
grand	*grande*
petit	*pequeño*

peu	*poco*
plus	*más*
qu'est-ce que c'est?	*¿qué es esto?*
quand	*¿cuando?*
quelque chose	*algo*
rapidement	*rápidamente*
rien	*nada*
vieux	*viejo*

LES NOMBRES

0	*zero*
1	*uno ou una*
2	*dos*
3	*tres*
4	*cuatro*
5	*cinco*
6	*seis*
7	*siete*
8	*ocho*
9	*nueve*
10	*diez*
11	*once*
12	*doce*
13	*trece*
14	*catorce*
15	*quince*
16	*dieciséis*
17	*diecisiete*
18	*dieciocho*
19	*diecinueve*
20	*veinte*
21	*veintiuno*
22	*veintidós*
23	*veintitrés*
24	*veinticuatro*
25	*veinticinco*
26	*veintiséis*
27	*veintisiete*
28	*veintiocho*
29	*veintinueve*
30	*treinta*
31	*treinta y uno*
32	*treinta y dos*
40	*cuarenta*
50	*cincuenta*
60	*sesenta*
70	*setenta*

80	*ochenta*
90	*noventa*
100	*cien/ciento*
200	*doscientos, doscientas*
500	*quinientos, quinientas*
1 000	*mil*
10 000	*diez mil*
1 000 000	*un millón*

LA TEMPÉRATURE

il fait chaud	*hace calor*
il fait froid	*hace frío*
nuages	*nubes*
pluie	*lluvia*
soleil	*sol*

LE TEMPS

année	*año*
après-midi, soir	*tarde*
aujourd'hui	*hoy*
demain	*mañana*
heure	*hora*
hier	*ayer*
jamais	*jamás, nunca*
jour	*día*
maintenant	*ahora*
minute	*minuto*
mois	*mes*
nuit	*noche*
pendant le matin	*por la mañana*
quelle heure est-il?	*¿qué hora es?*
semaine	*semana*
dimanche	*domingo*
lundi	*lunes*
mardi	*martes*
mercredi	*miércoles*
jeudi	*jueves*
vendredi	*viernes*
samedi	*sábado*
janvier	*enero*
février	*febrero*
mars	*marzo*
avril	*abril*
mai	*mayo*
juin	*junio*

juillet	*julio*
août	*agosto*
septembre	*septiembre*
octobre	*octubre*
novembre	*noviembre*
décembre	*diciembre*

LES COMMUNICATIONS

appel à frais virés (PCV)	*llamada por cobrar*
attendre la tonalité	*esperar la señal*
composer le préfixe	*marcar el prefijo*
courrier par avion	*correo aéreo*
enveloppe	*sobre*
interurbain	*larga distancia*
la poste et l'office des télégrammes	*correos y telégrafos*
le bureau de poste	*la oficina de correos*
les timbres	*estampillas/sellos*
tarif	*tarifa*
télécopie (fax)	*telecopia*
télégramme	*telegrama*
un annuaire de téléphone	*un botín de teléfonos*

LES ACTIVITÉS

musée ou galerie	*museo*
nager, se baigner	*bañarse*
plage	*playa*
plongée sous-marine	*buceo*
se promener	*pasear*

LES TRANSPORTS

à l'heure prévue	*a la hora*
aéroport	*aeropuerto*
aller simple	*ida*
aller-retour	*ida y vuelta*
annulé	*annular*
arrivée	*llegada*
avenue	*avenida*
bagages	*equipajes*
coin	*esquina*
départ	*salida*
est	*este*
gare, station	*estación*
horaire	*horario*
l'arrêt d'autobus	*una parada de autobús*

l'arrêt s'il vous plaît	*la parada, por favor*
l'autobus	*el bus*
l'avion	*el avión*
la bicyclette	*la bicicleta*
la voiture	*el coche, el carro*
le bateau	*el barco*
le train	*el tren*
nord	*norte*
ouest	*oeste*
passage de chemin de fer	*crucero ferrocarril*
rapide	*rápido*
retour	*regreso*
rue	*calle*
sud	*sur*
sûr, sans danger	*seguro/a*
taxi collectif	*taxi colectivo*

LA VOITURE

à louer, qui prend des passagers	*alquilar*
arrêt	*alto*
arrêtez	*pare*
attention, prenez garde	*cuidado*
autoroute	*autopista*
défense de doubler	*no adelantar*
défense de stationner	*prohibido aparcar o estacionar*
essence	*petróleo, gasolina*
feu de circulation	*semáforo*
interdit de passer, route fermée	*no hay paso*
limite de vitesse	*velocidad permitida*
piétons	*peatones*
ralentissez	*reduzca velocidad*
station-service	*servicentro*
stationnement	*parqueo/estacionamiento*

L'HÉBERGEMENT

air conditionné	*aire a condicionado*
ascenseur	*ascensor*
avec salle de bain privée	*con baño privado*
basse saison	*temporada baja*
chalet (de plage), bungalow	*cabaña*
chambre	*habitación*
double, pour deux personnes	*doble*
eau chaude	*agua caliente*

étage	*piso*
gérant, patron	*gerente, jefe*
haute saison	*temporada alta*
hébergement	*alojamiento*
lit	*cama*
petit déjeuner	*desayuno*
piscine	*piscina*
rez-de-chaussée	*planta baja*
simple, pour une personne	*sencillo*
toilettes, cabinets	*baños*
ventilateur	*ventilador*

INDEX

Hôtels

Hôtels

Restaurants

« Y'en a qui ont
le cœur si vaste
Qu'ils sont toujours
en voyage. »

Jacques Brel
Les cœurs tendres

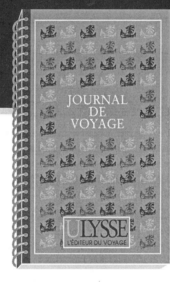

JOURNAL
DE
VOYAGE

ULYSSE
L'ÉDITEUR DU VOYAGE

Pour le plaisir...
de mieux
voyager
n'oubliez pas
votre journal
de voyage
8,95 $
(Petit format)
11,95 $
(Grand format)

ULYSSE
L'ÉDITEUR DU VOYAGE

Le plaisir... de mieux voyager

En vente dans toutes les bonnes librairies
en France, en Belgique, en Suisse et au Québec

■ GUIDES DE VOYAGE ULYSSE

☐ Arizona et Grand Canyon	24,95 $
☐ Boston	17,95 $
☐ Côte d'Azur - Alpes-Maritimes - Var	24,95 $
☐ Californie	29,95 $
☐ Chicago	19,95 $
☐ Costa Rica	24,95 $
☐ Côte-Nord	22,95 $
☐ Cuba	24,95 $
☐ Disney World	22,95 $
☐ Équateur	24,95 $
☐ Floride	29,95 $
☐ Gaspésie Bas-Saint-Laurent Îles-de-la-Madeleine	22,95 $
☐ Gîtes du Passant au Québec	12,95 $
☐ Guadeloupe	24,95 $
☐ Honduras	24,95 $
☐ Jamaïque	22,95 $
☐ Le Québec	29,95 $
☐ Louisiane	24,95 $
☐ Martinique	24,95 $
☐ Mexique Côte Pacifique	24,95 $
☐ Montréal en métro	14,95 $
☐ Montréal	19,95 $
☐ Nicaragua	24,95 $
☐ Nouvelle-Orléans	17,95 $
☐ Nouvelle-Angleterre	29,95 $
☐ Ontario	24,95 $
☐ Ouest canadien	24,95 $
☐ Panamá	24,95 $
☐ Plages du Maine	12,95 $
☐ Portugal	24,95 $
☐ Provence	24,95 $
☐ Provinces maritimes	24,95 $
☐ République Dominicaine	24,95 $
☐ Saguenay - Lac St-Jean - Charlevoix	22,95 $

☐ El Salvador	22,95 $
☐ San Francisco	17,95 $
☐ Toronto	18,95 $
☐ Vancouver	14,95 $
☐ Venezuela	29,95 $
☐ Ville de Québec et environs	22,95 $

■ ULYSSE PLEIN SUD

☐ Acapulco	14,95 $
☐ Cancun	17,95 $
☐ Cape Cod - Nantucket	16,95 $
☐ Carthagène	9,95 $
☐ Puerto Vallarta	14,95 $
☐ Saint-Martin Saint-Barthélemy	16,95 $

■ ESPACES VERTS ULYSSE

☐ Cyclotourisme en France	22,95 $
☐ Motoneige au Québec	19,95 $
☐ Nouvelle-Angleterre à vélo	19,95 $
☐ Randonnée pédestre dans le Nord-Est des États-Unis	19,95 $
☐ Randonnée pédestre Montréal et environs	19,95 $
☐ Randonnée pédestre au Québec	19,95 $
☐ Ski de fond au Québec	19,95 $

■ JOURNAUX DE VOYAGE ULYSSE

☐ Journal de voyage Ulysse	12,95 $
☐ Journal de voyage Ulysse 80 jours (couvert rigide)	14,95 $
☐ Journal de voyage Ulysse (spirale) bleu - vert - rouge ou jaune	11,95 $
☐ Journal de voyage Ulysse (format poche) bleu - vert - rouge ou jaune	8,95 $

QUANTITÉ	TITRE	PRIX	TOTAL

	Total partiel	
Nom:_____	Poste-Canada*	$4.00
Adresse:_____	Total partiel	
_____	T.P.S. 7%	
_____	TOTAL	

Paiement : ☐ Visa ☐ MasterCard

No de carte :_____ Exp : _____

ULYSSE L'ÉDITEUR DU VOYAGE
4176, rue Saint-Denis, Montréal, Québec
☎ (514) 843-9447 fax (514) 843-9448
Pour l'Europe, s'adresser aux distributeurs, voir liste p. 2
* Pour l'étranger, compter 15 $ de frais d'envoi